ジュール・ミシュレ

フランス史【中世】Ⅲ

Jules Michelet
HISTOIRE DE FRANCE: LE MOYEN AGE

◎桐村泰次 訳

論創社

凡例

一、本書は、Jules Michelet : Histoire de France の中世編（Le Moyen Age）の全訳を六巻に分けたなかの第三巻である。カペー王朝の聖王ルイなきあと、弟のシャルル・ダンジューによって、その《聖なるキリスト教世界》が、どのように瓦解し、とりわけ孫のフィリップ（四世）美男王、さらにヴァロワ王朝になって、お人好しのジャン二世、その息子の賢王シャルル五世のもと世俗的・近世的国家に変質していったかが明らかにされている。

一、本巻冒頭に収めた「一八三七年の序文」は、ミシュレが一八三七年に刊行した『フランス史』第三巻のために執筆された序文で、その第三巻の内容は本訳書と同じ十四世紀を扱った第五部と第六部である。

一、第○部、第○章といった章立てはミシュレの原書のとおりであるが、それぞれのタイトルは訳者が付けた。

一、本文中、「原注」として挿入されているのは、フラマリオン社の全集に附されている注である。当全集には詳細な注が施されているが、本書では、本文を理解する上でとくに必要と思われたものを選んで「原注」として転用させていただいた。

一、人名、地名の表記については第一巻、第二巻の凡例で断ったように現地主義を基本としたが、フランドル地方のそれについては、中世のこの時代はフランス王が宗主として支配した時代であり、フランス語式表記を用い、時に応じてカッコしてフラマン語式表記を附した。

一、なお、本書の記述のなかには、一七〇七年のイングランド王国とスコットランド王国の合併以前であるにもかかわらず、「イギリス」と「イングランド」が混在する形になってしまったが、フランスを侵略したイングランド軍はウェールズ人やアイルランド人も含んでいたので、基本的には「イギリス」あるいは「英軍」とし、そのイギリスのなかでウェールズやアイルランド、さらにスコットランドとイングランドとが対峙している場合は「イングランド」という呼称を用いた。

目 次

フランス史［中世］Ⅲ

一八三七年の序文

ジュール・ミシュレ

十四世紀はフランスの国家が形成された時期である。三部会（les Etats Généraux）、高等法院（Parlement）をはじめとしてフランスの主要な国家機構のすべてが始まるか、または、軌道に乗るのが、この十四世紀である。《ブルジョワジー》はエティエンヌ・マルセルの革命から、《農民》はジャックリーの乱から現れ、《フランス》自身、イギリス人との戦争のなかから姿を現す。《よきフランス語》も、十四世紀に始まる。

これまでは、フランスは《フランス》であるよりは《キリスト教世界》であり、ほかのあらゆる国と同様、封建制とキリスト教会によって覆われ、その巨大な影のなかに曖昧なまま溶け込んだようになっていた。それが夜明けとともに、自らを垣間見せはじめたのである。そして、中世の詩的な闇から抜け出すや、民衆的・散文的・批判的精神、反象徴主義といった、こんにち見られるものになったのだ。

法律家（légistes）が僧侶と騎士に取って代わり、信仰（foi）に代わって法律（loi）が主役となる。聖ルイ王の孫は法王を捕縛し、聖堂を破壊する。もう一つの宗教である《騎士道》はクルトレー（フランドル語ではコルトライク）で、クレシーで、ポワティエで討ち死にする。

叙事詩には年代記が取って代わり、すでに近代的で散文的な、しかし真にフランス的な一つの文学が姿を現す。そこには内面的象徴性や《表象》は僅かしかなくなり、外面的優美さと実利的行動のみが幅を利かせていく。

フランスの古い法律は幾つかの象徴と詩的な決まり文句をもっていたが、いまでは、法律家たちの裁判所に詩が顔を出そうものなら処罰されかねない。《高等法院》なるこの偉大な散文家によって解釈され、判定され、殺されてしまうであろう。

かてて加えて、フランスの法律の象徴主義への服従の度合いは、昔から、ほかのいかなる民族のそれより少なかったが、それは形の上のことであって、そのために、豊かさにおいて劣ることはなかった。わたしたちは、そこに到達するのに長い道のりを要したことを少しも悔やんではいない。フランスの法律の飾り気のない天分と早熟ぶりを正当に評価するためには、フランスと世界とを対置し、多様な国民の詩的法律と対照しなければならない。この場合に問題になるのは、法律の象徴体系（la symbolique）である。わたしたちは、そこに《弁証法 la dialectique》という動的なものを追求する。その他方で、フランスの国民的演劇は、よりいっそう筋書きのしっかりしたものになっていくであろう。

第五部　近世的国家の形成

第一章　シチリアの晩禱

聖ルイ王の息子、フィリップ三世豪胆王（在位1270-1285）は、チュニスで悲しくも挫折した十字軍から帰ると、サン＝ドニ大修道院の地下廟堂に五つの柩を安置した。彼自身、身体が弱く、憔悴していたが、その家族の資産のほとんどすべてを相続した。弟ジャン・トリスタンの死によって彼のものになったヴァロワはいうまでもなく、叔父のアルフォンスから南フランスの王国全体（ポワトゥー、オーヴェルニュ、トゥールーズ、ルエルグ、アルビジョワ、ケルシー、アジェノワ、コンタ）を受け継いだうえ、息子（フィリップ四世美男王）をナヴァール王兼シャンパーニュ伯の一人娘と結婚させて、その豊かな領地を手に入れた。〔訳注・ケルシーはタルン＝エ＝ガロンヌ県、アジェノワはロット＝エ＝ガロンヌ県、コンタはコンタ＝ヴネサン。〕

トゥールーズとナヴァールを足場に確保したこの強国が次に眼差しを向けたのは、南フランスとイタリア、イスパニアであった。しかし、この聖ルイの息子は国王として全能ではあったが、フランス王家の真の家長ではなかった。この一家の実質的頭目は、聖ルイの弟であるシャルル・ダンジューであった。この時代のフランスの歴史は、ナポリとシチリアに王として君臨したシャルル・ダンジューの歴史であり、彼の甥であるフィリップ三世の歴史は、いわば付随物でしかない。

シャルルは信じがたいほどの資産を運用し、濫費した。フランス王の弟にしてプロヴァンス伯、ナポリ王、シチリア王、エルサレム王として、王より以上に法王を威圧した。「わしに足りないのは何か、だと？　神の怒り以外は、なにも不足してはおらん」と言ったとされるピサの暴君、ウゴリーノ〔訳注・一二八九年に亡くなった権謀術数に長けた野心家。本名はゲラルデスカ〕の有名な言葉は、彼にこそ当てはめることができた。彼が兄の信仰深い単純さに乗じてその十字軍の行く先を自分の目的とする地へねじ曲げ、アフリカに上陸させてチュニスを攻めさせたことは、すでに見たとおりである。

シャルルは、自分の助言により、自分のために行われたこの遠征で、海難で岸に漂着した物はその土地の領主のものになるという『漂着物取得権　droit de bris』を盾に、嵐で難破しカラブリア〔訳注・イタリア半島の最南端〕の岩礁に流れ着いた十字軍士たちの遺骸・武具・衣服・物資を拾得したが、同じやり方で彼は、《神聖ローマ帝国》と《ローマ教会》という大きな難船をも自分のものにしたのであった。クレメンス四世（在位1265-1268）のあと、ほぼ三年間、彼は次の法王の選出を許さず〔訳注・次のグレゴリウス十世の在位は一二七一年から一二七六年までである〕、自分がイタリアで法王権力を行使した。生前のクレメンスから金貨二万枚と引き換えに、両シチリアだけでなく全イタリアを手に入れた上、ローマの元老院議員とトスカーナにおける帝国代理人に任命してもらっていた。ピアチェンツァ、クレモナ、パルマ、モデナ、フェラーラ、レッジオ、少し遅れてミラノまでも、彼を領主として受け入れた。ピエモンテ、ロマーニャ〔訳注・ラヴェンナを首都とする法王領〕の多くの都市、そしてトスカーナ全体も同様にした。フィレンツェのグェルフ党員が、捕らえたギベリーニ党員の処置について指示を求めたのに対して、彼は平然と「みんな殺してしまえ！」と命じている。

しかし、イタリアは彼にとっては小さすぎた。彼はシチリアのシラクサからアフリカを、南イタリアのオトラントからギリシア帝国〔訳注・ビザンティン帝国〕を監視し、コンスタンティノープルのラテン帝国帝位継承者で「帝国なき皇帝」であったフィリポスに自分の娘を嫁がせた。〔訳注・ビザンティン帝国は一二〇四年に十字軍によって滅ぼされたあと、ラテン帝国とニケーア帝国に分裂したが、一二六一年、パライオロゴス王朝により一つの帝国に復活していた。〕

法王たちはシュヴァーベン家〔ドイツ皇帝〕に対する自分たちの悲しい勝利を後悔していた。その復讐を担う者とその息子たちは、法王たちのもとで育てられており、法王にしてみれば、この身近にある恐怖からどのようにして逃れるかが重要であったが、その一方では、フランスが振るう抗いがたい力、邪悪な吸引力を恐怖をもって感じていた。そこでグレゴリウス十世〔在位1271-1276〕は、イタリアをしっかり自分に結びつけておくため、先輩の法王たちが念入りに育成してきた過激分子を和らげようと《グェルフ党》《ギベリーニ党》の呼称を捨てさせようとした。また、歴代法王にとって宿敵であったドイツの神聖ローマ皇帝とコンスタンティノープル皇帝たちとも融和する道を探った。ギリシア教会との和解を宣言するとともに、神聖ローマ皇帝については、選帝侯たちに安心感を抱かせるような、禿頭で凡庸な風貌の一介の騎士を任命して「空位時代」を終わらせることに成功した。この貧相な皇帝こそ、ハプスブルク家のルードルフで、のちのち法王たちは、このオーストリア王家をフランス王家に対抗する存在として利用していくこととなる。

グレゴリウス十世のもくろみは、この新しい皇帝と力を合わせてヨーロッパの再度の十字軍熱を誘導し、帝権と教皇権を再興することであった。それに対し、ローマ人でオルシーニ家出身のニコラウス三世（在位1277-1280）がめざしたのは、自分の一族にとって都合のよい王国をイタリアの中心部に打ち立てることであった。彼は、ルードルフがボヘミア王（オタカル二世）に勝利したチャンスを捉え、ルードルフを利用してシャルル・ダンジューに圧力を加えた。コンスタンティノープルのことで頭がいっぱいになっていたナポリ王（シャルル）はローマ元老院議員と皇帝代理という称号を手放した。その間にニコラウスはシャルル打倒のための同盟を、アラゴン及びギリシア人たちと結んだ。陰謀は内外にわたって張り巡らされた。イタリア人たちはこのジャンルの仕事が大好きで、いつも陰謀を企てた。成功することは滅多になかったが、この芸術好きな民族にとって「企み」は、悲劇的な現実のなかにあって楽しみをもたらしてくれる一種の芸術活動であった。このドラマには、たくさんの観衆と荘厳な場面、人を驚かせる騒ぎが必要であった。舞台に選ばれたのはしばしば聖堂で、これはドラマを盛り上げるのに欠かせない要素であった。

ここに述べる陰謀は、げんこつを食らわしたとか男を殺して仕返しに殺されるといった、パッツィ家〔訳注・フィレンツェの名門で、メディチ家と争って敗れた〕やオリアーティ家の陰謀などとは全く別のそれで、シチリアと世界を動かし、同盟を糾合して督励し、蜂起させ、民族と民族の戦争を仕組むもので、それには、外国勢力をいかに排除するかなど、大きな困難も伴った。このようなことを構想し、最後までやりとげるには冷徹で強靱な頭脳が必要であるが、そうした条件を備えていたのが、カラブリア人で医師であったプロチダであった。彼はフリードリヒ二世〔シュヴァーベンの〕の宮廷に仕えた貴族で、その名はプロチダ島〔訳注・ナポリ湾の入り口にある〕の領主であったことによる。フリードリヒ二世やマンフレートのような「十三世紀の自由思想家」の気に入られるためには、医者かアラブ人かユダヤ人かでなくてはならなかった。こうした君主の宮廷へは、教会経由よりサレルノの学校〔訳注・ナポリの南方にあり、アラブ世界から伝えられた学問を教えたことで有名〕経由で入るのが常であった。この学校は、レオナン体の詩句で今日に伝えられている「穢れなき書 innocents prescriptions」だけにとどまらない何かを教えてくれた。〔訳注・レオナン体とは十二世紀パリの詩人、レオン Léon に由来する呼称で、各行の中間と終わりの語または音節に押韻した形式をいう。〕

フリードリヒ二世が亡くなり、その息子マンフレートも死んだ〔シャルル・ダンジューに敗れた〕あと、プロチダはイスパニアへ逃れた。当時のイスパニアの多様な王国の状況がどのようなものであったかを調べると、彼がフランス王家に対抗する勢力としてイスパニアに期待した理由が明らかになる。

まずナヴァール（ナヴァラ王国）は、小国ながら、イベリア半島のほぼ全域がイスラム化した時期もキリスト教に踏みとどまった地域であるが、フランス王フィリップ三世の支配下に組み込まれる以前の最後の王は、新興キリスト教国として勢力を拡大していた西隣のカスティリヤに対抗するため、当初はイスラム教徒のムーア人に、のちにフランスに支援を求めた。このナヴァール王の甥、シャンパーニュ伯アンリは、男児の跡継ぎがなく、死に際し、一人娘ジャンヌをフィリップ三世に託した。フィリップ三世は、彼女を息子〔訳注・のちのフィリップ四世〕に妻として与えた。このときフィリップ三世は、イスパニア〔訳注・ミシュレは「イスパニア」と表現しているが、当時は、南半分がイスラム教徒の地域で、北半分はレオン、カスティリヤ、アラゴンのキリスト教王国が並立していたイベリア半島のこと〕にすぐ近いトゥールーズ伯領を相続したばかりであった。ここからピレネーを越えて峠を降るとパンプローナの町に着き、そこからナヴァール王国の中心のブルゴスに向かうことができた。

しかし、イスパニアを手に入れることが容易でないことは、経験からも明白であった。イスパニアは戸締まりはよくなかったが、入ってからが大変であった。カスティリヤはルイ八世に嫁し聖王ルイ九世を生んだブランシュ・ド・カスティーユ（1188-1252）のふるさとであり、老王アルフォンソ十世は、母親によって血がつながっている聖ルイ王の長男フィリップ三世の息子たちに自分の王国を委ねるつもりであったが、うまくいかなかった。アルフォンソはイスパニア人としてもキリスト教徒としても、民衆の間で評判がよくなかった。彼は、博識であったが、錬金術と占星術という怪しげな学問に傾倒し、いつもユダヤ人の学者と部屋のなかに閉じこもっていた。贋金を造ったり、ローマ法とゴート法を混ぜた偽の法律を作ったり、さらには、イスパニアが好きでなく、ドイツ皇帝の座に偏執をもっていた。

イスパニアはそんな彼に見事に仕返しした。カスティリヤ人たちは、ゴート法に従って、アルフォンソの第二子、この時代の「エル・シドle Cid」というべきサンチョを王に戴いた。このサンチョ四世は、父からは勘当され、フランス人とムーア人から同時に脅かされ、そのうえ、近親結婚ということで法王により破門されながら、すべてに敢然と立ち向かい、妻と王国を守った〔訳注・このため「勇士 le Brave」と渾名された〕。フランス王(フィリップ三世)は、大軍を集め、サン＝ドニの旗を掲げてイスパニアに侵入したものの、サルヴァティエラ〔訳注・ピレネー山地をスペイン側に降りてすぐのところにある〕で兵糧が尽きて、それ以上進めなくなっている。

当時は、イスパニア全体にとって栄光の時代であった。アラゴン王ドン・ハイメ(ハイメ一世)はトゥールーズ伯を守ってミュレ〔訳注・トゥールーズのすぐ南〕で亡くなったトゥルバドゥール王(ペドロ二世)の息子で、マヨルカおよびヴァレンシアの王国をムーア人から奪った。イスパニア式の大袈裟な言い方によると、三十三の戦いに勝利し、二千の教会堂を建立ないし奪還した。しかし、彼は、この教会堂の数を上回る妾をかこっていたと言われ、先代の王たちが約束した法王への貢ぎ物を拒み、息子のドン・ペドロをシュヴァーベン家の最後の末裔であるマンフレートの娘と結婚させた。

歴代アラゴン王は、相手がムーア人だろうとキリスト教徒だろうと構わず戦いを仕掛け、臣下たちから愛される必要があったし、また、愛された。勇敢な兵士であり繊細な歴史家であったラモン・ムンタネールが書いたものを読むと、彼らは裁きにおける公正に疑義を生じさせないため、臣下たちから招待を受けたときも、提供された果物やワインそのほかの御馳走をみんなの前で堂々と飲み食いしたという。しかし、ムンタネールが忘れていることが一つある。それは、これらの王たちが人々から好かれたのは、誠実さによってではなく、敵味方おかまいなく略奪する半ばムーア的なアラゴン山岳民、アルモガヴァル人の悪賢さによってであったことである。

シュヴァーベン家の忠実な召使い（プロチダ）は、若いペドロ三世王のもとに身を寄せた。そこには、シュヴァーベン家から嫁いだ王妃コンスタンツァがいた。アラゴン王は快く彼を迎え入れ、土地と館を与えたが、フランス王家との対戦を勧める助言は冷静に受け止めた。力の差があまりにも大きく、互角に戦うには、キリスト教世界全体が力を合わせる必要があった。ペドロ王は、時を待つことにし、跳ね上がり連中が行動に逸っても力を貸すことはせず、共謀の疑いをかけられないよう慎重に配慮した。結局、プロチダはイスパニアにある自分の資産を売り払って姿を消した。

このとき、彼はフランシスコ会士に扮装して去っていったという。フランシスコ会士は、どこにでもいたから最も目立たず、食べ物を乞うても快く迎えられた。彼らは知性と雄弁にすぐれ、メッセンジャー、説教師、ときには外交官として、さまざまな世俗的役目――こんにちでいうと、郵便物と新聞の役割を果たした。プロチダは、シャルル・ダンジューと戦ってくれる同志を求めて、托鉢修道士の汚いローブを身にまとい、裸足で旅した。

シャルル・ダンジューへの憎しみを抱く人は、いたるところ、幾らでもいた。むずかしいのは、彼らを糾合して団結させ、好機をとらえて決起させることであった。彼がまずシチリアに向かったのは、革命の火山を間近に見て、その音を聴き、観察するためであった。爆発が近いという兆候は幾つも現れていた。内にこもった憤激、ひそかな泡立ち、不満の声、そして沈黙……。シャルル・ダンジューの圧政は、この不幸な民衆を疲弊のどん底に追い込んでいた。つぎにプロチダは、シャルルの脅威を感じていたコンスタンティノープルに渡り、パライオロゴス帝に会った。

——すでにナポリ王（シャルル・ダンジュー）は三千人の兵士をドゥラッツォに派遣し、自らも、百隻のガレー船と五百隻の輸送船を率いて出発の準備をしている。この遠征の成功は確実である。というのは、ヴェネツィアがこれに協力し、ドージェ（doge）のジョヴァンニ・ダンドロ自ら四十隻のガレー船を率いて遠征に加わる準備をしているからで、第四回十字軍〔訳注・一二〇四年、コンスタンティノープルを陥落させた〕が再現されようとしている。——

この情報に、パライオロゴスは激しく動揺し、なすべき術を知らなかった。

「どうしたらよいか、ですって？　もしわたしにカネをくだされば、陛下のために、カネはないが武器をもっていて、守ってくれる人間を見つけましょう。」

プロチダは、パライオロゴス帝の秘書の一人を連れてシチリアへ行き、彼をシチリアの豪族たちや、このときソリアーノ城に隠れ住んでいたローマ法王（ニコラウス三世）に引き合わせた。ギリシア皇帝は、成立したばかりの和解に関し法王の署名を何よりほしがっていた。しかし、法王ニコラウスは事件に関わるのをためらった。別の説によると、ローマ人でオルシーニ家出身のこの法王には、シャルル・ダンジューのある言葉を思い起こさせるだけで躊躇させるに充分だったという。それは、法王が自分の姪をシャルル・ダンジューに嫁がせたがっていることを聞いたときにシャルルが言った「彼が赤い靴下をはいているからといって、オルシーニ家の血がフランスの血と混じり合うことが可能だなどと思っているのだろうか？」との一言であった。

ニコラウスはギリシア皇帝との和解協定に署名してまもなく亡くなった（1280）。敵対勢力の試みはことごとく挫折し、シャルル・ダンジューの立場は、かつてないほど強くなったように見えた。彼は、ギベリーニ派の枢機卿を追い出して法王選挙を行わせ、フランス王家の傀儡であるトゥールの年老いた修道士をマルティヌス四世として指名させた。これはシャルル自らが法王になったようなもので、彼は全ての教皇領に守備隊を配置し、法王をヴィテルボ〔訳注・ローマの北方〕に移し、監視した。シチリア人たちがナポリ王に関して法王にとりなしを求めてやってきても、法王のそばに当の王がいるのでは、裁きを行う側に敵がいるのと同じであった。事実、直訴をするために派遣された一人の司教と修道士は、返事をもらえる代わりに、地下牢に放り込まれてしまった。

その点、シチリアはシャルルからなんらの哀れみも期待してはいなかった。この島は半ばアラブで、アラブの友人であったマンフレートとその一族に強い親近感を抱いていた。勝者たちがシチリア人民に対して加えた全ての侮辱は、彼らには報復としか見えなかった。このプロヴァンス生まれの人物の血の気の多さは周知のとおりであるが、そこにあるのが征服者としての傲慢と民族的反感だけだったら、不幸は次第に弱まっていく可能性もあったであろう。しかし、ここでは、それに不器用な行政と徴税制が持ち込まれ、質朴な「オデュッセイとアエネイスの世界」に苛烈な財政政策が押しつけられ、日々、人々への圧迫の度を増していた。

この農耕と牧羊の民は、古代の昔からつぎつぎ代わる支配者のもとで、特有の独立精神のなにがしかを守ってきた。これまでは、山地では孤高、荒れ地では自由といったものが保たれてきたのが、いまや、島じゅうに奇妙な訪問者がやってきて、谷間の土地から人跡未踏の岩山の頂にいたるまで測量し、収税吏は山の上の栗の木の下や火山岩と雪の間の岩の庇のところに机を据えて、山羊飼いの名前まで帳面に記入しはじめた。この事態に対するシチリアの嘆き声を聞き分けるには、森を通ってほとばしる急流のように破格用法（barbarismes）と破格語法（solécismes）を駆使してまくしたてるネオカストロのバルテレミの雄弁に耳を傾ける必要がある。

「森を差し押さえろだの、船を岸に繋ぐなといった信じがたいような彼の思いつきや、羊の群の収益についての誇張した値踏みについては、なんと言ったらよいだろうか？……彼は新しく銀貨を鋳造して、一ドニエにつき三〇ドニエをシチリア人たちに支払わせようとした。われわれが戴いた王は、教父たちの父だと思っていたが、実は《アンチ・クリスト》だったのだ。」

　別の一人は、こう述べている。

「一年の終わりには、家畜の群と生まれた子羊などを見せなければならなかった。貧しい農民たちは嘆き声をあげ、牛や羊を飼っている人々は恐怖に囚われた。風にのって分封した蜜蜂の巣にまで税がかけられた。狩りの取り締まりは厳しく、小屋のなかに鹿の皮を隠してあるのが露見すると罰金を取られた。王を喜ばせるために盛んに新しい貨幣が鋳造されると、ラッパが鳴らされて市民は古い銀貨を吐き出し、交換しなければならなかった。」


　入れ替わり立ち替わりやってくる外国の主人によって乳と血を搾り取られる牝牛――これが大昔からのシチリアの運命なのである。シチリアの人々は、ディオニュシオス一族〔訳注・前四世紀のギリシア人支配者〕、ゲロン〔訳注・前五世紀の僭主〕といった暴君のもとで隷従と厳しい生活を強いられてきた。シチリアが外の世界から恐れられたことがあったとしても、それはこうした暴君のせいであり、民衆自身はつねに奴隷であった。

　まず、アテナイとシュラクサイ、ギリシアとカルタゴ、カルタゴとローマの戦争、そして奴隷戦争といった古代世界における大戦争のいずれも、決戦の場になったのはシチリアであった。これらの人類史上の「大戦争」は、すべて、あたかも祭壇の前で神の裁きを仰ぐように、エトナ山の麓で戦われた。

そのあと、ゲルマン蛮族、アラブ人、ノルマンディー人、ドイツ人が次々とやってきた。そのたびに、シチリアは期待と熱望を裏切られ、エトナ山の下敷きにされた巨人エンケラドスのようにもがき苦しんだ。二十もの民族から成る住民同士の癒しがたい亀裂のうえに、歴史と風土が形成した運命が二重に重くのしかかってきた。ファルカンドス〔訳注・十二世紀の歴史家〕がその歴史書の冒頭に記している美しくも気だるげな嘆きのなかには、そのすべてが見事に表れている。

「いまわたしが願うことは、きびしい冬が去り、より暖かい風のもとに、春の始まりを告げるような好もしい何かをあなた方に書き送れることである。だが、悲痛な報せが次の嵐の到来を予感させている。わたしの歌は涙に代わられようとしている。空の虚ろな微笑み、田園や森の忙しない喜び、鳥たちの合唱が、ふっとわたしを我に返らせる。わたしは、この愛する母なるシチリアを覆っている荒廃を涙なくして見ることはできない。とりわけサラセン人たちへの抑圧は言語に絶する。……おお、キリスト教徒とサラセン人が協調して一人の王を選んだなら！　島の東部、エトナ山の火と溶岩の間で戦っているシチリアの盗賊たちと蛮族どもとが発しているのは、火と火打ち石のようなものだ。しかし、シチリアの内陸部、美しいパレルモの地が呈している野蛮な様相は無慚ともなんともいいようがない。わたしは、新しがり屋のアプーリア人には何も期待しないが、力強く高貴な都市メッシーナなら、自分の身を守るだけでなく、外国人どもを海峡の向こうへ押し戻してくれるであろうか。カターニアは、戦争、ペスト、エトナの熔岩流、地震と度重なった災厄のために、運命に立ち向かうことはとうていできなかった。汝に遺されていたのは従うことだけであった。平和を救うことのできるのは、シラクサだ。汝こそ、その雄弁をもって同胞の勇気を掻き立てるべきだ。暴君ディオニュシオスから我が身を解放することに努めよ。ああ、誰が我々を暴君に立ち向かわせるのだろうか！　シチリアの冠たるパレルモは、なぜ黙っているのか？」

〔訳注・ファルカンドスの文章は、ギボンの『ローマ帝国衰亡史』第十巻にも引用されている。ここに引用されたのと共通するところもあるが、少し違っている。〕

ファルカンドスがパレルモについて並べ立てることができるのは、その悦楽的な都市と宮殿の壮麗さ、港や庭園のすばらしさ、絹を吐き出すカイコの不思議さ、オレンジやレモン、サトウキビといった特産品ばかりである。現実を忘れて、果物と花に埋もれたこの町が発するのは、ギリシアの田園恋愛詩の官能的でメランコリックな響きのみである。

「わたしは洞窟の下で、シチリアの海辺へ草を食みに出かける羊の群を見ながらおまえを抱き締めつつ歌おう。」〔訳注・前五世紀前半のシュラクサイ生まれの詩人、テオクリトスの詩〕

それは、一二八二年三月三十日、復活祭の月曜日のことであった。シチリアはすでに湿っぽい熱気に覆われ、フランスでいえば『聖ヨハネの日』〔訳注・六月二十四日の夏至〕のようであった。この国の復活祭は、禁欲の四旬節や小斎日といった、神が主役を演じられる時は終わり、気だるい官能が主舞台に躍り出てくる季節である。その変化は突如として起きる。花々は一斉に地面から噴き出し、美を競い合う。それは生の凱歌、自然の復活、官能の復権である。

したがって、この復活祭の月曜日には、あらゆる善男善女が晩禱に参加するためにパレルモから美しい丘を越えてモンレアーレ〔訳注・パレルモの南西。少し内陸に入ったところ〕へ登ってくるのが慣わしであった。この祭りを荒らしてやろうと外国人たちもやってきたが、あまりにも大勢の人が集まるので、そうした連中のことを気にしているゆとりはなかった。副王〔太守〕は人々に武器の携行を禁じていたが、これはいつものことであった。多分、彼は貴族たちについてはチェックしていた。プロチダは彼らにパレルモに集まるよう指示していたが、行動を起こすには、きっかけが必要であった。その期待以上のきっかけを与えたのがドルーエという一人のフランス人であった。

彼は、教会へ詣でに行こうとしていた土地の貴族の一家を呼び止め、取り調べはじめた。この一行のなかには美しい娘とそのフィアンセがおり、ドルーエはフィアンセの男を調べ、武器をもっていないことを確認したあと、こんどは娘が衣の下に隠していないかと疑い、衣服のなかに手を突っ込んで調べようとしたので、娘は気絶した。怒った男たちは「フランス人どもを殺せ！」と叫びながらドルーエに襲いかかり、奪い取った彼の剣で殺した。それを機に、いたるところでフランス人

……娘が衣の下に隠していないかと疑い、衣服のなかに手を突っ込んで調べようとした……

が襲われ、のどを掻き切られた。フランス人の家には、前もって印がつけられていたとも言われる。そして、シチリア式の「c」「ch」の発音ができない者は片っ端から殺された。フランス人の子を身ごもっているシチリア女性も情け容赦なく腹を切り裂かれて殺された。

他の都市がパレルモに倣うには丸一か月が必要であった。この反フランスの動きにかかった圧力は不均等であった。シチリア人民のなかには、気まぐれな寛大さがしばしばある。パレルモにおいてさえ、自邸にいるところを不意に襲われた副王は、侮辱は受けたが、命を奪われることはなく、南フランスのエーグ＝モルトへ送り返されただけで済んだ。カラタフィミ〔訳注・シチリア島西部〕の支配者も、誠実な人柄だったので、住民たちは彼を家族全員とともに島外へ退去させている。こうした措置には、シャルル・ダンジューの報復への恐れも多分にあったかもしれない。熱しやすく冷めやすい南方人らしく、すでに人々の熱気は冷め、気力も萎えかけていたのかもしれない。

パレルモの住民たちは、法王に赦しを乞うため二人の修道士を派遣した。この使節は、「Agnus Dei, qui tollis peccata mundi, miserre nobis」〔訳注・「汝世界の罪を取り去る神の子羊よ、我らを憐れみたまえ」との意〕という連禱の言葉以外は何も言おうとしなかった。彼らが、この言葉を三度繰り返すと、法王もまた、「Ave, rex Judaeorum, et dabant ei alapam」〔訳注・「ユダヤ人の王、安かれ」とて、唾し頭を叩く〕というキリスト受難の唱句を三度唱えて答えている。

メッシーナもシャルル・ダンジューからよい感触を得ることができなかった。彼は、メッシーナからの使者に、彼らは皆教会と王権への裏切り者であると答え、せいぜい防衛に努めるがよかろうと突き放した。メッシーナの人々は、恐怖に陥って防衛の準備を急いだ。男も女も子供も全員が石を運び、三日間で城壁を築き、勇敢に第一回の襲撃を跳ね返した。それについて、一つの歌が遺されている。

「ああ、メッシーナの女たちが髪を振り乱して石と石灰を運んでいるのを見るのは、なんと哀れなことか！　メッシーナを痛めつけようと望むのは誰か？　この労苦と労作業は神の思し召しである。」

しかし、そこに登場するのがアラゴン王のドン・ペドロである。この策謀に長けた君主は、はじめはシチリア人たちとは距離を置いて、情勢を見守っていた。フランス人虐殺に手を染め、のっぴきならない状況になったシチリア人たちが、これからどうしていくのか？　――これがドン・ペドロが知りたかったことであった。彼は一軍を率いてアフリカでイスラム教徒に対する戦いを続けていた。これは、彼の軍事行動を不安がっているフランス王や法王に対し、ムーア人に対する戦争であると言い訳するためであったが、さらに安心させるために、フランス王とシャルル・ダンジューから借金までしている。彼の部下たちが封印された命令書をはじめて開いたのは、海上に出てからであったが、そこには、アフリカの戦いのことしか書かれていなかった。実際、彼が目標をシチリアに定めたのは、何か月も経ってシチリアから二つの使節団が来てからであった。

アラゴン王はメッシーナを攻撃しようとしているシャルル・ダンジューに挑戦状を送ったが、この強敵との対戦を急ごうとはせず、あたかも、牡牛の巨体を巧みに躱しながら剣を振るう敏腕の闘牛士のように、まずは、この都市の救援のために山岳民アルモガヴァルを何人か送るにとどめた。身軽で敏捷な彼らは、パレルモからメッシーナの間〔訳注・ほぼ二〇キロ〕を三日間に六往復した。

ずっと効き目のある支援をしたのは、カラブリア人ルッジェロ・デイ・ロリア率いるカタルーニヤ船団であった。彼らはシチリアとイタリア半島の間の海峡を制圧してシャルル・ダンジュー軍の兵糧を絶つとともに退路を塞ぐはずであった。自分の海軍力を客観的にわきまえ敵を警戒していたナポリ王（シャルル）は、テントも物資もそのままにして夜間に海峡を渡りイタリア本土へ引き揚げた。メッシーナの人々は、夜が明けてはじめて敵がいなくなっているのを知ったほどであった。

ムンタネールの記録によると、シャルル・ダンジュー軍の九十隻に対し、カタルーニャ人のガレー船は二十二隻に過ぎなかった。しかし、シャルル側の九十隻には、真っ先に逃げ出したピサの十隻と、それにつづいて逃げたジェノヴァの十五隻も含まれており、シャルルの臣下であるプロヴァンス人たちが有していたのは二十隻であった。残りの四十五隻はナポリとカラブリアの船で、これも形勢不利と知ると、逃げ帰ってしまった。カタルーニヤ人たちは、この敗走する連中を追いかけ、六千の兵を捕らえて殺し、その後、夜明けごろにメッシーナの港に集まってきた。

「夜が明けたとき、町の人々は、かくも多くの船を見て、叫んだ。『ああ、神よ。なんたることか！アラゴン王のガレー船に敗れたシャルルの艦隊が戻ってきているとは！』。王は起きていた。というのは、彼は、夏も冬も、日の出とともに起きるのが常であったからである。彼は騒ぎを耳にすると、『この騒ぎは何事じゃ？』と尋ねた。『陛下。シャルル王の艦隊が戻ってきて、わがガレー船隊を捕らえているのでございます』。王は、馬を曳いてくるよう命じ、十人足らずの家来をつれて宮殿から出かけた。そして海岸沿いに走ったが、そこで出会った男や女、子供たちは絶望に打ちひしがれていた。王は『なにも心配することはない。わが方の船隊がシャルル王の艦隊を捕らえてきたのじゃ』といって励ました。この言葉を繰り返し叫びながら海岸を走る一行に人々は『神のお望みが、そうでありますように！』と叫んだ。メッシーナの全ての男女子供たちまでが彼のあとについて走った。メッシーナの軍隊も従った。こうして《金の泉》に着いたとき、王は、帆一杯に風を受けて近づいてくる船を見て、心のなかでつぶやいた。『わたしをここへ導いてくださった神よ、わたしとこの不幸な人々を見捨てないでください。御恩は必ずお返ししますから！』」

「この間に一隻の軍船が王のいるところをめざして近づいてきた。この船はアラゴン王の旗を掲げ、船上にはエン・コルターダが乗っていた。翻っているのがアラゴン王の旗であることに気づいた人々は喜びのあまり躍り上がった。やがて接岸した船からエン・コルターダが上陸し、王にこう述べた。『陛下。陛下の敵どもの船を連行してまいりました。ニコテラ〔訳注・イタリア半島南端のジョイア湾の近くにある町〕は攻略され、焼かれ、破壊されて、フランス側は二百人以上の騎士を失いました』。この言葉を聞いて、王は馬から降りて跪いた。みんなもそれに倣い、全員で『サルヴェ・レジーナSalve regina』〔訳注・「めでたし、天后」の意で、聖母を讃える祈り〕を唱えて、勝利をもたらしてくださった神に感謝を捧げた。そのあと、王はエン・コルターダに『よくぞ来られた』と言葉をかけ、税関事務所のほうに集まっている人々にも、この朗報を伝えるよう指示した。それから、二十二隻のガレー船を先頭に、それぞれがガレー船、小舟、荷船を引っ張って港に入ってきたので、メッシーナ港は、敵味方の旗を掲げた船でいっぱいになった。これほどの歓喜に満ちた光景はいまだかつてなかった。この喜びのなかで天と地が一つに溶け合い、神と聖母と天上の宮居を称える賛歌が轟きわたった。王宮の前にあった税関事務所のところでも歓喜の声が響きわたった。それは、対岸のカラブリアにまで聞こえたほどであった。」

シャルル・ダンジューは、自分の艦隊の惨めな敗北をイタリアの岸から見ていた。コンスタンティノープルを征服するために建造したばかりの艦隊が、敵の手に渡り、あるいは眼前で炎上していくのを、救うこともできず、ただ眺めているほかなかった彼は、怒りのあまり、手にしていた王笏に噛みつき、「ああ、神がわたしをこのような不運な目に遭わせ、落ちていくのをお喜びになるとは！」と繰り返したという。

しかし、この諦めも、たちまち高慢ぶりに取って替わられた。シャルル・ダンジューは、すでに年を取り、身体の動きも鈍重になっていたが、若いアラゴン王に対し、双方から百人の騎士を出し、その立ち会いのもとに一騎打ちで勝負を決したいと申し入れた。アラゴン王がこの提案を受け入れたので、二人はイギリス王立ち会いのもと一二八三年五月十五日にボルドーで相まみえることになった。〔訳注・このとき、シャルルは一二二六年生まれであるから五十六歳、ペドロは一二三九年生まれであるから四十三歳である。イギリス王はエドワード一世である。〕

指定された日、良馬をもっていたドン・ペドロは、夜の間に、ピレネーのあらゆる道と峠を知り尽くしている馬商人に案内されて、三番目に（シャルル・ダンジュー、イギリス王につづいて）ボルドーに着いた。到着したのは試合の当日であったが、立会人に向かって、フランス王〔訳注・シャルル・ダンジューの甥、フィリップ三世〕が部隊をつれてボルドーの近くにいるので、自分の身の安全が保証されていないと抗議し、立会人がそのことを文書に認めている間に、ペドロ王は試合場を一巡し、自分の馬に拍車を入れると、そのままアラゴンに通じる道を百マイルあまり、止まることなく走ったのであった。

シャルル・ダンジューはプロヴァンスで新しい軍勢を整えた。しかし、ナポリは、彼が帰還するより前に、ルッジェロ・デイ・ロリア提督によって手痛い打撃を蒙っていた。ルッジェロは四十五隻のガレー船にナポリ湾入口を遊弋させ、シャルル・ダンジューの息子のシャルル・ル・ボワトゥー〔訳注・「びっこ」の意味〕を挑発させた。若い公子とその取巻きの騎士たちは、このような侮辱に我慢できず、港に擁していた三十五隻のガレー船を伴って出撃した。

しかし、彼らは最初の衝突で敗れ、捕捉された。シャルル・ダンジューが帰り着いたのは、その翌日で、彼は息子が捕らえられたことを聞いたとき、「彼は死ななかったのか！」と叫んだという。怒り狂ったシャルルは、溜飲を下げるために百五十人のナポリ市民を縛り首にしたが、この事件は彼にとって最後の手厳しい衝撃となった。彼は、すっかり生気を失い、その夏は、法王の仲介でシチリア人との和解交渉に費やした。冬になって再び遠征の準備を始めたが、もはや役には立たなかった。最後の希望とともに命が彼のもとを去ってしまったからである。彼は、自分がシチリア王国を征服したのはローマ教会のためであったというある聖人の証言を得て、恩寵の安心とともに息を引き取った（一二八五年一月七日）。

その間に、その出自からも心情的にも全くフランスに肩入れしていた法王（マルティヌス四世）は、ドン・ペドロのアラゴン王座喪失を宣言し（一二八三年）、ドン・ペドロを討伐する者には十字軍としての贖罪を与えると約束していた。ドン・ペドロ当人は、翌年、フランス王フィリップ三世豪胆王の第二子でフィリップ四世美男王の弟、シャルル・ド・ヴァロワに王国を譲ったが、それでも、アラゴンを血祭りに上げるための《十字軍》は行われた。

フランスにとって戦争は久しぶりのことで、みんなが十字軍への参加を希望し、王妃自身や多くの貴婦人たちまで十字軍士になりたがったため、この《十字軍》は、フランス国外へ出た軍勢としては、ゴドフロワ・ド・ブイヨン〔訳注・第一次十字軍を率いた〕以来最大規模となった。イタリア人たちも騎兵二万、歩兵四千を送った。ジェノヴァ、マルセイユ、エーグ＝モルト、ナルボンヌの艦隊がカタルーニャの海岸を遊弋し、陸上軍を補佐した。すべてが成功を約束していた。ドン・ペドロはカスティリヤ王や自身の弟のマヨルカ王といった同盟者からも見放された。臣下たちも都市同盟を編成して彼に反旗を翻した。彼は、山岳民アルモガヴァル人のもとに身を寄せ、彼らと難攻不落の砦に拠って敵の動きを見守った。

エルナ〔訳注・ペルピニャンの南にある町〕は《十字軍》に抵抗したため全員が無残に殺された。ヘローナ〔訳注・バルセロナの東北九十キロ、ペルピニャンの南西六十キロ〕はさらに頑強に抵抗した。攻撃に手間取っている間に気候条件はフランス軍にとって次第に悪くなり、軍隊のなかに熱病が流行した。海軍もルッジェロ・デイ・ロリア提督率いるアラゴン海軍が勝利した。フランス人たちは退却を考えるべきであったが、すでに全軍が病気にやられていた。兵士たちは、聖人たちの墓所を荒らしたための罰だということから恐怖に囚われた。にっちもさっちもゆかなくなっていた。

山岳民のアルモガヴァル人たちは、獲物に引き寄せられて、ますます数を増やしていた。フランス王フィリップ三世は瀕死の状態で担架に載せられ、しおれた騎士たちに囲まれて帰路についた。そのうえに滝のような雨が降り注ぎ、多くの兵士が病に倒れた。王は、辛うじてペルピニャンに帰り着いたものの、そこで亡くなり、フランスはイスパニアに有していた土地をすべて失った。〔訳注・アラゴン王ペドロ三世も、同じ一二八五年に死去している。〕

新王フィリップ四世〔訳注・渾名は「ル・ベル le Bel」で端麗、美男の意〕は、カスティリヤ王を動かしてアラゴンに与する者たちに対抗させる方策を採用した。シャルル・ダンジューの息子で捕虜になっていた「びっこのシャルル」は偽誓によって自由の身になった。シチリアとその新しい王であるアラゴン王家の第二子たちは、長子の家門から切り捨てられ、両者の間には戦争まで起きる。しかし、シャルル・ダンジューの孫であり「びっこのシャルル」の息子は、かつて父親が捕らえられたのと同じく、シチリア人たちによって捕らえられた。一二九九年、一つの条約が結ばれ、フェデリーコ王〔訳注・ここでいうのはドン・ペドロの弟のフェデリーコ〕が、その存命中、この島を保持することになった。とはいえ、その後も、一世紀以上にわたって、この島はフェデリーコの子孫が領有することとなる。

ナポリ王国は完全には覆されなかったが、少なくとも痛手を蒙り、屈辱を味わった。死者たちのためには幾つかの償いがなされた。一三〇〇年ごろに亡くなったある年代記者（フェラーラのリコバルド）は「いま、この島を治めている敬虔なシャルル（びっこのシャルル）は、コンラディンおよび彼とともに亡くなった人々の墓の上にカルメル会の教会を建立した」と述べている。

第二章　フィリップ美男王と法王ボニファティウス八世

「私はかの地（フランス）ではウーゴ・チャペッタ（ユーグ・カペー）と呼ばれていた。
そして私から多くのフィリッポ（フィリップ）とルイジ（ルイ）が生まれ、近世のフランスを支配したのだ。
私はパリの一人の牛肉屋の子供だったが、
灰色の衣服をまとった一人を除いては、
古い王たちがことごとく亡くなった時、
私の手の中に王国統治の手綱と、新たに手に入れた権勢と、多くの友人たちを
かたく握っていることに気がついたのだ。
かくして主のない王冠に対して
私の子供の頭〔ロベール一世〕が選ばれ、彼からはまた、
聖別された骨が始まったのである。」

〔原注・ユーグ・カペー自身は王冠を戴こうとしなかった。王位に就いたのは息子のロベールからである。カペーの祖がパリの肉屋だという伝承を裏づける根拠はない。「聖別された骨」とは、聖ルイ王が出ることを指している。〕

「プロヴェンツァ伯〔シャルル・ダンジュー〕の得た持参金が、私の血族から
羞恥心をまだ奪わなかったころ、私の一族はいまだ
強力ではなかったが、悪事を働いてはいなかった。
その時以来、彼らは暴力と虚偽を用いて
掠奪をはじめ、その後償いとしてポンティ〔ポンティユー〕と
ノルマンディアとグァスコニャを取ったのである。
カルロ〔シャルル・ダンジュー〕はイタリアへ来た、そして償いのため
クルラディーノ〔コンラディン〕を犠牲に供した。その後で
償いのためにトンマーゾ〔原注・トマス・アクィナス。シャルル・ダンジューはトマスがリヨンの宗教会議で自分の悪行を告発することを恐れて毒殺した〕を天に帰したのである。
私の予見するところによれば今後まもなく、
ある時代が来て、他のカルロ〔シャルル・ド・ヴァロワ〕をフランスから
引き出し、彼と彼の一族のことを知らせるだろう。

彼は軍隊を率いずにただ一人ジュダの試合に
用いた槍〔裏切りのこと〕一筋だけ携えてそこを出ると
それを突き出し、フィレンツェの腹を破るであろう。」

「私にはかつて捕虜として船から出た
他のカルロ〔訳注・シャルル・ド・ヴァロワの息子のシャルル〕が自分の娘を売って、海賊が奴隷
を扱うようにその値を争うのが見える。」

「また未来と過去の罪悪を小さく見せるため
百合の花がアラーニャ（アナーニ）に入り、クリストが
その代理者の身で捕らえられるのも私には見える。
彼はふたたび嘲られ、またしても酷と胆が
新たに準備され、生きている盗賊の間で
彼が殺され給うのが私には見える……」

〈ダンテ『神曲』浄罪篇第二十歌・野上素一訳〉

このギベリーニ派の人〔訳注・ダンテ〕の怒りに満ちた告発には、若いけれども醜い世界に取って代わられることに対する、死にゆく古い世界の心底からの嘆きとその不条理への非難が満ちあふ

れている。この「若い世界」〔訳注・近世王制国家〕が始まるのが一三〇〇年ごろであり、その交替劇を演じた醜悪な主役こそフランスのフィリップ四世すなわちフィリップ美男王〔在位1285-1314〕である。

フィリップ二世オーギュスト、そしてフィリップ四世ル・ベルによって樹立されていったフランス王制は、一七九二年、ルイ十六世をもって終わるが、そこでは、死にゆくなかにも一つの慰めがあったろう。なぜなら、このときフランス王制は、小手調べにヨーロッパを打ち負かし、やがて世界を刷新しゆく若々しい共和制の巨大な栄光のなかで息を引き取ることができたからである。それに較べて、一三〇〇年のころ、法王権と騎士道と封建制の中世の息の根を止めたのは、強欲な管財人と禁治産者、そして贋金作りどもの手であり、代わって生まれた世界自体が醜悪そのものであったから、嘆きを呼び起こして当然であった。古いローマ法と帝国税制の波のなかから生まれたこの新しい世界は、生まれながらにして弁護士であり金貸しであり、ガスコーニュ人でありロンバルディア人、ユダヤ人であり、それに取って代わられ退場していった世界に較べて遙かに合法性を装っていたから、どのような眼が、たとえダンテのそれのような目であっても、見破ることができただろうか？

この近代的システムの最初の代表であるフランスを最も苛立たせたのは、旧世界の恒常的な矛盾と両面性であり、あえていうなら、ローマ法と封建法という二つの原理を代わる代わる持ち出して立証しようとする露骨な偽善性である。フランスがローマ法と教会法の条文を封建的力をもって行使する、いわば「甲冑に身を固めた法律家」であるイタリアを（さらにいえばローマ教会を）打ち据えたのは、ローマ教会の長女として、母を正すためであった。

この聖ルイ王の孫（美男王）がとった最初の行動は、国王の高等法院と王領地においてだけでなく領主たちの裁判執行の場からも聖職者を排除し、司法権の行使を禁ずることであった。

「国王顧問会議の決定によって、以下のごとく布告されたり。公・伯・諸侯・大司教・司教・修道院長・修道会支院長・参事会・学寮など、フランスにおいて世俗裁判の権限を有せる全ての人は、《バイイ》〔訳注・下級裁判所の裁判官〕、《プレヴォ》〔訳注・城代〕、また裁判役人には、俗人を充てるべきであり、聖職者をこれらの役務につけるべからず。もし、すでに、これらの役務に就きたる聖職者に関しては、これを厳しく排除すべきである。さらに現下の高等法院に代わり王国裁判所において検事の任にあたる者はすべて俗人によって構成さるべし。かくの如く布告す。

主の第一二八七年万聖節の日（十一月一日）　高等法院」

こうしてフィリップ美男王は、高等法院の全メンバーを俗人で固めた。これは、市民身分と聖職身分の分離の最初であり、より適切にいえば、市民身分の創設となった。

だが、僧侶たちもかんたんには諦めなかった。なんとか高等法院の扉を押し開け、自分たちの席を取り戻そうと試みた。そのため国王は、一二八九年、高等法院の門番であるフィリップとジャンに対し、議長の承諾なくしては、いかなる高位の聖職者といえども院内に入れないよう厳命しなければならなかった。

こうして高等法院から異質の要素が排除されるとともに、一二九一年には、その内部でも、職務の分担と種々の機能の配分が行われた。ある人々は嘆願を受け付けて処理し、ほかのある人々は調査を担当した。トゥールーズの法院は廃止されて、ラングドックの控訴もパリで処理されることとなり、司法の中央集権化への大きな一歩が踏み出された。法律問題は、度重なる革命の痕跡を帯びた情念の土地から切り離され、より静かなパリで解決されることとなったのである。

僧侶たちを締め出した高等法院が僧侶たちと敵対するようになるのに時間はかからなかった。すでに一二八八年、裁判官〔訳注・北部と東部のフランスでは《バイイ bailli》、南部と西部では《セネシャル sénéchal》〕は、「逮捕理由を事前に報告することなく、また、逮捕令状の写しを提示することなく逮捕してはならない」、また「いかなるユダヤ人も僧侶または修道士に尋問されることがあってはならない」との国王命令が布告されている。また、カルカソンヌの代官に対し、「誰人であれ、宗教審問官だけの要請によって拘束することを禁ずる」との命令も出されている。おそらく、この背後には、ユダヤ人は異教徒ではあるが、王にとってはタイユ税〔訳注・いわゆる人頭税〕を納めてくれる臣下であり、たとえ宗教尋問によってであれ、横取りされるのを許すわけにはいかないとする欲得も絡んでいた。しかし、そうした動機の問題はあまり詮索しないでおこう。この王令には、宗教的寛容と公明正大さの最初の曙光が認められるからで、これに署名した人には、明らかに栄誉が授けられてしかるべきである。

そのうえ、一二九一年には、もっと果敢な一撃が教会に対して加えられた。農奴が、直接の卑属（子供や孫）のないまま亡くなった場合、その財産は領主の所有に帰するという《マンモルト mainmorte》の権利が長い間にわたって教会に吸収されつづけてきたことに対しブレーキがかけられたのである。そして、そのようにして資産を得た僧侶ないし修道士は、本来なら国家が受け取るはずであった譲渡所得税の三倍から六倍の金額を国家に納めなければならなくなった。これにより、教会に不動産が寄進された場合も、国王の懐を潤す結果になったが、このことは、王が、市民世界における新しい神として、人々の信仰心に由来する贈与を、イエス・キリスト、聖母、諸聖人たちと分かち合う仲間に入ったことを意味した。

以上は《教会》についてであるが、《封建領主》も攻撃の的となった。このための武器として利用されたのが、封建制度の原理の一つである《宗主権》としての王権である。聖ルイ王の『法令集 Etablissements』（第二書二七章）にはっきりと次のように述べている。

「Se aucun se plaint en la cour le roy de son saignieur de dete que son saignieur li doie, ou de promesses, ou de convenances que il li ait fetes, li sires n'aura mie la cour; car nus sires ne doit estre juges, ne dire droit en sa propre querelle, selonc droit escrit en Code. Ne quis in sua cause judicet, en la loi unique qui commence Generali, el rouge, et el noire, etc」

〔訳注・「領主の債権に関し、あるいは、彼がなした約束の不履行について、誰かから王の法廷に訴えがなされた場合、当該領主は法廷に出頭しなければならない。なぜなら、いかなる領主も、成文法典による裁きに服さなければならないからである――」との意。〕

聖ルイ王の『法令集』は、本来は王を宗主とする王領地のために作成されたものであるが、フィリップ美男王の治世にクレルモンの大法官ボーマノワールが聖ルイの息子でブルボン家の祖となるロベール・ド・クレルモンの領地のために作成した『ボーヴォワジの慣習法Coutume de Beauvoisis』に「王は『法令集』を自分の領地のためだけでなく王国全体のために作る権利をもっている」とあるように、王国全体に適用された。

美男王の父、フィリップ三世豪胆王はすでに、封建領主の資産を平民たちが手に入れるのを容易にする道を開いていた。彼は、法律家たちに「貴族でない人々が封建領主の物を取得するのを妨げてはならない」と厳命するとともに、「貴族でない人々」が貴族に対する義務に縛られ、何をするにも、最終的に王にいたる幾つもの段階の媒介的な領主たちの合意を必要としたのに対し、合意を得る必要のある媒介的領主の数を三人にまで減らしている。

この時代の立法主義の傾向性は、十二世紀から十四世紀にいたる国王顧問たちがどのような人々であり、どんな階層に属していたかを知ると容易に説明がつく。

フィリップ三世の侍従を務めたトゥレーヌ人、ピエール・ラ・ブロスは、聖ルイ王の理髪師であった。彼はバイユーの司教と兄弟で、出世についても凋落についても、彼と運命を共にしている。ラ・ブロスがフィリップ三世の第二の妻〔ブラバントのマリー〕を、前妻〔アラゴンのイサベル〕の子を毒殺したとして告発したとき、アルトワ伯を中心とする貴族たちは、この寵臣を王妃に対する中傷の罪と、さらに加えてカスティリヤ人に王の秘密を売ったとの罪で告発した。〔訳注・アラゴン王家とフランス王家が敵対し合ったことは、シチリアの晩禱事件が物語っているとおりである。〕ラ・ブロスが王に、ひとりのベギン修道女を尋問するよう仕向けると、貴族党は、フランドルの神秘主義的修道会であるベギン会に対して、反神秘主義の立場をとるドミニコ会士たちを対抗させた。というのは、ひとりのドミニコ会士が王のもとへ小箱を一つ運んできたが、そのなかには、ラ・ブロスの裏切りを証明する（あるいは、そう信じられた）ものが入っていた。審理は内密に進められ、ラ・ブロスは有罪と判定され、アルトワ伯をはじめ貴族党の面々が立ち会うなかで処刑されたのであった。

聖ルイ王の筆頭顧問で、『わが友への助言 Conseil à mon Ami』を著した（もっとも、その大部分はローマ法の翻訳であった）ピエール・ド・フォンテーヌはヴェルマンドワ〔訳注・北フランス、サンカンタンのあたり〕の生まれで、一二五三年にこの町の裁判官に任命された。その後、パリの高等法院のメンバーになり、サン＝ブノワ＝シュル＝ロワール大修道院に対して国王に有利な判決を下し、ヴァンセンヌの森の修道士たちに対しても、やはり国王に有利な判決を下すなど、王のために尽力した。これらの判決文のなかで国璽尚書（chancelier de France）のすぐ後に彼の名前が見られ、そこで彼は「騎士 chevalier」という肩書きを名乗っている。「騎士」の称号は、このころには大した重みをもたなくなっていたが、長いローブをまとい「レジスト légiste」と呼ばれたこれらの人々は早くから「法律の騎士 chevalier ès lois」の称号を名乗っていたのである。

サンリスのバイイ（裁判官）で『ヴェルマンドワの慣習法 Coutumes de Vermandois』の著者、フィリップ・ド・ボーマノワールも「大貴族」には程遠い身分であった。同じ名前の家門は十四世紀の対英戦争に関連したブルターニュ（ピカルディーではない）人に見られるが、通常、この名前は十五世紀以前には遡らない。

マリニー兄弟は、ノルマンディーに「マリニーの土地」と呼ばれる広大な土地を持ち、フィリップ美男王の侍従兼金庫番、ルーヴル塔の管理官として、「全フランス王国の統治者にして補佐官」と呼ばれ、ある同時代人が「彼は副王さながらで、全て意のままであった」と述べているほどの権勢を振るった。シテ島の《パレ・ド・ジュスティス》（パリ裁判所）には国王の銅像のすぐ脇に自分の像を建てており、この証言が決して誇張でないことが分かる。しかし、彼の、本当の名前は「ル・ポルティエ Le Portier」〔訳注・「門番」の意〕で、広大な土地は、カネで買い取ったものであった。

フィリップ美男王を支えた大臣たちのなかには二人のフィレンツェ人銀行家がいる。この王の治世の徴税の苛酷さは、おそらく、彼らに大半の責任がある。また、フィリップ美男王の大掛かりで残忍な裁判を推進したのは大法官のピエール・フロートである。彼がクルトレー〔コルトライク〕の戦いで一介の騎士として討ち死にを遂げた跡を引き継いだのがプラジアンとノガレである。ノガレはローラゲー〔訳注・中央山地の西南〕のカラマンで生まれ、彼の政敵たちが流した悪口によると、異端者として処刑された人物の孫で、モンペリエで法律を教えていたが、その後、ニームで副奉行を務めた。ノガレ家は、十六世紀にはエペルノン Epernon の名で権勢を振るうが、一三七二年には、まだ貴族でもなければ、一つの家門にもなっていなかった。ギヨーム・ド・ノガレが大法官、国璽尚書になるのは、法王〔ボニファティウス八世〕を拘束することとなった遠征の直後である。フィリップ美男王がギヨーム・ノガレに施した過分の贈与の一部は次のフィリップ長身〔訳注・美男王の次男で、兄のルイ十世とその子ジャン一世のあと即位しフィリップ五世となった〕が取り戻したが、長身王もマリニーの排除には関わっていない。おそらくマリニーの司法上の活動は王権にとって非常に重みをもっていたので、返り血を恐れたのである。

このような「法律家」たちは、イギリスでは十二世紀以来の歴代王に大きな影響を与えていたが、十三世紀になると、フランスの聖ルイ王、イスパニア〔カスティリヤ王国〕のアルフォンソ十世、神聖帝国のフリードリヒ二世のもとで力を増していった。とくにフランスでは、聖ルイの孫〔フィリップ美男王〕のもと「暴君」ともいうべき存在になったのである。プラジアンやノガレ、マリニーたちは「法律の騎士」として、その「鉛と鉄の魂」と表現された冷酷さをもってローマの法律と税制を適用した。彼らにとっては『パンデクテン Pandectes』〔訳注・ユスティニアヌス帝が編纂した法典集〕が《バイブル》であり、「スクリトゥム・エスト Scriptum est…」(法典集にこうある)というのが彼らの口癖であった。まさに彼らは、ローマ法を錦の御旗に、《中世》と《法王の権威》、《封建制》、《騎士道》を解体し、法王の身柄を拘束、《テンプル騎士団》の位格において十字軍自体を焚殺したのであった。

近代の市民的秩序の基盤を築いたのが、こうした情け容赦ない中世の解体者たちであって、これは言っておく値打ちのある事実である。彼らは、裁判官、代官、検事、さらには教師や通貨計量士までも各地方に配置し、中央集権体制を組みあげた。森は王室林務官の支配下に置かれた。封建領主の裁判権は排除され、そのあとに王制の司法制度の広大な蜘蛛の巣を張り巡らせて、その中心に陣取ったのが《高等法院 Parlement》の呼称で一三〇二年にパリに設置された法律家会議(Conseil des légistes)であった。彼らは、一方では爵位を欲しがりながら他方では貴族に敵意を抱いていたブルジョワを味方につけ、力を強化していった。

生まれながらにして暴君的なこの統治体制の樹立には、間違いなく高い代償を伴った。充分な資料がそろっているわけではないが、この制度のもとで、騎馬で仕事をする執達吏には三ソル(のちには六ソル)、徒歩の役人は一八ドニエが支払われていたことが分かっている〔訳注・一ソルが一二ドニエ〕。彼らは、司法と行政の仕事を分担した一種の軍隊であり、そこでは、やがて「傭兵部隊」まで使われるようになるであろう。フィリップ・ド・ヴァロワ(在位1328-1350)は何千というジェノヴァ人の弩の射手を雇っているが、その莫大な費用は、工業がまだ生まれていなかったこの社会のどこから出ていたのだろうか？　この新しい社会は、すでに生まれながらにして、生産しないで消費する一方の、あの古代社会を死に至らしめた病に罹っていた。やがて秩序が確立されれば工業と富が芽生えてくるはずであったが、安定した秩序の樹立には費用と時間がかかるばかりか、かえって貧困と惨めさを増大させる恐れがあった。

一つの状況が、これらの病を限りなく重篤にしていた。中世の君主は、自分に仕えてくれる人々に土地とその生産物によって報酬を与えた。家臣たちは身分の上下を問わず君主の食卓に自分の席をもっており、彼らにとって《俸給》とは、端的にいうと、その日その日の食事であった。この、いかにも自然で簡潔な封建的統治の仕組に対して、王制という、より複雑で巨大な機械に動力を与えたのが《カネ》であり、この動力源が不足した場合は、君主制は崩壊し解体して、かつての野蛮な封建的統治に逆戻りした。

したがって、この政体の貪欲さは、運用する人間の過ちのせいではなく、飢えがこの政体の本性でありその気質の基盤そのものであるためで、その中心にいる王は、《狐ルナール》や《狼のイセングリヌス》のように力と策略をこもごも使い分けることによって、この欲求を満たさなければならなかった。王はその本性から、なるべく戦争を避ける必要があり、まず交渉し、交換や買取りという「まっとうな方法」で弱い友人から剝ぎ取った。たとえばフィリップ美男王は、アラゴン王家の分枝であるヤコボ王の世襲財産であるモンペリエの町を手に入れるのに、法王の勅書に依ろうとしたが叶わず、カネで買い取っている。法律の知識に長けていたこの君主は、おそらく「浪費家は資産管理の権限を取り上げられてしかるべきである」というローマ法に照らして、この貧しい浪費家の友人から、衣の最後の一枚まで自分のものにしたのであった。

彼は、北方では一二九三年にヴァランシエンヌを手に入れているが、おそらく、これもカネを支払ってであった。彼にとってヴァランシエンヌは、フランドルを引き寄せるための足場であった。イギリスと結びついて経済的に豊かであったフランドルは、彼としては、なんとしても手に入れたい地であった。彼は、他方、南西フランスでも、経済的に窮乏していたエドワード一世（在位1272-1327）からケルシーを買い取っている。ここは、乾燥し痩せた山岳地帯であったが、イギリス支配下のギュイエンヌを監視し牽制することができた。

このときエドワードはウェールズとスコットランドを相手に戦争の最中であったが、この戦争で彼が得たものは、大ブリテン島統一という栄誉だけであった。しかし、それは島のなかに閉じこもることでもあった。エドワードはこの戦争で英雄的な努力をしたが、それとともに、信じがたい蛮行も犯した。彼は、ウェールズのデーヴィッド三世（在位1282-1283）王を謀反人として処刑し、多くの吟誦詩人（bard）を殺してたくさんの竪琴を壊し、スコットランドの守護神である有名な《スクーンの石pierre de Scone》を取り上げてロンドンのウェストミンスター寺院に移した。しかし、それによってブリテン島での戦争にも大陸での戦争にも終止符を打つことはできなかった。〔訳注・スクーンの石は代々のスコットランド王が即位の際に座った石で、ロンドンのウェストミンスター寺院にあり、イギリス王が戴冠式で座る椅子は、この上に置かれていたが、一九九六年、トニー・ブレア政権により七〇〇年ぶりにスコットランドに返還、現在はエディンバラ城に保管されている。〕

彼がフランス征服をめざし大陸へ渡ろうとするたびに、スコットランドやウェールズとの境界地方から、リュウェリン〔訳注・ウェールズの領主でデーヴィッドの兄〕やウォーレス〔訳注・スコットランドの英雄的騎士〕が行動を起こしたなどという悪い報せが届いて阻まれた。フランス王は彼らをつなぎ合わせている大きな氏族の首長であり、エドワードが不穏な動きを見せるたびに、あたかも狩猟犬をけしかけるように、背後から唆していたことは明白であった。フランス王からすると、エドワードには、ウェールズとノーサンバーランドの荒れ地に不朽の名前を遺させるのも自由なら、失敗すれば罰するのも彼の自由であった。

たとえば、フィリップ〔四世〕は、スコットランドをジョン・ベリアール〔訳注・フランス系のスコットランドの大領主〕のもとに統合しようと懸命になっているエドワード〔一世〕に、ガスコーニュ人〔訳注・当時、ガスコーニュはイギリスの支配下にあった〕たちがノルマンディーで海賊行為を働いて困るから処置するよう催促し、《貴族裁判所 tribunal des pairs》で審査を行うから弁明のために来るよう呼びつけている。そして、エドワードを脅して臣従礼を執らせたうえで、王女を妻として与え、そのお礼に、幾つかの領地を譲渡させている。エドワードがギュイエンヌを手放さなければならなかったのは、そのような経緯によってである。このとき、エドワードは、スコットランド問題に忙殺されて、自らギュイエンヌに赴くことができず、フィリップに対抗するために《ローマ人の王》（すなわち神聖ローマ帝国皇帝）アドルフ・フォン・ナッサウ、ブルターニュ公、ブラバント公、フランドル伯、バール伯、グェルドル（オランダのゲルダーランド州）の伯たちで作った同盟も、ばらばらになってしまった。

法王ボニファティウス八世はフィリップのおかげで三重冠〔訳注・法王冠〕を手に入れることができたという負い目があり、スコットランド王もフィリップには、イングランド王に捧げた忠誠誓約から解放してもらった恩義があった。フィリップは、フランドル人たちには、自分たちの伯に対する不満から、フランス王である自分に救いを求めてくるように仕向けた。

豊かで脂肪たっぷりのフランドルは、英仏いずれの王にとっても垂涎の的であり、とくにフランスの歴代王にとっては、エルサレムをめざすといえば十字軍が集まるように戦力を集めることのできる好餌であった。フランスの騎士たちにとってフランドルは、ブリュージュ（ブルッヘ）の香料、イープル（イーペル）の高級織物、アラスのタペストリというように、宝物の詰まった倉庫があちこちにある《理想郷》で、フランドルへの遠征は楽しみに満ちた「巡礼 perlinage」であって、「善良なフランドル」は、みんなに食べてもらうため、神の手によって御馳走が並べられたテーブルであった。

イギリスがこんにち見られるような発展を遂げる以前、フランドルは、すでに一つのイングランドであったが、なんと劣っており不完全だったことか！　織物工場はあっても原料の羊毛がなければ稼働できないし、騎馬隊を編成しても馬が手に入らなければ戦いができない。大洋を舞台とする商業国も、海軍力がなければ、なんという片手落ちだろう！　羊毛と馬を産し、強力な海軍を擁するイギリスは、フランドルにとって、欠かすことのできないパートナーであった。

それだけではない。「フランドル Flandres」という名前自体、これが一つの民族ではなく、非常に多くの多様な地方と部族、都市の集まりであることを表している。その均一性のなさは、他に類をみないほどであり、人種と言葉だけでなく、都市同士、都市と田園、階級や職業の間、君主と庶民の間にも常に相違と対立がある。フランドルの慣習法は、この地に特有の官能的・肉欲的物質主義を反映しており、女性と私生児に関して早くから寛大で、女性が王権を引き継いだ場合、実際の君主は、その夫である外国人であることがしばしばある。こうして結婚によって君主になった人々にはデンマーク人、アルザス人、すぐ隣接するエノー人、ポルトガル人、さらにフランス王家の分枝に属する人々（たとえばブルボンのダンピエール、カペーのルイ・ド・マール、ヴァロワのフィリップ・ル・アルディ）がいるし、オーストリア、イスパニアの王侯がいる。現在〔訳注・十九世紀半ば〕ベルギーは、ザクセン人のコーブルク家のもとにある。

フランドルがフランス人のギィ・ダンピエール伯への不満を高めたとき、フィリップ・ル・アルディがフランドル人の庇護の役を買って出た。そこでギィ・ダンピエールはイギリスに助けを求め、娘のフィリッパをエドワードの息子に嫁がせようとした。封建法ではダンピエールの宗主はフランス王であるから、その承諾を得ないで婚姻関係を結ぶことは不可能であったが、フィリップは敢えて異議を唱えず、ただ、この娘の代父（parrain）は自分であるから、まず自分が抱擁しキスをしないうちは海峡を渡らせるわけにはいかないと偽善的に宣言した。ダンピエールにとって、これを拒むことは宣戦布告と同じであった。

やむなくパリを訪れたダンピエール父娘は、そのままルーヴルの塔に閉じこめられてしまった。こうしてフィリップは、かつてギュイエンヌに対してそうしたように、エドワードからその同盟者と妻を取り上げようとしたのであった。ダンピエール伯自身は辛うじて脱出したが、若い娘は死んだ。これは、彼女を人質として押さえておくほうが有利であったフィリップにとって大きな損失であり、しかも、彼は、彼女の死について厳しい非難を浴びた。

エドワードは、この不誠実な敵に対抗するのだから全世界が味方になってくれると考えた。神聖ローマ皇帝のアドルフ・フォン・ナッサウは、称号は立派であったが小国の君主にすぎなかったから、英王にすれば、かつてオットー・フォン・ブラウンシュヴァイクがジョン王のために働いたように、あるいは、のちにマクシミリアンがヘンリー八世のためにするように、一日あたり百エキュも給金を払えば自分のために戦ってくれると思われた。それだけでなく、サヴォワ、オーセール、モンベリアール、ヌシャテルの伯たち、エノーとグェルドルの伯、ブラバント公、リエージュとユトレヒトの司教たち、ケルン大司教といった面々もみんな、対フィリップ戦に協力することを約束した。しかし、いずれも、イギリスからカネを受け取りながら、バール伯以外は、じっと静かにしていた。彼らは、エドワードからは決起を口実にして、フィリップからは待機を条件に、双方からカネを受け取っていたのである。

こうして、騒ぎも戦闘もないままに行われたこの戦争は、いわば、どちらが先に資金が尽きて破産するかで勝敗が決まる戦いであった。英仏の王たちにすれば敵に対しても味方に対しても支払う必要があり、このような出費に耐えるには、当時の王たちの財力はあまりにも貧弱であった。それを賄うため、エドワードもフィリップも、ユダヤ人から搾取したのであった。しかし、ユダヤ人のほうも、そうたやすく奪われるままにはなっておらず、フランスから財産を運び出す方法を見つけた。そこで、フランス王が考えついたのが、イタリア人とくにロンバルディア人たちから巻き上げることであった。これは大臣に登用していたイタリア人銀行家の助言によってであったと思われる。金融のテクニックに長け、フランスからカネを吸い上げてきたロンバルディア人は、ユダヤ人の変種のような存在であった。つぎに王が試みたのが、通貨の改鋳であった。十四世紀に盛んに使われた手法であるが、王政府が利益を得ることができたのは初めのうちだけで、みんなが良質の通貨を隠匿し悪い通貨で支払いをするようになると、政府の得る利益はなくなってしまった。

そこで、最終的に頼ったのが、直接に戦費として徴収する《マルトート maltôte》〔特別税〕の方法であった。この不快な呼称は民衆が付けたもので、まさに、この呼び名が示すとおり、民衆を骨の髄まで搾り取ろうとするものであった。しかし、民衆自身、すでに乾涸びていたから、この新しい装置によっても、何も搾り出せなかった。事情はイギリス王も同じで、絶望的な貧しさのために議会で落涙する姿まで見られた。

それでもなお、裕福な人々がいた。その一つが《教会》である。大司教・司教・参事会はもとより、古くからのベネディクト会から、このころ「清貧」をモットーに盛んになった《托鉢修道会》にいたるまで、みんな金持ちで、豪奢さを競い合っていた。頭を剃っているくせに、天の祝福と地の脂肪のおかげでみんなデップリと肥り、光り物を身につけている姿は、貧しい大多数の民衆の憎悪の的であった。

ドイツでは、司教たちは自前の軍隊を擁する君主でもあった。イングランドでは、ブリテン島の半分の土地が教会のもので、その収入は一三三七年でいうと七三万マークもあった。こんにちも、カンタベリー大司教は、年に一二〇万フラン、ヨークの大司教は八〇万フランを受け取っている。一八二二年、フランスの復古王制政府がスペイン遠征の準備をしているとき〔訳注・フランス軍は一八二三年、マドリードに入城している〕、トレドの大司教は、その農場と宮殿の門前で毎日一万食、セヴィリヤの大司教は六千食のスープを民衆に配っている。

教会財産は国王たちにとって大きな魅惑で、それが国王たちと法王との確執の主な要因になってきた。カトリック教国とプロテスタント教国で根本的に違っているのは、前者の王はカネを教会から提供してもらったのに対し、後者は力づくで奪ったことである。イギリスのヘンリー八世（在位1509-1547）がローマ教会との「分離 schisme」を選んだのに対し、フランソワ一世（在位1515-1547）が選んだのは「コンコルダ concordat」〔訳注・「協調」「和議」の意〕であった。

したがって、十四世紀は、これ以後、フランス王とローマ教会のいずれがフランス人民からより多くを搾取するか？ということが決まった時期であった。フィリップが『マルトート税』を課したり、貨幣改鋳を行ったり、ロンバルディア人銀行家たちを法王庁の手下として身ぐるみ剝いだとき、そのすべてが、直接間接にローマへの糧道を断ち、法王庁に打撃を与える結果となった。

それに対して法王ボニファティウス八世も種々の対抗手段をとった。一二九六年には、教勅『クレルキス・ライコス Clercis laicos』を発し、法王庁の承認を得ないで聖職者から贈与または貸与を要求した俗人君主、および、それに応じた僧は破門すると宣言した。これには、いかなる身分であろうと、いかなる特権者であろうと例外はないことが強調されていたが、これは、それまでは国王や大貴族は破門されても秘かにミサを聴聞し聖体を拝領できたからで、ここでは、そうした例外的特権を否定したのである。これに応戦するように、フィリップ四世のほうは、イギリスとの戦争を口実に、フランス王国から金銀および武器を持ち出すことを禁止した。これがイギリスよりもローマに打撃を与えることを狙ったものであることはいうまでもない。

これに応じてボニファティウスが出した教勅ほど奇妙に高飛車で、敵意を露わにしたものはない。

「キリストの花嫁である教会は、夫であるキリストから、数々の恩寵と、とりわけ自由という贈り物を受け取ってきた。キリストは、愛すべき妻たる教会が、信仰深き民のうえに母として君臨することを望み給うた。したがって、恐れなしに教会を侮辱し、教会に挑むことなど、誰ができようか？　妻を侮辱することは、彼女を愛する夫を侮辱することであるという道理を理解できない輩がいるであろうか？　神と主イエスに逆らって教会の自由を敢えて侵害しようとする者がいるだろうか？　神の強力な槌によって粉々に砕かれ、灰にされないために身を隠せる楯が、いったいどこにあるというのか？——おお、わが息子よ。父なる神の声に対し耳をふさぐことなかれ！」

ついで、彼はフィリップに対し、自分の立場を弁えるよう勧告する。

「汝は、その国土を取り巻いている諸地域、諸王国のことも、それらを治める人々の意志も、おそらくは汝の国内の臣下たちの感情も考えていない。まなざしを上げて周囲をよく見つめ、考えよ。汝の国は、ローマ人、イングランド人、イスパニア人等々によって囲まれている。彼らの数の多さと力の強さ、勇猛さを考えてみよ。さすれば、我らと教会を攻撃し、傷つけ、侮辱するべきでないことが容易に判断できるであろう。——使徒の座をどう考えるべきかについては、汝が自ら判断せよ。栄光に満ちた汝の祖父の祈りに帰せられる数々の奇蹟についてローマ教会が調査し議論しているなかで、神の怒りにふれ、ローマ教会自身の憤激に値するかくの如き贈り物を我らに送りつけてきたからには……」

「汝の父祖および汝自身、法王座に助けを求めて聞き入れられなかったことが、いつかあったであろうか？　そして、もし汝の王国がなんらかの重大な必要性に再び迫られたときには、法王庁は、高位聖職者や教会関係者と汝自身に助勢を与えるだけにとどまらなかった。法王庁は、自らにとってかくも親密で、長きにわたり献身してきた汝の王国を守るためには、もし必要とあれば、聖杯、十字架、そのほかの聖なる器たりとも、手放すことを厭わないであろう。したがって我らは、汝が父なる神の差し出し給う医薬を神妙に受け、汝とその王国にとって有益なる意見を受け入れて謬ちを正し、汝の魂が邪悪な伝染病によって惑わされることのないよう祈り、望み、勧告する。我らの親切と法王庁の善意を無駄にすることなかれ。善良なる人々の間における我らの名声をないがしろにすることなかれ。そして、我らをして不本意な他の治療法に頼らせることなかれ。」

優しさと威嚇とを交えたこの重々しい言葉は、衝撃を与えたに違いない。それまで、ボニファティウス八世ほどフランス王に肩入れした法王はいなかった。フランス王家の後押しで法王になった彼は、フランス王家を大事にすることでその恩義に報いた。フィリップ美男王の弟のシャルル・ド・ヴァロワをイタリアに呼び、コンスタンティノープルのラテン帝国皇帝になるまでの間、法王領のロマーニャ伯、アンコナのマルケの領主にした。また、そのほかのフランスの王子たちのためにハンガリーの王位を手に入れてやったし、彼らを帝位とカスティリヤ王位につけるために、これ以上ない努力をした。一二九八年には、英仏両国王の間を仲裁し、両者を婚姻によって歩み寄らせようと試み、フィリップがイギリス王に返さなければならなかった領地の返還を延期させている。

〔訳注・シャルル・ド・ヴァロワは最初の妻が「びっこのシャルル」の娘、マルグリット・ド・ナプル、二番目の妻がラテン帝国皇帝ボードワン二世の孫娘であったことからラテン皇帝になったが、これは名目上だけで、「王の息子にして、王の兄弟、三人の王の叔父。だが自身は王になれなかった」と評されたように、王にはならなかった。」

法王という立場は、すでに老いさらばえて力を失っていたが、それでも、世界の調停者と目されていた。ボニファティウス八世は、フランスとイギリス、イングランドとスコットランド、ナポリ王国とアラゴン王国、さらに神聖ローマ帝国の帝位を争ったナッサウのアドルフとオーストリアのアルブレヒトの調停役を要請されていた。したがって、現実に自分にのしかかっていた力に対し、この法王が幻想を抱いたとしても無理からぬものがあったのではないだろうか?

ボニファティウスの自惚れが頂点に達したのが、一三〇〇年の『聖年Jubilé』においてであった。彼は、この年ローマに三十日間とどまり聖使徒教会を訪れた人に、すべての罪が贖宥されることを約束した。この《聖年》の観念は、古代ユダヤの慣習やローマの異教時代の『百年祭』に由来している。古代ユダヤには、モーゼの律法に基づく「ヨベルJubilé」という慣習があった。五十年ごとに、奴隷は解放され、売却された土地は元の所有者に返されなければならないというもので、これは、永遠の唯一神の名のもとに歴史は無効化され、時間は解消されるという考え方から来ていた。また、古代ローマには、この世界の有為転変や帝国の可死性を説くエトルリア人の《時代の変遷》の観念を借用しつつ、ローマ人自身は自らを不死にして無敵の神の末裔であるとする信条から、その永遠性を百年ごとに盛大に祝う慣習があった。

これらがキリスト教に採り入れられたのが『聖年』の考え方で、一三〇〇年のときには、その意義がかつてないくらい強調され、異常なほどの群衆がローマに詰めかけた。法王庁当局は、当初、巡礼者の数を一〇万単位で数えていたが、すぐ数えようがなくなった。それだけの人々を受け入れるには、教会はもとより市民の家を充てても足りず、急場しのぎに街路や広場に庇を張り出したり天幕を張ったりしたが、それでも収容しきれず、大勢が野天で寝起きした。人々は「時は満ちた。キリスト教世界はヨシャパテ（Josaphat）の谷の裁きの庭にやってきたのだ」と言い合った。〔訳注・「ヨシャパテの谷」とは、最後の審判が行われる場所として、その名が聖書に出ている。〕

とくに、このときの光景の異常さを想像するには、復活祭の時期のローマを訪ねる必要がある。この時期のローマは、二つの《古代》〔訳注・ローマ帝国と初期キリスト教〕の悲しい寡婦であることを忘れさせるほど華やぐ。

カネを集めるためとか、政治的威信を誇示するためとかといったボニファティウス八世の動機がどうであれ、彼が『聖年』を盛り立てたことに関して多くの人々から感謝されたことは確かである。それは時間の流れの路上に石を置くことであり、人生のなかに一つの停止点を設けること、いわば昼休みのようなものであった。

「Nel mezzo del cammin di nostra vita
私たちの人生行路のなかば頃」
〔訳注・ダンテ『神曲』地獄篇第一歌・野上素一訳〕

（押し寄せる巡礼者でローマは）急場しのぎに街路や広場に庇を張り出したり天幕を張ったりしたが、それでも収容しきれず……

この無邪気な時代にあっては、普段着を脱ぎ捨て巡礼服をまとって旅に出れば、悪魔からも罪悪からも逃れ、罪ある身が聖なる世界に入ることができると信じられていた。それは、場所と慣習の影響を脱却して気分を一新し、新しい人生に入ろうという、いつの時代にもある考え方ではないだろうか？　ジャン＝ジャック・ルソーにとってのシャルメット〔訳注・シャンベリーの南東にあり、ルソーが滞在した地〕にせよ、バイロンにとってのピナーダ〔訳注・南西フランスの松林〕にせよ、さらには、シャルルマーニュが魅せられたアーヘンの湖にせよ、そうした場所には人の心を虜にする不吉な力があったのではないだろうか？

それを考えると、われわれの祖先たちが、あれほど巡礼を好み、遙かな聖域を訪ねることに《再生》の力を期待したとしても、驚くにはあたらない。

「髪も髭も真っ白な老人は、それまで暮らした土地と、大事な父親の身を心配してくれる家族を残して出かけた。彼は寄る年波に腰は曲がり、力も衰え、息を継ぐのもやっとだが、善き意志に支えられて苦しい旅を続けた。彼がローマを目指すのは、神の似姿をまのあたりにし、ひいては天上で神御自身にお会いすることを期待してである。」（ペトラルカ）

しかし、旅の途中で倒れ、ローマの土を踏むことができなかった人も少なくない。この点では、読者の多くは、カンパーニャの乾いた大地に坐り込む巡礼女を描いたロベール（1733-1808）の絵を思い起こされるであろう。彼女は、血塗れの自分の足のことも、膝の上の乳飲み子も忘れ、ただ、地平線はるかに聳える「喜びの丘Monte di gioja」（すなわちヴァチカン）に辿り着くことしか念頭にない。

そして、旅の目的が達せられたときには、世界は再生し、荘厳な鐘の音が響きわたり、それまでは話に聞いて憧れるだけであったこの都市の様々な建物や聖人たちの墓を目で見、手で触れることができるのだ！　コロセウムからカピトリウムの丘へ、パンテオンからサン＝ピエトロ寺院へと、参詣する場所ごとに、執政官たちや殉教者たちといったあらゆる時代の人々が復活し、すべての歴史が蘇るのだ。こうしてすべてを見終わったあと、先祖たちが眠る生まれ故郷へ向かってふたたび歩き始めるのであるが、そこには悔いもなければ死への不安もなくなっている。

これら何十万という巡礼者と同様、ローマ教会も、西暦一三〇〇年の《聖年》に自らの歴史の絶頂点を見出した。というのは、これ以後、下降が始まるからである。この群衆のなかにも、やがて新しい世界を開いていく人々がいた。ジョヴァンニ・ヴィラーニ（1280-1348）のような情け容赦のない政治家にして冷徹な歴史家〔訳注・イタリアの『年代記』を書いた。彼の死後も息子のフィリッポが書き継いだ〕もいれば、陰鬱かつ驕慢にして、自分で《全贖宥 Jubilé》を行うことになるダンテもいる。法王があらゆる生者たちにローマに来るよう呼びかけたように、彼はすべての死者をその『神聖喜劇 Divina Commedia』（神曲）のなかに召集し、終焉を迎えつつある世界を点検し、分類し、判定する。彼は、古代と中世を出頭させる。彼の眼差しから隠れられる者は誰もいない。
聖域の言葉は口で語られると俗化された。封蠟が剝がされ壊されると、以後、人々は二度と振り返らなくなった。中世の神秘の生命は、姿を現し終わると消滅した。その啓示がダンテの『神曲』であり、ケルンの大聖堂であり、ピサのカンポ・サントの絵〔訳注・有名な『死の勝利』の絵が掲げられていたが、一九四四年に壊滅した〕である。このように、芸術は一つの文明を閉じて終わらせ、冠をかぶせて最期を飾らせ、墓に納められるのである。

卑俗な謀略と陰謀のなかで人生を過ごし、老齢に達して法王となったボニファティウス八世が、全人類を自分の前に跪かせようという妄想に囚われたとしても、非難しないようにしよう。他方で、彼自身、この悲劇的な都市が秘めた栄光の幻惑力の犠牲者であった。ローマの君主や皇帝たちは、しばしば、この種の狂気に陥っている。十四世紀にも、洗濯女の息子に生まれながらローマ護民官（tribun）になったコラ・ディ・リエンツィは、世界図を剣で三つに切り分け、「これとこれ、そして、それも私のものだ」と叫んだという。〔訳注・このエピソードはギボンの『ローマ帝国衰亡史』第七〇章にも紹介されている。〕
ボニファティウス八世が自らを世界の主人だと信じたのには、さらに強い理由がある。ナッサウ家のアドルフの死によってハプスブルク家のアルブレヒトが神聖ローマ帝国皇帝になったとき、憤慨したボニファティウスは自ら帝冠を戴き、剣を執って「カエサルはわたしだ。わたしが皇帝だ。

わたしが帝国の法律を護っていくのだ」と叫んだ。一三〇〇年の『聖年』のときも、彼は皇帝の標章をつけて全ヨーロッパから集まった大衆の前に姿をあらわし、世界を象った円盤の上に剣と笏をのせて運ばせ、伝令官に「ここに剣が二本ある。ペテロよ、ここにあなたの後継者がいる。そして、ああ、キリストよ！　あなたの代理人をごらんあれ！」と叫ばせた。このようにして彼は、その二本の剣が、イエス・キリストが最後の晩餐を弟子たちと共にした場所で見つかったことを説明したのだった。

こうした法王の自信過剰は聖俗両権力間の抗争を長引かせることとなった。シュヴァーベン家の終焉で終わったかに見えた聖俗両権の争いが、フランス王家によって再開されたのである。こんどのそれは、人同士ではなく理念間の抗争であり、個人の意志によってではなく必然性によって行われる戦いであった。それが、敬虔なルイ九世（聖ルイ）によって始められ、それとは真逆な不遜極まるフィリップ四世によって継承されたのである。

ボニファティウス八世は『ウナム・サンクタム Unam sanctam』と題する教勅のなかで「二つの権力、二人の君主を認めることは異端のマニ教的考えかたである」と述べている。しかし、中世の世界は常に自らの内に二つの原理を内包しており、その意味では中世自体がマニ教的であり、まさに、二つの原理の争いのなかで死んでいったのであった。

「おまえが求めるものは何か？　──平和である」。これが世界の答えである。しかし、人間は二重性をもっており、彼の内には法王と皇帝が存在している。

平和！　それは多分、《調和 harmonie》のなかにある。しかし、いつの時代も人々は、それを《統一 unité》のなかに求めてきた。すでに西暦二世紀、聖エイレナイオスはグノーシス主義を攻撃して『世界の主の唯一性について De Monarchiâ』という書を著している。このテーマは、のちにダンテもその『帝政論 De Monarchiâ--De l'unité du Monde social』(1310-1312)において更に練り上げることになる。

このダンテの書は一風変わっている。彼は、社会的発展の条件と同じく、唯一人の君主のもとでの平和でなくてはならないとする。この君主は全てを所有しているので何ものも望むことがなく、したがって悪の根源である貪欲に染まることもなく、純粋無垢である。すべてを所有する人に貪欲の生まれる余地はないからである。――これがダンテの理屈である。問題は、この理想が現実でありうることを証明することであるが、その実例がローマ人であり、そのローマ人の君主権を引き継いだのがドイツ皇帝すなわち神聖ローマ帝国皇帝にほかならない。

この書は、ドイツ帝国のためにギベリーニ派が刻んだ美しい墓碑銘である。一三〇〇年においては、「帝国」はもはやドイツ帝国だけでなくすべての帝国と王国であり、あらゆる国、とりわけフランスの世俗権力である。いまや、この「ローマ教会の長男」たるフランス王がローマ教会にとってのライバルであり、この両者が際限のない野望を燃え上がらせ、対峙し合うにいたっていた。フランス王は「唯一の王」ではなかったが、当時の世界で最も偉大な王であり、しかも、聖ルイ王のおかげで「最も崇められる王」になっていた。この「ローマ教会の長男」は、「聖職者たちがやってくる以前からフランス王国を守っていたのが王である」と主張して、母であるローマ教会よりも年長者たらんとしていた。

すでに両者の間には、教会財産をめぐって抗争が起きていたが、さらに別の動機が焦燥を駆り立てていた。法王ボニファティウスは仏王フィリップと英王エドワードの争いに決着をつけたが、彼がそうしたのは、私人かつ友人としてではなく、法王としてであった。アルトワ伯シャルル・ド・ヴァロワは、法王がフランドルの肩を持ちすぎると憤激して、法王使節から勅書をひったくると、それを火のなかに放り込んでいる。のちにシャルル・ド・ヴァロワが神聖ローマ皇帝位を嘱望してハプスブルクのアルブレヒトと争ったとき、ボニファティウスがアルブレヒトに肩入れしたのは、その意趣返しのためであったといわれる。フィリップはラン、ポワティエ、ランスの「レガッタ」〔訳注・「ボートレース」の意であるが、「司教の任命権をさす」〕を我が物にし、またボニファティウスにとって敵であり「ローマにおける反法王の盗賊の頭」であるギベリーニ党の首魁、コロンナ家を厚遇した。

こうして積もり積もったものが爆発するのが、百年前のインノケンティウス三世（在位1198-1216）以来、法王とフランス王の抗争の的になり、異端弾圧のためと領有権のために多くの血が流され、不正に取得された資産すなわちラングドックをめぐる争いである。いわば、ボニファティウス八世はインノケンティウス三世が不当に取得したものを精算させられたのである。ナルボンヌの地は、これを王から下賜されていた従伯（vicomte）から直接、国王に返されていたが、それを大司教が、本来自分のものだとして、強く要求（1300）。それを承けて法王がフランス王の臣下をローマに呼びつけ、「法王庁の許可なくして交渉した」として破門すると脅し、さらに、フィリップについても、メルゲイユ伯領は彼の臣下たちがマグローヌ教会から強奪したものであるから返還すべきで、もしメルゲイユ伯領の領有を諦めないなら破門すると脅した。

それだけではない。ボニファティウスはフィリップ王の意向を無視して、トゥールーズ司教区を分割してパミエ司教区を新設し、フォワ伯領とアラゴン王国に接するラングドックでも最も微妙なこの司教区の司教に自分に忠実なベルナール・ド・セッセを任命したうえ、フィリップ王がルーヴルの塔に幽閉していたフランドル伯とその娘を釈放するよう督促するために、このベルナール・ド・セッセを使節として寄越したのだった。こんなことをフィリップに要請して無事で済むはずがなかった。

しかも、セッセについては、トゥールーズ司教から王のもとへ、南仏全体をフランス王に反抗して立ち上がらせようとしている首謀者として報告されていた。事実、ベルナール・ド・セッセはトゥールーズの従伯を務めた古い家門の出身で、この都市の貴族や著名人たちと親しく、いまも多くの旧臣たちから懐かしがられているレイモン・ド・トゥールーズの末裔であるフォワ伯やコマンジュ伯を巻き込んで「ラングドック王国」を樹立する夢を抱いていた。

しかし、当の大領主たちは、このような企みを実行に移すだけの力も郷土愛も勇気も持ち合わせていなかった。コマンジュ伯は、この大胆な提案を聞くと、十字を切って「このセッセという男は人間というよりは悪魔じゃわい」と呟いたといわれるし、フォワ伯にいたっては、もっと忌まわしい役回りを演じた。彼はベルナール・ド・セッセから計画を聞くと、ただちにトゥールーズ司教を通じて国王に報告したのである。彼はそのなかで、セッセが親しくしているアラゴン王の娘さんを紹介しようとフォワ伯の息子さんのために請け負うとともに「フランス人どもは、我々の国に災いをもたらすことはしても、幸いをもたらすことはない」と語ったという。彼は、フォワ伯がアルマニャック伯やコマンジュ伯と対立し、この地方全体を統合しようというのでない限りは、司教区のもめごとでフォワ伯と疎遠になることは望まないとし、フィリップ王については、次のように辛辣に批判したというのである。

「フランス王は贋金つくりで、彼の造ったカネは屑同然である。フィリップ美男王は、獣にさえ劣る人間で、寓話には、王のために献身的に尽くしたワシミミズクの話があるが、彼は根性の卑しさでは、ハイタカの王に苦情を言いにきたが相手にされなかったカササギ並だ。——今日、世界が荒れ果て、死滅しようとしている元凶は、王の悪徳にある。聖ルイ王は、フランス王国はユーグ・カペーから十人目の王をもって終わると言っておられたが、まさにフィリップは、その十人目にあたっている。」

報告を受けたフィリップ四世は、聖俗それぞれ一人ずつ選んで使節を派遣した。危険が迫ったことを悟ったベルナール・ド・セッセはローマへ逃れようとしたが、王の家臣たちの迅速な行動によって夜半に捕縛され、召使いたちともろともパリへ連行された。

その間に、王は法王に使者を送っているが、これは教会の特権を侵害したことの言い訳のためではなく、セッセ司教を処刑するにあたり、教会における位階の剝奪を要請するためであった。このときの王の書簡には、血に対する異常なまでの渇きが表れている。

「王は、法王に、この人物は神および人々に対する裏切り者であり、矯正の望みがないほど悪の泥沼に深く墜ちた輩であるから、もはや、その命を断ち切る以外にない。ついては、法王の手でこの者の聖職者としてのすべての特権を剝ぎ取り、神の前に生け贄として捧げられるようにしてもらいたいと求めた。」(原注・このペダンチックな言い分は、キケロの『アメリアのロスキウス弁護』の模倣である。)

これに対し法王は、司教の身柄の引き渡しを求め、そのとおりにしなければ、歴代フランス王に認められてきた破門免除の特権を停止すると威した。そして、翌年十一月一日にフランス全土の聖職者をローマに召集するとの命令を発する一方で、国王に対し『アウスクルタ・フィリ Ausculta,fili』と題した教勅を送った。「わが息子よ、優しい父の助言に耳を傾けよ」という文句で始まるこの勅書は、「神は我らを諸王および諸王国の上に据え給い、神の御名のもとにすべてを引き抜き、砕き、撒き散らし、神の教えに従って新しい王国を建設する義務を課せられた」と、法王の絶対的優位を強調している。

この勅書に対するフランス王の返書を届ける任務は大法官のピエール・フロートが引き受けた。返書には「王は囚人をナルボンヌ大司教の監視下に移すが、釈放することはしない。高位聖職者たちをローマに赴かせたり金銀をこれ以上フランスから流出させることはしない」ことが表明されていた。このように露骨な返事が、隻眼でいかにも見すぼらしげな弁護士によって伝えられたことは、《聖年》の成功で思いあがっていた法王からすると耐え難い侮辱であった。会見は、激しい言葉の応酬になった。法王は居丈高に言った。「わたしの権力は聖俗すべてにわたるものである」。ピエール・フロートも負けていなかった。「そのとおり。だが、あなたの権力は言葉だけです。それに対し王の権力は現実のものです」。このときピエール・フロートに同行していたギヨーム・ノガレが、ガスコーニュ人らしい激昂ぶりで、法王庁の悪弊と法王自身の振舞いについてまくしたてた。こうして会見は、聖職者対法律家の憎悪のぶつけあいで決裂し、使節は、もし、こちらが先手を打たなければ、やられるとの思いを胸にローマをあとにしたのであった。

国王側にしてみると、全世界を「反ボニファティウス」の旗印のもとに立ち上がらせるには、ローマ法王庁が本音を隠すのに好んで使った甘ったるいおしゃべりのなかから、はっきりした衝撃的な内容の言葉を抽出する必要があった。そこで彼らは、法王の本音が現れている言葉を短い教勅の形でまとめると同時に、この偽勅書に対する偽の返書を作った。これは、国王が下層民に向かって述べるような調子で語っており、実際に法王に送るためのものではなかったが、一つは、法王の神聖な権威を貶めること、第二に、国王の力を誇示することの二つの効果を狙っていた。

法王からフィリップへの偽勅書は次のとおりである。

「神の僕の僕たる司教、ボニファティウスより、フランク人の王、フィリップへ。

神を畏敬し、その命令が行われているかを監視せよ。我らが願うは、汝が俗事においても、霊的問題においても、我らに従うべき身であることを弁えることである。そして、聖職禄および参事禄の授与は汝の権限には非ざること、もし聖職禄の空席を汝が保持していたとしても、それは、資格ある後継者に引き継がせるためであると弁えるべきである。しかして、もし汝がそれを勝手に誰かに委ねたとすれば、その授与は無効であると宣言する。それをすでに実行した者に対しては、我らと異なる考え方をする異端者として罷免するであろう。

法王登位七年　十二月五日、ラテラノにて」

フィリップから法王への偽の返書は、次のような文面になっている。

「神の恩寵によるフランク人の王、フィリップより、挨拶もなく法王を自称せるボニファティウスへ。

汝いかに愚鈍なりといえども、俗事に関しては、われらは誰人からも指図される筋合いはないことを知るべきである。しかして、聖職禄、参事禄を授与する権限は王国の法により我らに属しておること、それが生じる果実も我らに帰すること、過去になされたそれも今後なされるであろうそれも、まったく我らの自由たるべきことを汝は弁えるべきである。我らは、我らの全権を保持する者を支持し、もし、この我らと異なる考え方をする輩に関しては、気違いであり無分別者であると断ずるのみである。」

この奇妙な言葉のやりとりは、これより百年前だったら、王国あげて国王に対する反発を招いたであろうが、今では、貴族たちからも都市住民からも双手をあげて歓迎されたうえ、さらに一歩が進められた。この偽の法王勅書は、一三〇二年二月十一日、国王・領主・貴族たちの列席のもとパリ市民の前で焼却され、パリの町全体が勝ち鬨の声に包まれた。ピエール・フロートとギヨーム・ノガレがフランス王の名において行ったこの壮挙は、二百年後には、一人のドイツ人修道士〔訳注・マルティン・ルター〕によって、個人の権限で行われることとなる。

ともあれ、いまは、王国全体をこの抗争に巻き込む必要があった。十一月一日にローマに参集するよう高位聖職者たちに号令をかけていた法王に対抗して、王は先手を打って四月十日、諸身分の代表を召集した。それは、聖職者と貴族の《諸身分 Etats》でもなければ、聖ルイ王が集めた南フランスの《諸州 Etats》でもなく、南北フランスの《諸州》と聖職者・貴族・都市ブルジョワの

《三身分 Etats des trois ordres》のすべてを含めた《les états généraux》であり、このフィリップ美男王の召集した「三部会」こそ、フランスの国民時代の紀元を画する「フランス国民の出生証明（acte de naissance）」というべきである。まさに《フランス国民》は、その最初の集いが行われたノートル＝ダムの教会堂で洗礼を受けたのであった。

法王庁にしてみると、グレゴリウス七世（在位1073-1085）とアレクサンデル三世（在位1159-1181）のときには基盤となって支えてくれた民衆が、いまや敵方に移ってしまっていた。このとき、王と貴族が述べた言葉を復唱した都市ブルジョワ、市長と助役、地方行政官たちは、姿は見すぼらしかったが、《国民 peuple》の最初の登場であったことに変わりはなかった。

ピエール・フロートは狡猾で大胆なやりかたで三部会を進行した。まず、勅書『アウスクルタ・フィリ』の冒頭の文句、「神は我らを諸王および諸王国の上に据え給えり」に攻撃を加え、ついで、フランス王が法王の封臣と位置づけられていることに対し、自由と独立を重んじるフランス人たるものがこのような侮辱を甘受できるか？と問いかけた。彼は、これにより、宗教的依存心と政治的依存心とを巧妙に混ぜ合わせ、封建的心情に触れて僧侶に対する武人の軽蔑心を喚起しようとしたのであった。すでに法王勅書を使節から奪い取ってその眼前で破り捨てていた激情家のアルトワ伯が口を開いて、「法王の企みを、王は黙って甘受したとしても、我ら貴族は黙っているわけにはいかぬ」と言った。この自由と大胆さを装った粗暴な追従は、貴族たちの喝采を浴びた。

同時に、俗語で書かれ、署名・封印した一通の手紙が、法王宛ではなく枢機卿たちに送られた。

この手紙は、多分、国璽尚書局によって前もって作成されていたものであった。というのは、三部会が開催されたこの日〔四月十日〕の日付になっているからである。貴族たちは、この長い手紙のなかで、枢機卿たちに対し、慈善と愛への彼らの欲求のままのよき冒険を増大するよう願ったあと、残念なこととして、「いま教会を統べている人物はフランス国王のおかげでその立場になったのであり、自分たちも、大学も、民衆も、自分たちの真の君主たる国王陛下以外の誰かから叱責・懲罰されることを望まない」と宣言するとともに、「いま教会を統治する立場にいる人物が、大司教・司教そのほかの聖職禄を定め授与する特権から膨大な金銭を引き出していることは、きわめて不当である」と厳しく非難している。この点こそ、貴族たちの大いなる共感を呼んだ要所であったと思われる。

「Si que li mêmes peuples, qui leur est soubgez, soient grevez et ranconnez. Ne li prélas ne poent donner leur bénéfices aux nobles clercs et autres bien nez et bien lettrez de lurs dioceses, de qui antecessours les églises sont fondées.」〔訳注・「高位聖職者は、その聖職禄を、司教区教会を設立した人たちの子孫である貴族や高貴の家柄と教養のある人々に与えなければならない」との意。〕

この一文は、聖職禄の大部分が、本来、貴族たちの先祖が設定したものであるから、いまや、その子孫の貴族たちに返されてしかるべきであると述べたもので、貴族たちは満腔の賛意を込めて署名した。もしも、その昔、信仰心の昂揚のままに貴族たちが教会に寄進した膨大な資産が元の持ち主に返還されるとなれば、法王の敗北は決定的となる。これは、イングランドで、とりわけ宗教改革以後、現実化することとなる。

ブルジョワたちの書簡は今日では遺っていないが、枢機卿側の返書によって推測するかぎり、この貴族たちの書簡の模倣でしかなかったようである。それが保存されていないのは、歯牙にもかけられなかったためか、三身分のなかで最も下位の人々の率直な物言いは、このときは許されたが、後世に禍根を残すとして恐れられたからであろう。

聖職者の書簡は、それとは全く異なり控えめで穏やかである。まず法王に対し「Sanctissimo patri ac domino suo carissimo...」（最も神聖にして慈愛をもって統べたもう父……）と呼びかけ、そのあと、国王が述べている不満を紹介し、王の独立性を重んじるよう法王に要請している。彼らによると、自分たちは王の気持ちを和らげるべく最善を尽くして、自分たちの「使徒の至福所」（訳注・つまりローマ）訪問を許してくれるよう懇願したが、王の返事は「王国の外へ出ることはまかりならん」ということであった。自分たちは忠誠誓約によって王と結びついており、身分も恩典も自由も王によって保証され、王国の法律によって保護されている。まして、聖職者の多くは公領や伯領そのほかの封地を授与されているので、やむにやまれず、法王猊下の父のごとき寛恕を血涙をもって懇請申し上げる、というのである。

この手紙は聖職者の立場で書かれているので、当然、ほかの手紙とは大きく異なっているが、フランスの教会が大貴族の先祖たちによって創設されたものであり、教会資産のほとんどは本来、大貴族たちの所有であったことを述べている点では、他の手紙と共通している。

このように、四月十日に三部会が開かれ、法王に対する抗争が始まったなかで、一つの恐るべきニュースが伝えられた。三月二十一日、フランドルのブリュージュで四千人のフランス人たちが虐殺されるという、シチリアの晩禱事件を彷彿させる悲劇が起きたのである。

貴族たちの討議はフランドルへの遠征問題に絞られた。全員、封建領主としての誇りから、フランドル人どもを見事に討伐してみせるといきり立った。この戦いで勝利をおさめることが、法王に対する抗争での勝利にもつながると考えられた。ピエール・フロートは、法王との問題に没頭していたが、フランドル問題でも国王から無視されるわけにはいかなかった。彼は根っからの文官であったが、武人たちとともに馬にまたがった。

フランドル人たちは、フランス人たちを呼び寄せたことで残虐な報いを受けた。両者は初日から激しい敵意をもってぶつかりあった。イングランド王エドワードは、スコットランド人指導者ウォーレスに対処するため、フランドル伯を援けることができなかったので、フランス軍はフランドル伯を追いつめ、説得してフィリップ王のもとに降伏させた。結局、フランドル伯は、かつて自分の娘が亡くなったルーヴルの牢獄に入れられた。

フランス王は、フランドルの領有権をあくまで平和的に手に入れたかった。彼自身は、この征服の重要性を疑ってはいなかった。すでに王妃を伴ってガン（フラマン語ではヘント）とブリュージュという裕福なことで有名な町を視察したときに、幻惑と恐れを感じていた。このとき、王を一目見ようと押し寄せたフランドル人たちはみんな大柄で肥っており、しかも、豪勢な衣服をまとい太い金鎖などを身につけていた。フランドル人たちはそれが新しい君主を喜ばせる礼儀にかなったやり方だと思ってそうしたのだったが、結果は裏目に出た。王妃は、そのようにめかしこんでいる人々に我慢がならなかった。婦人たちについては尚更で、「ここでは、みんなが王妃みたいだわ」と悔しがった。

フランス人統治者、シャティヨンは、フランドル人たちのこのような裕福ぶりと思い上がりを矯正することに懸命になった。都市行政官を選挙で選ぶやり方を廃止し、市の事業への市民の参加を阻んだ。このやり方には豊かな人々が背を向けた。つぎに彼は、貧しい人々に打撃を与えた。労働者たちの給料の四分の一を税として徴収したのである。このフランス人は、フランスの小さなコミューンを痛めつけるやり方に慣れっこになっていたので、フランドルの「奇妙な蟻塚」、この「恐るべき雀蜂の巣」に手を突っ込むことが、どんなに危険かを知らなかった。ガンの聖母の膝元に眠る冠を戴いた獅子は、寝付きが悪く、しばしば目を覚ました。ローランの鐘は、火事を報せるためよりは蜂起の合図のために鳴らされることがずっと多かった。この鐘には、次のように刻まれている。

「Roland! Roland! tintement. c'est incendie! volée, c'est soulèvement!」
〔訳注・これはフラマン語で書かれているのをフランス語に訳したもの。「tintement」が比較的間をおいて鳴らすやり方であるのに対し、「volée」は連打をいう。前者は火事のときの打ち方、後者は一揆の際の打ち方であることを指示している。〕

これは予見できないことではなかった。人々は日が暮れると、ひそかに集まり、話し合いを始めていた。しかも、《シチリアの晩禱》から二十年も経っていなかった。

まず、職業組合の親方三十人がシャティヨンのところにやってきて、自分たちは国王のために命じられた仕事をしているが、支払いをしてもらっていないと不満を訴えた。この大領主にとって、賦役や糧食の徴発は当たり前のことだったので、この要求を生意気だとして、そのまま彼らを逮捕させた。それを知った市民たちが武器を執って蜂起し、フランス人の何人かを殺し、捕らえられていた人々を解放した。フランス王への忠誠を誓約していた裕福な人々にとって、これは恐るべき事態であった。事件はパリの高等法院に持ち込まれた。

高等法院は、関与した親方たちは牢獄に放り込まれるべきであると議決した。この親方たちのなかには、とくに民衆から愛されていた二人の男がいた。一人は肉屋の最年長の親方、もう一人は織物業の親方で、後者は、貧しく顔色も冴えない小柄で片目の男だったが、しっかりした人物で弁も立ち、ペーテル・ケニヒ〔訳注・フランス語ではPierre le Roi〕と呼ばれていた。彼は、職人たちを伴ってブリュージュ（ブルッヘ）の近くの町や城にいるフランス人たちを虐殺し、夜になって帰ってきた。そして、市民それぞれに、自分の家に宿泊している騎士の鞍と手綱を盗ませフランス人が動けないようにしたうえでブリュージュ市を封鎖した。一三〇二年三月二十一日、全市民が鍋を叩き喚声をあげ、いたるところでフランス人に襲いかかって殺し、その遺骸は女たちにより窓から投げ捨てられた。逃げたものの、追いつめられて喉を掻き切られて殺されたフランス人も少なくなかった。虐殺は三日間つづき、騎兵千二百人、歩兵二千人が命を奪われた。

当然、ブリュージュの反仏抵抗者たちはフランドル全体を掌中に収める必要があった。人々はまずガンに向かった。しかし、ガンを牛耳っていたのは、ブリュージュに対して反感をもつ織物業者たちで、説得は失敗した。イープル（フラマン語ではイーペル）、エクリューズ（フラマン語ではスロイス）、ニューポール（フラマン語ではニーウポルト）、フュルヌ（フラマン語ではフルネ）、グラヴリヌ（現在はフランスに属している）などが同調したが、自ら加わったものもあれば無理矢理に参加させられたものもあった。ともあれ、この市民軍の長にはフランドル伯の息子と孫が担ぎ上げられた。彼らは聖職者になっていたが、市民と一緒に戦うために還俗した。

そうこうしているうちに、フランス側は、貴族たちの援軍がぞくぞく到着した。フランドル市民軍はクルトレー（フラマン語ではコルトライク）に集結していたが、兵士たちは職人で、当然、ほとんどが歩兵であったから、広々した戦場では、騎馬軍を主とするフランス軍にはとうてい敵わないことが明白であった。そこで、彼らは、自分たちの前方に壕を掘り、鉄杭を打ち込んで、これを

「楯にして友Scilt und vriendt」と名付け、気長にフランス軍を待ち受けることにした。いよいよ戦いを目前にしたとき、ミサの典礼が行われたが、兵士全員が《聖体の秘蹟》を拝領することはできないので、それぞれ身をかがめて土をつまんで口に含んだ。騎士たちも少数いたが、馬から降りて自ら歩兵になり、馬は老いた親方たちに使わせた。人々の間では、「シャティヨンがフランドル人全員を縛り首にするためロープを詰めた樽をもって到着した」とか、「フランス王妃がフランドルの牡豚どもを殺したあとは、牝豚も容赦してはならないと命じた」などの噂が流れた。

フランドル伯の娘と結婚していたフランス軍最高指揮官のラウル・ド・ネールは、フランドル軍をクルトレーから引き離す作戦を提案した。しかし、お目付役の国王の従兄弟、ロベール・ダルトワが「あなたは、この兎どもが怖いのか？　それとも、彼らと同類なのか？」と手厳しく非難したので、ラウルは憤然として「殿下、もし、わたしと一緒に進撃されるのでしたら、どうぞ、先頭にお立ちください」と言い返した。

時は一三〇二年七月十一日、フランス貴族たちは、真夏の土埃のなか、騎兵隊の先頭に立って突進した。それぞれが先を争ったので、敵陣に近づいたとき、幅五ブラス〔訳注・一ブラスは両腕を広げた長さで、日本語の「尋《ひろ》」に相当する〕の壕があることに気づいたものの、後ろから味方の軍勢が押してくるので、止まることもできず、次々と折り重なるように壕のなかに落ち込んでいった。しかも、壕は半月形にのびていたので、左右にも逃げようがなかった。こうして、アルトワ伯、シャティヨン、ネールなど指揮官たちをはじめ、ブラバント、ウ、オマール、ダンマルタン、ドルー、ソワソン、タンカルヴィル、ヴィエンヌ、ムランといったフランスの各地から来ていた騎士や騎兵隊が壕のなかに落ち込んで積み重なった。おそらく、このような名誉ある戦場で、このような死に方をするとは夢にも思わなかったであろう。

フランドル人たちは、壕に落ちた騎士たちを、選りどりみどりで易々と殺した。鎧が邪魔をしている場合は、鉛や鉄の鎚で殴り殺した。フランドル人のなかには、労働奉仕で参加した修道士たちもいたが、彼らも、この血なまぐさい務めを良心の咎めを感じながらも遂行した。修道士の一人の述懐によると、こうして自分が撲殺した騎士は四十人、歩兵は千四百人にのぼったという。そこには、明らかに自慢げな口振りも感じられる。戦いのあと、犠牲になった騎士たちの金色の拍車四千個(別の説では七百個)がクルトレーの大聖堂に懸けられた。この悲しい戦利品が、のちに大きな不幸をこの都市にもたらすことになる。というのは、八十年後、この拍車を目にして激怒したシャルル六世のために市民が皆殺しの目に遇うからである。

ともあれ、この恐るべき敗北で、フランスの前衛軍すべて、つまり大貴族の大部分が殺され、その結果、遺産相続により、多くの封建領地が国王の後見下にある未成年の子弟のものになった。この戦争のために、おそらくフランス王の軍事力は一時的に弱体化したが、そのために法王と対決する勢いが殺がれることはなく、むしろ、ある意味で王権は強化された。もしも、このフランドル戦争に勝利して、大貴族たちが豊かになって凱旋していたら、王権を恐れることもなく、法王にとっては国王に刃向かわせやすくなった人々も何人か出ていたかもしれない。

法王は、それまでは王権と法王権という二つの権力を混ぜ合わせようとしたようであるが、その方針を断念した。クルトレーでのフィリップの敗北がローマに伝えられたとき、法王庁は言葉の調子を変えた。ある枢機卿はブルゴーニュ公に「国王は高位聖職者たちのローマ行きを禁止したために破門された。破門された人間に手紙を書くことはできないので、王には何よりもまず贖罪していただくことが必要である」と書いている。しかしながら、フィリップの敗北により、四十五人の高位聖職者がローマへ向かって出かけた。それは、あたかも、ガリア教会の集団的脱走のようであった。王はクルトレーの敗北で騎士たちのほとんど全員を失ったうえ、こうして司教たちをも一挙に失ったようであった。

だが、法律家たちを中核にした王政府は、並外れた力強さと活力を示した。三月二十三日、王国改造のために非常に重要な勅令が発せられた。そのなかで王は、善政を心がけ公正な裁判を行うこと、買収を禁止すること、聖職者を保護すること、領主たちの権利を尊重すること、人権と財産、慣習を保証することを約束している。こうして、パリ防衛の要としてシャトレの砦が再建され、警備隊が強化され、歩哨と巡邏隊、夜警制度が創設された。

二人の敵対者〔訳注・フィリップ四世とボニファティウス八世〕は激突寸前であった。いかなる犠牲を生もうと、もはや眼中にないかのようであった。法王はハプスブルクのアルブレヒトを味方につけるため、彼の皇帝即位を支持した。フランス王に対抗できる権力者が必要だったからである。

五月二十日、フランス王は、イギリス王との平和を買い取るためにギュイエンヌを手放した。このボルドーの豊かな国を敵国に返さなければならなかったときの彼の苦痛はいかばかりであったろうか？　しかし、彼にとっては、これが勝敗の分かれ目であった。ピエール・フロートのあとを継いだギヨーム・ノガレは、ガスコーニュ人らしく、三月十二日、ボニファティウスに対し、怒りを露わにした声明文を出している。

「使徒たちの君主である福者ペテロは、聖霊により、いにしえと同じく未来においても、おのが貪欲によって真理の教えを汚し、偽りの言葉によって人々を惑わす偽の預言者どもが現れるであろうと語られ、バラームを手本として示された。バラームは偽預言者を嗅ぎ出して人の言葉で知らせてくれる獣を飼っていた。教会の父によって告げられたこの教えは、文字に記され、われらのために遺された。いま、福者ペテロの席に坐っているのは、嘘つきの首領であり、あらゆる悪事を行いながら、《ボニファティウスBoniface》〔訳注・「善事」という意〕を名乗っている。彼は、主イエスの家に堂々と門を通ってではなく、盗賊としてこそこそと入ったのだ。ケレスティヌス五世（在位1294.8-1294.12）という教会の本当の夫がまだおられたのに、花嫁たる教会を邪悪な抱擁によって犯した。まさしく人類共通の法がいうように『謬ち以上に同意に値いせざるものはない』である。真の夫であるケレスティヌスは、この離婚に同意してはいない。ゆえにボニファティウスの教会との結婚は、認められるものではなく、姦淫の罪で穢しているだけである。神に背くことは万人に不正を働くことであり、かくも重大な罪に対しては、女であっても卑しい人間であっても、証言することが認められる。ゆえに、わたしは畜生に等しい身ではあるが、神の思し召しによって人の言葉を語ることができるからには、彼のバラームに倣い、偽預言者を摘発しなければならぬ。しかして傑出せる君主、フランス王フィリップ殿に対しては、神の民に呪いをかける邪悪の徒のうえに正義の剣を振るう天使を手本として、その立場にふさわしい働きを示してくださるようお願いするものである。」

なにも決定は下されなかった。王は、なおも回り道をした。彼は、高位聖職者たちに課した禁令を三人の司教たちに対しては免除した。

法王は、フランスの聖職者たちの様子を探るためも兼ねて使節を派遣した。しかし、なんの動きもなかった。王は使節に、ブルターニュ公とブルゴーニュ公を調停者にすると述べた。これは、貴族たちを持ち上げて、自分の身辺を固めるためであった。しかし、彼が一歩も譲らないので、法王は使節に小勅書を送り、王を破門したのは、彼が高位聖職者たちのローマ行きを妨げたためであると述べさせた。

使節は、この小勅書を遺して姿を消した。供で来ていた二人の僧と、この小勅書を書き写した教会関係者が捕らえられた。小勅書の日付は四月十三日になっていた。それから二か月後、ピエール・フロートの跡を継いだプラジアンとノガレの二人がボニファティウスに対し行動を起こした。

プラジアンは口で非難し、ノガレはそれを行動に表した。プラジアンはルーヴル宮での三部会に集まった領主たちを前に、ボニファティウスの非道を非難し、異端として糾弾する文書を読み上げた。国王は、この呼びかけを承認して署名し、ノガレはイタリアへ向けて出発した。

この決定的な行動に対し三部会は賛意と支持を表明したが、国王は満足しなかった。彼は、高位聖職者たち、全国の教会、各都市、大学に個別に書簡を送った。これらの書簡は、告発人として名を連ねたナルボンヌ従伯とプラジアンによって州から州へ運ばれた。国王は、公会議で合意を得ることを望んだ。「Nos requirentes consentir（我らは合意を求める）」。彼は、この告発人では拒絶されるかもしれないと危惧し、さらに七百人以上を付け加えた。全員が署名した。そのなかには、前年のクルトレーでのフィリップの敗北で法王側に寝返った人々まで含まれていた。四十五人は、一時的だが捕らえられることで、国王側に寝返ったのである。そのころ法王が恩典を与えて味方にしていたシトー会以外は、すべての聖職者が国王が召集した公会議に参加する旨の返事をプラジアンに託した。

歴代法王によって最も優遇されてきたパリ大学、パリのドミニコ会士たち、トゥレーヌのフランシスコ会士たちも、国王に味方することを宣言した。ただし、クリュニーのある修道院長やテンプル騎士などには、「抗議するため」に公会議に出席するという人もいた。彼らにとって法王は、まだ畏怖の対象であったのである。国王は、公会議に参加する聖職者に対しては庇護を加えることを約束したが、それは、ちょうど、危機に立ち向かうために、国王と王国内のあらゆる組織の相互保証体制を築こうとしているかのようであった。

八月十五日、ボニファティウスは教勅によって、公会議の召集は法王の専権であることを宣言し、プラジアンとノガレが告発した内容、とくに「異端」という非難に対しては、「われわれの家族のなかではもとよりのこと、カンパーニャのなかにおいても、かつて一人でも異端の徒が出たなどというのを耳にした人がいるだろうか?」と反論している。そこには、プラジアンとノガレが《アルビジョワの国》の人間であることへのあてこすりが含まれていた。ノガレの祖父は異端者として焚殺されたと言われていたからである。

二人の告発者は、自分たちが何を恐れるべきかを知っていた。ピエール・フロートに対する法王の攻撃の執拗さは、彼らもよく知っていた。ボニファティウスは、クルトレーの戦いの前に、枢機卿たちとの談話のなかで、ピエール・フロートのことに触れ、彼を霊的・現世的に罰することを留保してきたが、すべてはクルトレーで決着がつくだろうと語っていた。これは、この国璽尚書(ピエール・フロート)の犠牲によって争いを終わらせる方途を国王に示したのであった。

そのピエール・フロートはクルトレーで死んだ。しかし、彼の二人の後継者たち(プラジアンとノガレ)は、あのように居丈高な告発をしたあとであるから、何を恐れることがあったろうか!しかも、ノガレは、最初の要望書を出す五日前の三月七日、国王から「起こりうる全てについての対処」を白紙委任されており、これを法王に痛手を与えるためには独自の判断で対処してよいというお墨付きとして、イタリアへ向かった。そして、フィレンツェでは、フランス王の財政を預かっていた銀行家のところへ寄り、必要なだけの資金の提供を受けている。それだけでなく、ノガレは、法王によって追放の憂き目に遭ったことから法王を亡き者にするためには地獄堕ちも辞さないと豪語している生粋のギベリーニ党員のシアラ・コロンナという男を味方にもっていた。この人物はローマ近郊のサビーナ山岳民の首領であり、ローマ平原の盗賊団の頭だったから、法王に売り渡されればどういう扱いを受けるかを知っていたので、それよりは、海賊に捕らわれて何年間も船漕ぎの苦しみを我慢したのであった。

八月十五日の教勅のあとも、ボニファティウスはフィリップの王位を剝奪し、その臣下たちを王への忠誠誓約から解放する宣言を出そうとしていた節がある。彼がハプスブルク家のアルブレヒトを神聖ローマ皇帝に即位させたのは、シュヴァーベン家の悲劇をフランスのカペー家にも味わせる力を自分がもっていることを誇示するためであったと考えられる。事実、この教勅は九月五日には準備できていた。フィリップの公会議への呼びかけに先手を打って、その手中にある武器の切れ味を鈍らせるためにボニファティウスの打った手がアナーニ〔訳注・イタリアのラツィオ州にあり、ローマから約七〇キロ〕に召集することであった。ここは、彼の生まれた町で、親族、友人、そしてフランスの百合の花を泥まみれにしたばかりの民衆に囲まれ、身の安全を図ることができた。

ノガレは武人ではなかったが、カネはもっていた。一万フローリンでアナーニに何人かの内通者を確保した（その領収書が残されている）うえ、アナーニと敵対関係にあるフェレンティーノの司令官スッピーノを味方にした。「スッピーノは、生死にかかわらずボニファティウスを捕らえることを約束した」。こうして、シアラ・コロンナとスッピーノが三百の騎兵と多くの歩兵、そして何人かのフランス兵とともに、ノガレをアナーニに迎え入れ、「法王に死を！　フランス王ばんざい！」と気勢を挙げた。

このとき、アナーニのコミューンが市民に急を報せる鐘を鳴らしたが、この鐘の音がボニファティウスに敵対するコロンナやスッピーノなど守備隊員たちにとって行動開始の合図になった。驚いた枢機卿たちは、便所を通り抜けて逃げた。アナーニの守備隊は掠奪を阻もうとするどころか、侵入者たちと一緒になって掠奪を始めた。宮殿に閉じこめられた法王は、市政府に救援を求めたが、市政府はなにかと言い訳をして動こうとしなかった。そこで、この尊大な法王は、コロンナ自身に話しかけた。しかし、コロンナは、返事をする代わりに無条件降伏を勧告した。ボニファティウスは「ああ、話にならんわい！」と言った。その間、敵たちは宮殿に隣接する教会に火を放った。法王の甥は叔父を見捨てて、自分自身のために交渉した。これが八十六歳になるこの男にとってとどめの一撃になり、彼は泣き始めた。そうしている間に入口が壊され、窓も破られて、群衆が押し寄せてきた。人々は彼に退位を促し、侮辱的な言葉を浴びせた。ヴィラーニによると、彼は敵たちが近づくと「さあ、わしの首はここにある。わしはイエスと同じように裏切られて死ぬのじゃ。だが、わしは、法王として死ぬのじゃ」と言い、聖ペテロのマントを羽織り、コンスタンティヌスの冠を頭に戴き、鍵と司教杖を手に執ったという。

言い伝えによると、コロンナが老いた法王の頰を鉄製の籠手で撃った。〔訳注・ノガレが撲ったという伝承もある。フィリップ四世が撲ったという言い方もされるが、これは、直接フィリップが撃ったということではなく、フィリップの承認のもとに行われたという意味である。〕このときノガレは、剣に匹敵する厳しい言葉を彼に投げつけた。「おお、汝、唾棄すべき法王よ！　フランス国王陛下がかくも遙かなその王国から、わたしを通じて汝をこのように守っておられることを感謝せよ！」。法王は勇敢に言い返した。「おまえは異端の家門の者じゃ。おまえのために殉教者になれるのは、わしにとっては本望じゃ」。このとき、コロンナだけだったら、おそらくボニファティウスを殺していたであろう。法律家のノガレが、彼を思いとどまらせた。ここですぐ殺してしまうことは、自分にとってあまりにも危険だと考えて、コロンナを引き留めたのである。この囚われ人を自分の手の内で死なせてはならなかった。かといって、フランスにまで連れていくことは不可能であった。ボニファティウスは、毒殺を恐れて一切の食べ物を拒んだ。拒絶は三日間に及んだ。この間に、アナーニ市民は外国軍の数が少ないことに気づいて、結束してフランス人どもを追い払い、法王を解放した。

人々が法王を広場に運んだとき、彼は子供のように泣いた。ウォルシンガム〔訳注・イギリスのフランス駐在大使〕は、この感動的な状況を次のように報告している。

「彼は解放されたことを神と人々に感謝して次のように言った。『善良な人々よ。あなた方はわたしの敵どもがどのようにしてわたしの財産と教会の資産を奪ったかをごらんになったであろう。い

「おお、汝、唾棄すべき法王よ！　フランス国王陛下がかくも遙かなその王国から、わたしを通じて汝をこのように守っておられることを感謝せよ！」

まのわたしはヨブのように貧しい。正直に言って、食べる物も飲むものもない。もし親切な御婦人がたがおられるなら、わたしにパンと葡萄酒、もし葡萄酒がないなら水を恵んでくだされ。その方にわたしは神の祝福を授けましょうぞ。わたしが必要とする物をもってきてくださった方には、全ての罪から赦免しましょうぞ』。全民衆が『法王バンザイ！』と叫びはじめた。女たちは群をなして宮殿にパンと葡萄酒あるいは水を運んだ。入れる甕がなくなると、木箱に注ぎ込んだ。誰でも宮殿に入り、法王と親しく話すことができた。法王は、教会と枢機卿の財産を盗んだ罪以外の全ての罪の赦免を人々に与えた。彼は、自分への施し物を彼らのために遺した。その間も、人々は何かをもってきた。ついで彼は、民衆の前で、コロンナや敵対者たちと和解したいとの意志を表明したあと、武器をもった大勢の群衆に囲まれながら、ローマへ向かった」。

しかし、サン・ピエトロ寺院に着き、危機感の支えがなくなると、それまで彼を苦しめた恐怖と飢え、財産を失ったこと、敵どもの無礼な仕打ちへの憤りなどが一挙に甦ってきて、八十歳を越えた彼の頭脳は耐えられなくなり、気がふれてしまった。

彼は、コロンナ家のライバルであったオルシーニ家に身を寄せたが、ここでも囚われの身であった。あるいは、少なくとも、彼はそう思っていた。オルシーニ家出身の二人の枢機卿たちは、ボニファティウスが他の貴族の家へ逃げようとすると、遮って連れ戻した。それが、法王の異端的なスキャンダルを人目から隠したかったからか、それとも、法王を留めておくという約束がコロンナ家との間で成立していたからかは分からない。狂気は激しい怒りとなり、以後、法王は一切の食べ物を拒絶し、口から泡を吹き歯ぎしりをした。彼と長年の友人であるピサのヤコポが「法王さま。神と聖母マリアに御加護を求め、キリストの聖体を拝受なさいませ」と言ったところ、ボニファティウスは彼に平手打ちをくらわせ、二つの言語〔ラテン語とイタリア語〕をごっちゃに交えてこう叫んだ。「Allonta de Dio et Sancta Maria, nolo, nolo」〔訳注・「神と聖母マリアにすがるなんて、わしは厭じゃ」との意〕。

彼は臨終の聖餐を運んできた二人のフランシスコ会士を追い払い、聖体拝領も受けず懺悔もしないまま一時間後に息を引き取った。こうして、前任者のケレスティヌス五世が彼について言った「おまえは狐のように位を登り、獅子のように統治し、犬のように死んで行くだろう」との言葉が証明されたのだった。（原注・ピエール・デュピュイ（1582-1651）による）

ほかにも幾つかの些事が伝えられているが、激しい憎悪が絡んでいるだけに、内容的に信じがたい。どうやら、それらは、プラジアンやノガレが、あとからでっち上げて民衆の間に流布させたもののようである。『信ずるに値する人々によって語られた《呪われし法王》の生涯と実態La Vie, état et condition du Pape Maléface, raconte par des gens dignes de foi』には次のように書かれている。〔訳注・「Pape Maléface」とは「Pape Boniface」を茶化して名づけたものであることはいうまでもない。〕

「十一月九日、死期が近づいたことを悟ったファラオは悪魔たちとの親交が自分にあらゆる罪を犯させた根源であることを告白した。そのあと、昼となく夜となく雷鳴が轟き、恐るべき嵐が起きて、たくさんの鳥たちがぞっとするような叫び声を上げるのが聞かれた。驚いた人々は『イエスさま。わたしたちを憐れんでください！』と叫んだ。みんな『これは、まさに地獄の悪魔たちが、このファラオの魂を迎えに来ているのだ』と言い合った。翌十日、友人たちが、外で起きていることを伝え、悪魔に取り憑かれている自分の魂のことを考えるよう諭したところ、彼はむしゃぶりつくように司祭に飛びかかった。司祭は、教会堂まで全速力で逃げた。」

「人々が彼を椅子に運んだとき、彼は指輪の石に目をやり、『この石のなかに閉じこめられた悪霊よ。これまでわたしを誘惑しながら、いまになって見捨てようというのか？』と叫んだかと思うと、この指輪を抜き取るや投げ捨てた。彼の不幸と憤怒はその邪悪な行いのなかで増大し堅固さを増したもので、彼はそれを、フランス王とその臣下たちに対する行動として表したのだった。友人たちは、彼の苦痛を鎮めるために、ピサのヤコポの息子を連れてきた。彼は、この息子を愛しており、抱き締めようとしたが、それは、この幼児には自分に襲いかかろうとしているように思われた。事実、傍らの人が引き離さなかったら、彼は子供の鼻を咬みちぎっていたかもしれない。結局、ファラオは神の復讐による苦痛に責めさいなまれ、懺悔も信仰のしるしもないままに死んだ。そして、この日、雷鳴がしきりに轟き、嵐が吹きすさび、空中では竜が口から火を吐いたので、ローマ市民たちは都市全体が深淵のなかに落ち込んでいくのでは？　とおびえたほどであった。」

ダンテは、この法王に害を加えた人々を厳しく非難する一方で、彼の居場所を地獄に定めている。『神曲・地獄篇』（第一九歌）において、炎のなかに逆さまに埋められる地獄にいるニコラウス三世は、次のように叫んでいる。

もう来て立っていたのか、
きみはもう来て立っていたのか、ボニファッツィオよ。
書物は私に数年誤ったことを伝えた。
きみはそんなに早く財宝に飽きてしまったのかい。
そのためにだまして美女をだまし取り、
そのあとでは容赦なくそれを虐げたのに

（野上素一訳）

〔訳注・この「美女」とはローマ教会のこと。ニコラウスは、近づいてきたダンテを次の法王のボニファティウスと勘違いして、こう言ったのである。〕

ボニファティウスの後継のベネディクトゥス十一世（在位1303-1304）は身分は低かったが、優れた資質の人物で、みずからはそれほど法王になりたくなかったが、オルシーニ家に推されて法王になった。彼は、幸運にもフランス王からも祝辞を受けた。この祝辞をもってきたのは、ボニファティウス告発の主役を務めたプラジアンであった。フィリップは、自分の敵のボニファティウスがどのような死に方をしたか知らなかったので、再度打撃を加えるべく、ボニファティウス弾劾の覚書をベネディクトゥスのもとへ送った。これには、ローマ宮廷に対する痛烈な当てこすりが含まれていた。それが法律家たちを使って王自ら書いた『ボニファティウスに関するフランス国民から国王への嘆願 Supplication du Pueuble de France au Roy contre Boniface』である。この重要な文書は俗語で書かれており、王に対する民衆の嘆願という形をとっているが、実際には、民衆に対する国王のアピールであった。

ベネディクトゥス十一世は、事件に加担した全ての人(ノガレは別にして)に赦しを与えることによって、この事件に終止符を打ちたかったようである。しかし、赦しを与えるということは、有罪を宣告することであった。寛大さを見せようとしたことが却ってフランス王やコロンナ家、また、ボニファティウスの勧告に従わなかった高位聖職者たちを侮辱する結果になった。

当時フィリップ四世は、フランドル戦争で手痛い敗北を喫し、恐れなければならない多くの敵をもっていた。公会議開催を呼びかけても、枢機卿の有力メンバーは拒絶していた。法王のほうが優勢になり、フィリップは当初は軽視していた赦免を自分のほうから請わなければならなくなった。この請願書を届ける役目を引き受けたのがプラジアンとノガレであったから、人々がフィリップの真意を疑いの目で見たのは当然であった。ノガレがこの役目を引き受けたのは、多分、そうしなければ成立したかもしれない調停をぶち壊すためであった。法王は、このような使節が選ばれたことに対して激怒し、恐るべき破門勅書を出した。

「恥ずべき犯罪にして罪深い悪業、これはとある極悪人らが今は亡きローマ法王ボニファティウス八世という人に対して敢えて行う最高の罪業である。」

この勅書の破門対象にはフィリップも含まれていたようである。それが届いたのは一三〇四年六月七日であった。七月四日、ベネディクトゥスは死んだ。――ペルージアの聖ペトロニーラ修道院の修道女の恰好をし、ヴェールで顔を隠した女がやってきて、食卓に一篭のイチジクを載せた。それを彼は何の疑いもなく食べたところ、具合が悪くなり、数日後、息を引き取ったのである。枢機卿たちは、犯人が見つかるのを恐れて何らの捜索も行わなかった。

この死が、フィリップにとって好都合であったことは確かである。彼は、前年の一三〇三年にはフランドル戦争で敗れ、勢いづいたフランドル人たちがフランスに攻め込み、テルアンヌ〔訳注・サントメールの南〕を焼き、トゥルネを攻囲するのを阻むことすらできず、老いたフランドル伯を釈放して休戦を求めることによってしか、この都市を救うことができなかった。フランドル伯は、もし、この和平が成立していなかったら牢獄から出られなかったから、勇敢なフランドル人たちに感謝し、フランドル軍を指揮した息子たちを祝福し、コンピエーニュに戻って八十歳で亡くなった。

一三〇四年、このようにして法王が都合よく死んでくれたころ、フィリップは戦争を終わらせるための絶望的な努力をしていた。彼は、とくにラングドックにおける幾つかの特権を売って資金を作ったが、これが南フランスのコミューンを優遇し、北フランスを圧迫することとなる。彼は、ジェノヴァからガレー船とカネを借りてジーリクセー〔訳注・フランドルのスヘルデ河口にある〕沖の海戦で勝利を収めた（八月）が、フランドル人の勢いがこれで衰えたわけではなかった。彼らは初めて《フランドル》として一つにまとまるとともに、ガン、ブリュージュ、イープル、リール、クルトレーというように各都市に市民軍が結成されていった。それぞれの指揮は、フランドル伯の三人の息子たちや従兄のギヨーム・ド・ジュリエ、オランダやドイツの貴族たちが執った。

フィリップは、リュス川〔訳注・先のテルアンヌを通って流れる〕を渡河しようとして、モン・ザン・ピュエル〔訳注・Pons-en-Puelleともいう〕で市民軍に遭遇している。荷車をまわりに配置した彼らに対し、フランス軍を構成していたのは、クルトレーのときのように騎兵隊ではなくガスコーニュ人の歩兵隊であった。フランドル軍の兵士たちは一日じゅう照りつける太陽のもとで飲み食いもせず警戒態勢を維持した。飲食物は荷車に積んだままであった。日が沈んでフランス軍が武装を解いて食卓につこうとしたとき、空腹に我慢できなくなった市民軍は一斉にフランス軍陣地に襲いかかった。フランス軍は、この猪どもの急襲で一時は混乱したが、フランドル兵たちが物資の奪い合いに夢中になっている間に態勢を建て直し、この略奪者たちに襲いかかって六千人を殺した。

これでフランドル軍が降伏してくるものと信じた王は、リール市を攻囲した。ところが、フランドル人たちは、まるでこれまで一人の犠牲者も出さなかったかのように、六万もの軍勢をもってリール支援に戻ってきて市民兵たちは雨が降り注ぐように襲いかかってきた。大貴族たちはフィリップに和平を進言した。結局、フィリップは年老いたギィの息子のフランドル伯を返すことと、その妻の相続財産であるルテル〔訳注・ランスの少し北〕の領地をその孫に与える代わりにフランス領フランドルを保有し、二〇万リーヴルを受け取ることで和平条約が締結された。

しかし、これでは何も終わらなかった。この地方をフランス王が保有するのは、一時的な抵当(gage)としてなのか、それとも恒久的な取得(acquisition)なのかは何も明示されなかった。受け取るはずのカネも、とうとう彼が手にすることはなかった。他方、法王との関係も、改善されるどころか、却って悪くなった。ベネディクトゥス十一世の突然の死は、彼にとって束の間の幸せでしかなかった。

農作物の不作と値上がりで、民衆のあいだでは不平不満が渦巻いた。声高に批判の声をあげたある大学関係の聖職者は、吊し首になった。「災いは悪王に対する天の罰である」との啓示を受けたと語ったメッツのベギン修道女は、シャルル・ド・ヴァロワによって捕らえられ、その啓示が悪魔の所作であると白状させるために足を焼かれた。しかし、翌年には彗星が出現し〔原注・このときのハレー彗星の出現については多くの記録に残っている〕、その不吉な光を見た多くの人々は、彼女の予言は正しかったと言い合った。

フィリップ美男王は勝者としてパリに帰還したが、その栄光はたちまち失せた。彼がフランドル

彼は、馬に跨がったまま教会堂のなかに入り……

人の急襲から無事逃れることができたことを神に感謝するためノートル＝ダム寺院に厳かに赴いたとき、まわりからは飢えた民衆の呪詛の声があがった。このとき彼は、馬に跨がったまま教会堂のなかに入り、完全武装した自分の騎馬像を奉納したのだが、この像はフランス革命の少し前まで、巨大な聖クリストフォロ像の傍らに見ることができた。

ギヨーム・ド・ノガレは相変わらず彼らしいやり方で勝利を重ねた。彼の受け取った給与の受領書が残っているが、その額は五百リーヴルから八百リーヴルに達している。

第三章　王室財政とテンプル騎士団

クリストファー・コロンブスは次のように述べている。（原注・彼が西インドへの四回目の航海のあと、フェルナンド王とイサベル王妃に宛てた手紙のなかで述べているもの。）

「黄金は素晴らしい宝です。様々な宝物が黄金をもって作られますし、この世で人々の望むことも黄金によって実現できます。魂を天国に到達させることさえ、黄金をもってすれば不可能ではありません」。

いまわたしたちが本書で到達した時代こそ、黄金が王座に就いた時代と考えられるべきであり、わたしたちは、新しい神の時代に入ったのである。フィリップ四世美男王は、フランス王座に登るや、自分の助言役から僧侶たちを排除し、代わりに銀行家たちを入れたのであった。

したがって、黄金の悪口は言わないようにしよう。封建時代の資産であった土地に較べて、黄金は、嵩張らず、持ち運びができ、交換性と分割性に富み、扱いやすく隠しやすく、見事に微細化（subtilisée）された（精神化された（spiritualisée）と言ってもよい）富である。富が移動不可であるかぎり、人間はそのために根が生えたように土地に固定され、這いつくばる彼の下にある土の塊と同じくらい移動ができなかった。地主は、土地の付属物でしかなく、土地のほうが人間を持ち運んだ。こんにちでは、全てが逆である。土地は黄金として凝縮され、人間がそれを運ぶ。この金属はあらゆる取引に使うことができる。柔軟で流動的で、あらゆる商業上・行政上の流通に素直に対応する。政府は、はるか遠方で起きている事態にも迅速に対応できなければならないが、その基本的手段となるのが貴金属類である。十四世紀初めに行政機構が創造されたことが、銀と金の無限の繊細な利用法を産み出したのである。

国税局という底知れない貪欲さをもつ巨大な怪物は、フィリップ美男王のもと、飢えと渇きのなかから産声をあげた。彼は、この世に生まれ出るや、ラブレーのガルガンチュワのように「食べたい！　呑みたい！」と叫んだ。これは、肉を食らい血を呑む恐るべき子で、その激しい空腹を満たしてやることは不可能である。まさに、彼はギリシア神話の一つ眼の巨人、キュクロプスであり、人喰い鬼であり、セーヌ川の怪獣、ガルグイユ（ガーゴイル）である。この怪獣の頭が《グラン・コンセイユ Grand Conseil》〔訳注・大評議会あるいは国務院〕であり、その長い爪は《高等法院 Parlement》、消化器官が《会計院 Chambre des Comptes》である。飢えを癒すことのできる唯一の食物であるということは、民衆が彼のために見つけてやることのできないものだということである。

国税局も民衆も欲しがるものは一つ、黄金であるからだ。
アリストファネスの作品のなかで、盲目で無気力なプルートゥス〔訳注・福の神〕が自分の崇拝者たちから引っぱりだこにされているが、これは、プルートゥスこそ、あらゆる神が一目置く神々のなかの神であることを苦もなく証明しているのだ。ゼウスでさえ、プルートゥスがいなくなれば自分は飢え死にするだろうと告白する。ヘルメスは神のために働くのをやめて、プルートゥスのために焼き串を回したり食器洗いを始める。〔訳注・ミシュレの原文では、ローマ神話の神々に置き換えてゼウスはユピテル、ヘルメスはメルクリウスとなっているが、アリストファネスはギリシア喜劇の作家なので、元のギリシア神話の名前を記した。〕
この黄金がふたたび神の座に登ったのが十四世紀である。この怠け者の黄金を、その眠っている暗い小部屋から引っぱり出すことがいかに至難の業であるかを物語ってくれているのが、コルキス〔訳注・金羊毛が守られている所〕だのヘスペリデス〔訳注・黄金のリンゴのある楽園〕、あるいはニーベルンゲンだので、これら竜に守られていた時代以来の、また、デルフォイの神殿やペルセポリスの宮殿の宝物庫以来の、不思議な歴史である。それを目覚めさせたのが古代のアレクサンドロス大王であり、カルタゴであり、ローマであった。中世になって、黄金は教会堂のなかでふたたび眠りについた。しかも、よりよく休むために、聖なる十字架や祭服、聖遺物の形をとった。誰が、そこから引っぱり出すだけの勇気をもっていたろうか？　また、それが好んで隠れ住んでいる土のなかから見つけ出す洞察力をもっていたろうか？　さらに、あらゆる物をもたらすこの聖なる物質、自然が与えたこの全能の力を、どのような魔術師が呼び覚まし、俗化したのだろうか？

「人間は富を創出する術を知っている」――中世は、近世のこの偉大な観念に、容易には到達できなかった。人間は、卑しい物質を、自らのうちにある豊かさ、形による芸術的豊かさ、知的意志の豊かさを付与することによって高貴な物に変えることができる。だが、彼がまず求めたのは、形よりも素材であった。彼は素材に夢中になり、激しい愛情をもって自然をこねくり回し、生命自体や不死性といった人々が好むものをこれに求めた。しかし、ライムンドゥス・ルルス（1233-1315）やニコラ・フラメル（1330-1418）の素晴らしい幸運〔訳注・いずれも、錬金術を習得していたとされる〕にもかかわらず、見つけられた黄金も、現れたと思うと、息を切らした鞴吹きを残して消え去ってしまった。黄金は無情にも溶解し、人間の魂や生命と一緒にルツボの底に沈澱した。

そこで人は、人間の力に期待するのをやめ、自己を否定し、魂や神といった、すべて善なるものを放棄し、悪と地下の闇の王たる悪魔に呼びかけた。この悪魔がおそらく黄金の帝王であったことは、パリのノートル＝ダムそのほかの多くの教会を見ればわかる。そこには、黄金のために自分の魂を引き渡して悪魔に服従し、この獣の足下に跪き、毛むくじゃらの鈎爪に口づけをする哀れな人間の悲しい姿が描かれている。

悪魔は、マニ教徒やアルビジョワ派の人々といっしょに迫害され、都市から追放されて、このころは荒野で暮らしていた。彼は『マクベス Macbeth』の魔女たちとも陰謀を練ったにちがいない。打ち負かされた古い宗教の名残である魔術は、錬金術 alchimie〔訳注・これが「化学」になった〕のように自然に対してだけでなく、悪魔という邪悪な意志に呼びかけるものであった。それが「悪しき産業主義」である。この「悪しき産業主義」は、宝物を自然との同盟関係のなかから労働と忍耐と知性によって引き出すことができないので、暴力と罪によって手に入れようとする。

中世において黄金の在処《ありか》を知っていたのは本物の錬金術師であり魔術師であり、ユダヤ人、そして半ばユダヤ人というべきロンバルディア人であった。中世人はユダヤ人を不浄視し、男は食料品に触れてはならず、女も、その触れた食べ物は、火を通さなければならなかった。そのような彼らに唾を吐きかけた人々も、黄金についてはユダヤ人に頼らなければならなかった。

ユダヤ人は他のどんな民族よりも物を増殖させる能力に優れており、ヤコブが雌羊に自在に子を生ませたように、シャイロックは意のままにゼッキーノ金貨（sequins）〔訳注・十三世紀ヴェネツィアで造られた金貨〕を増やした。彼らは、中世を通じて迫害され、追放されたかと思うと、呼び戻されて税務当局とその犠牲者、徴税人と搾取される人々の間を仲介し、黄金を、世界の頂点にいる国王の懐へ、底辺から汲み上げる役目を押しつけられた。しかし、それでも、彼らは不屈の精神で苦難に耐え、何ものかでありつづけた。為替手形（lettre de change）によって富を「気体化」することに成功し、鞴から鞴へ風を送るように自由に富を移動させる特技の王者となり、それを人々に教える師匠となった。

善良なキリスト教徒の貧しい人間が、幼児たちを生け贄にしていると噂される陰気なユダヤ人の家を思い切って訪ねるには、徴税人の恐ろしい圧力が必要であった。貧しい人々は、人間の血と髄液を啜る徴税役人と魂を欲しがる悪魔との狭間にあって、やむにやまれず、ユダヤ人にすがったのだった。すでにベッドも売り払い、妻は冷たい地べたで熱を出して震えており、子供たちがパンを欲しがって泣き叫んでいるなかで、彼は万策尽きて、ユダヤ人のもとへ、とぼとぼと足を運び、ついに扉を叩いたのである。ユダヤ人の金貸しが客の来訪を知って小さな格子窓を開けたときから、奇妙で難解な会話が始まる。

キリスト教徒が「神の名においてお願いです〔Au nom de Dieu!〕」というと、ユダヤ人は「わたしは神様を殺したことになっているユダヤ人です」と答える。「そこを何とか憐れんでくださいPar pitié」と食い下がると、「キリスト教徒がユダヤ人を憐れんでくれたことがありますか？　必要なのは言葉じゃありません。質草です」。「何もかもなくした人間に何を出せというのですか？」。すると、ユダヤ人は、こう言う。「あなた。わたしのほうも、王様と領主様の命令で、血塗《ちまみ》れの服や犂の刃を抵当にしてお金を貸すことはできないのです。わたしが質草に取れるのはあなた自身だけです。わたしたちの法律は、あなた方キリスト教徒のそれと違い、うんと古くからの法律で、あなたの身体の肉を質草に取ることができます。命には命、黄金には血です。あなたの身体の肉一リーヴル〔訳注・この場合は重さの単位で、ほぼ五〇〇グラム〕と引き替えに一リーヴル〔訳注・この場合は通貨の単位〕のお金を御用立てしましょう。」（シェイクスピア『ヴェニスの商人』の一場面）

「人の子（イエス・キリスト）の殺害者」が貸してくれる金貨は、穢れたカネでしかない。すでにアリストファネスが『プルートゥス』（福の神）のなかで「アンチ・ゼウス」（訳注・ミシュレの原書では「ローマ式に「Anti-Jupiter」となっている」として示したように、このカネは「アンチ・クリスト」なのである。この「アンチ・クリスト」「アンチ・ディユー antidieu」によって神すなわち《教会》は丸裸にされてしまうであろう。教会にも、法王を頂点として、司祭らによって構成される《世俗的教会 l'église séculière》と修道士やテンプル騎士団で構成される《盛式教会 l'église régulière》があるが、そのいずれも被害は免れまい。

ベネディクトゥス十一世のひどく早い死（訳注・一三〇三年に即位し、一三〇四年に亡くなっている」のおかげで、ローマ教会はフィリップ美男王の手中に収まった。次の法王を選出する権限さえ彼に握られ、法王庁はローマからフランスに移され、法王はこの檻のなかでフランス王の利益のために働かされ、彼の懐を肥やすような教勅を発令させられ、聖霊（Saint-Esprit）はフランス王家に仕える書記兼収税人として編成された。

ベネディクトゥス十一世の死後、枢機卿たちは法王選挙（訳注・いわゆる「コンクラーベ conclave」」のためにペルージアに閉じこもった。しかし、フランス人と反フランス派に二分し力が拮抗したので、いつまで経っても決着がつかなかった。この都市の当局者たちは我慢ができなくなり、しかも、ペルージアで新法王の誕生を見たいとのイタリア的な熱狂から、辿り着いた最良の方法が、枢機卿たちを飢えさせることであった。結局、一方の派が三人の候補を指名し、他方の派が選ぶということで合意が成立した。こうしてフランス人枢機卿たちによって、ガスコーニュ人のボルドー大司教、ベルトラン・ド・ゴットが選出された。ベルトランは、それまで反フィリップ派であったが、自分の利益を最優先する人物であることから、必ず改心すると期待されたのであった。

フィリップ美男王は、フランス人枢機卿たちからの報せと王に委任する旨の手紙を受け取ると、選ばれた未来の法王とサン＝ジャン＝ダンジェリ〔フランスのサントンジュの近く〕で会うことにした。ベルトランは希望を胸に、そこへ駆けつけた。ヴィラーニは、この秘密の会見について、あたかも、そこに立ち会ったかのように記述しているが、この話は眉に唾をつけて読む必要がある。

「彼らは、一緒にミサを聴き、秘密を守ることを誓い合った。王は彼をシャルル・ド・ヴァロワと和解させるため、言葉巧みに説得を始めた。『さて、大司教殿。わたしはそなたを、もし、その気になれば法王に任命させる力をもっておる。わたしがそなたに会いにまいったのは、そのためなのじゃ。なぜなら、もし、そなたがわたしの求める六つのことを約束するなら、わたしは、この顕職をそなたに手に入れさせるつもりでいるからじゃ』と述べ、『それだけの力をわたしがもっておることは、これで明らかであろう』と言いながら、枢機卿たちの手紙と委任状の一、二を見せた。ガスコーニュ人大司教は、自分が法王になれるかどうかが完全に王の一存で決まることを悟って、喜びで半狂乱になったかのように、フィリップの足下に身を投げた。『陛下。あなた様がわたしめを今生きている誰よりも大事にしてくださり、悪に対して善をもって返そうとされているのが、わたしにもはっきりと分かります。どうか、どのようなことでも命じてください。仰せどおりにいたします』。王は彼を立たせると、その唇にキスをして次のように言った。『わたしが求める六つのことは、こうじゃ。第一は、わたしとローマ教会の間を完全に和解させ、ボニファティウス拘束に関わる罪を免除すること。第二は、わたしおよびわたしの一族に対し、そなたが聖体を拝領させてくれること。第三は、我が王国で聖職者が取っておる十分の一税を五年間は、わたしのほうへ回し、フランドル戦争の経費の埋合わせに使わせてくれること。第四は、ボニファティウスが法王として出した覚書を破棄し焼却すること。第五は、コロンナ家のヤコポ殿とピエロ殿を枢機卿職に復帰させ、彼らとその一派の人々をフランス人枢機卿たちと仲良くさせること。第六の項目については、今は保留し、別の機会に話すこととしよう。なぜなら、これは重大で秘密の事柄であるからじゃ』。大司教は「主の身体に誓って」すべてを約束したうえ、自分の弟と甥たちを人質として王に託した。王もまた、彼を必ず法王に選出させることを約束したのであった。」

（ヴィラーニ）

ベルトランは王に忠誠を尽くすことを声高に誓い、リヨンで法王冠を戴くようにしたいと述べた。この戴冠式は一三〇五年十一月十四日に盛大に行われたが、これが、『ローマ教会の捕囚 captivité de l'Eglise』の始まりを告げるものとなった。その不吉な前兆のように、祭儀の行列が通過する瞬間、見物人たちが登っていた壁が崩れ落ち、ブルターニュ公が死に、王も傷を蒙った。法王も倒れ、その頭から《三重冠》が落下した。さらに、その八日後、法王主催の晩餐会のとき、法王の身内の人々と枢機卿の臣下たちが諍いを起こし、法王の弟の一人が殺されている。

その間、両者のあいだの裏取引が暴露された。新法王クレメンス五世は約束のカネを現金で支払ったが、その際、彼は、自分のカネではなく聖職者から集められた十分の一税を流用したこと、十分の一税は、フランス王に納められただけでなく、フランドル伯がフランス王に弁済するためや、シャルル・ド・ヴァロワのギリシア帝国遠征十字軍のためにも使われたこと、などが露顕した。この十字軍は、動機からして奇妙で、法王にいわせると、ギリシア帝国は貧しく、すっかり零落しており、異教徒に対するキリスト教世界の戦いの充分な保塁ではなくなっていたので、補強する必要があったというのである。

いずれにせよ、クレメンスは、これで支払うべきものは済ませたのだから、これからは富を集めて資産を作り、好き放題に豪遊できると思い込み、ちょうど領主が自分の領地をまわって《宿営権droit de gîte》や《糧食権pourvoirie》を行使したように、「フランス教会」を旅しはじめた。まず、リヨンからボルドーへ向かったが、途中、マコン、ブールジュ、リモージュを通り、各地に深い傷跡を残した。同行した彼の親族と家臣たちは、ちょうどイナゴの大群のように、手当たり次第に強奪し貪り食らった。法王自身、ボルドーの前司教として、ライバル都市であるブールジュとギュイエンヌの優位を剝奪した。しかも、このブールジュを食い尽くさせるため、納税督促人（garnisaire）を大司教に任命し、彼自身も、滞在中そういうやり方で土台から屋根まで廃墟にして残した。このアクィテーヌ人の首座司教は、もし分相応の聖職禄だけしかもらっていなかったら、飢え死にしていたに違いない。

クレメンスが奪い取ったものの多くは、一人の女性に吸い取られた。彼女は、ローマ教会そのものを奪い取ったように、彼が集めた富も吸い取った。ブリュニサンド・タレイラン・ド・ペリゴールと呼ばれたこの美女こそ、十字軍のために集められたカネが向かった本当のエルサレムであったわけである。彼女は、法王にとって《聖地》以上にカネのかかる存在であった。十分の一税の収入では王室の需要をまかないきれなくなり、行き詰まった法王は、予想される十分の一税収入をユダヤ人たちに与えたことにして、王政府にこのユダヤ人たちを捕らえさせることによって時間を稼ぐことを考えた。政府の対応は、秘密裡かつ迅速で、一人のユダヤ人も逃れることはできなかった。その功績は国王の臣下たちに帰せられる。王はユダヤ人の資産を売り払うだけでは満足せず、ユダヤ人から没収した債権証書により、債務者からも取り立てた。

こうして、ユダヤ人から吐き出せるだけ吐き出させたので、次はキリスト教徒を標的にせざるをえなくなった。貨幣の重量を減らし、名目価値を増やした。王室から支払う場合、実質価値は二リーヴルしかないのを八リーヴルにし、受け取る場合は、そのような悪貨が占める比率を三分の一以下に制限した。このせこい手法は、みんなが追随しはじめると、当然、すぐ破綻した。しかも、額面は同じでありながら様々な貨幣があることは、無数の争いを生じた。人々が互いを信用しなくなる、いわば《バベルの塔》の悲劇が再現され、民衆が到達できる唯一の合意は、「反抗」しかなくなった。そこで国王が目を付けたのが《テンプル騎士団》であった。

このとき、おそらく貨幣改鋳の元凶と目されていた財政家のエティエンヌ・バルベの館を掠奪する楽しみを与えられなかったら、民衆の矛先は国王に向かっていたであろう。暴動の危機が去ると、国王は何百人もの犠牲者をパリのまわりの道ばたの木に吊るさせた。暴動の恐怖は、貴族たちを王に近づけた。王は貴族階層に決闘裁判を復活させた。これは、貴族を無処罰の対象とすることを意味し、王政にとっては一つの敗北であった。《法律家légistes》を基盤とした王が法律を放棄して力による決着を認めたのであり、財政においても、法治国家としても、悲しむべき事態に陥った。こうして王の目標は、ローマ教会からユダヤ人のほうへ、ユダヤ人からコミューンへ、そして、フランドルのコミューンに押し戻されて聖職者へと戻ったのである。

フィリップにとって最もはっきりした宝物庫、利用できる遺産、頼りにできる資金は、自分が即位させた法王であった。この法王は、彼が肥らせたので、ちょうど、借金のカタに体のどの部分でも一ポンドの肉を取る権利があると迫ったあのユダヤ商人のように、分け前を剝ぎ取るのに役に立った。王にとって、この万能の案山子である法王を圧迫し搾取するための手段がボニファティウス八世の訴訟事件であった。

彼がクレメンスに迫ったことは、端的にいうと「法王権の自殺」であった。というのは、ボニファティウス八世が「異端の偽法王」であったとすれば、彼によって任命された枢機卿たちも「偽枢機卿」になる。ボニファティウスのあとのベネディクトゥス十一世もクレメンス五世も、その枢機卿たちによって選挙されたのであるから、この法王たちも「偽の法王」ということになる。しかも、彼らによって選任あるいは追認された聖職者たち全員が資格をもたないことになり、彼らが出したあらゆる勅令、彼らが行ったあらゆる祈りも、効力がないことになる。こうして《ローマ教会》そのものが際限のない非合法性に絡み付かれることとなる。他方、ボニファティウスが本物の法王であったとすれば、彼が行った宣告は生きていることになり、フィリップ美男王は有罪のままになる。

クレメンス五世は、法王になって以来、ギヨーム・ノガレの高圧的な要求に従わなければならなかった。ノガレの要求は、前任の法王に倣ってはならないということであった。悪魔は、取引が決まった途端に支払いを求めてきたわけである。買い取られたときから、隷属関係は始まっていた。邪悪なロープで繋がれたこの魂は、ちょうど馬銜《うまはみ》と手綱をつけられた馬のように、惨めにも、それこそ地獄の底まで走り続けなければならなかった。

クレメンスは、メンツに拘って法王制を殺してしまうよりも、事実上、手放すことにした。彼は、フィリップに対して忠実な枢機卿を一挙に十二人任命した。二人はコロンナ家の出身、十人はフランス人あるいはガスコーニュ人で、かつてケレスティヌス五世の指名を巧みにやりとげたように、この十二人を使えば、次の法王を誰にするかはフランス王の意のままであった。このようにして、クレメンスは完全に譲歩してフィリップの掌の中で法王庁を組み立てたのであったが、フィリップにとっては、それでもまだ充分ではなかった。

そこで、クレメンスは主君の気持ちを宥めるために、もう一歩進め、聖職者の財布に手を突っ込むことを禁じたボニファティウスの教勅『クレリキス・ライコスClericis laicos』を撤回し、『ウナム・サンクタムUnam sanctam』からも、法王の優越を表明した部分を削除した。だが、それでもフィリップは満足しなかった。

法王が心身共に病んでポワティエにいるところへ、フィリップが新しい要求を携えて会いに来た。修道会のなかでも最も裕福な《テンプル騎士修道会Ordre du Temple》の財産を没収することが必要だというのである。危険な二つの力の間で板挟みになった法王は、法王庁の権限でできるあらゆる恩典を与えることで埋め合わせようと試みた。たとえばフィリップの息子のルイ・ユタン〔訳注・のちのルイ十世。「Hutin」は強情で喧嘩好きのこと〕がナヴァールに足場を固めるのを助け、フィリップの弟のシャルル・ド・ヴァロワを十字軍の長に任命した。さらにナポリ王のローマ教会からの莫大な借金を帳消しにしたり、その息子の一人を列聖したり、もう一人の息子をハンガリー王にしたりと、アンジュー家の庇護に努めた。

〔訳注・このときのナポリ王は、シャルル・ダンジューの息子、シャルル二世で、その息子のロベールは「賢明王」と呼ばれた。一三〇七年には、シャルル二世の孫がハンガリー王カーロイ一世となっている。〕

フィリップは常に受け取る側で、相手に取られるままになってはいなかった。彼は、テンプル騎士団についての非難を周りの人々から法王の耳に吹き込ませた。そして、クレメンスの一族のなかに、この騎士団を非難している団員がいるのを見つけた。一三〇六年、王がこの件について法王に決断させるために使節を送ろうとしたとき、法王は、それを断るために滑稽な言い訳をしている。

「わたしは医者の助言で、九月のはじめから準備的な薬を摂ることになっており、そのあと、医師の処方による薬を摂ることになっております。それによって、神の御加護を得て、充分に身体を強壮にすることができると思います。」

もしフィリップが各地でテンプル騎士団を一斉に捕らえさせ、王の告解師でフランスの大審問官であるドミニコ会士が苛烈な審問を始めているとの情報を耳にしなかったら、彼は、いつまでも、この言い訳を続けていたであろう。

ここで、この《テンプル騎士修道会》とは、いかなるものであったかを簡略に説明しておこう。テンプル騎士団の本部はパリにあり、しかも、当時のパリの三分の一に及ぶ大きな区画を占めていた。〔訳注・その名残がいまも「タンプル街 Rue du Temple」「タンプル大通り Boulevard du Temple」などに残っている。〕当然、この騎士団の陰には、召使いや親族、関わりのある人々がおり、また、治外法権を認められていたので、有罪宣告を受けながら匿われている人たちまでいた。フィリップ美男王自身、一三〇六年の民衆蜂起〔訳注・「貨幣一揆」と呼ばれる〕の際は、その治外法権の恩恵に与っている。一二二二年に建造され、四つの塔を備えた建物は、恩知らずのこの王によって騎士団が解体されたあとも、フランス革命のころまで、寂しく人影も疎らな姿を留め、ルイ十六世の牢獄として使われた。

このパリの「タンプル」が、西はポルトガル、カスティリヤ、レオン、アラゴン、マヨルカから、東はドイツ、南はイタリア、アプーリア〔訳注・イタリア南東部〕、シチリア、北はイングランド、アイルランドといった各地にある支部を統括する本部であり、ここで総会が開催されるとともに、その富が集まる宝物庫でもあった。

さらにポーランドや東欧で活動した《チュートン騎士団 Ordre teutonique》も、この《テンプル騎士団》から派生しているし、スペインでも、幾つかの騎士団が《テンプル》の分枝として誕生している。したがって、テンプル騎士（templiers）の多く、とくに首脳部はフランス人で、フランス以外の国でも、フランス語から転化した呼称が用いられていた。

あらゆる軍事的修道会と同様、テンプル騎士団も、その根っこはシトー会にある。シトーの改革者、聖ベルナールが、『雅歌 Cantique des cantiques』の注釈を書いたのと同じペンで、騎士たちのために熱烈かつ厳格な規範を記して授け、それが、この騎士団の骨格を形成した。それは、軍事的修道士たるものは死にいたるまで父祖の地を捨て聖戦に生きるべきことを教えたもので、テンプル騎士は常に戦いを受け入れ、たとえ、一対三の戦いであっても後込みしてはならない、不幸にして身代金を要求される事態になった場合も、一プス〔訳注・インチに近い長さの単位〕の土地たりとも敵に与えてはならない、という厳しい規則が定められていた。休息を求めることもならないし、もっと規律の緩やかな修道会に移ることも許されなかった。聖ベルナールはこう言っている。

「幸せや平和を求めてはならぬ。キリストの十字に刃向かう者をば断固たる心をもて撃て。生も死も、汝らをイエスにおける神の愛の埒外に置くことはできないと確信せよ。いかなる危機にあっても、次の言葉を繰り返し肝に銘ぜよ。『われらは生死を問わず主に従う』と。勝利者は名誉なるかな！　殉教者は幸いなるかな！」

次に示すのは、テンプル騎士の姿を素描したものである。

「髪は短く刈られ、顎髭は埃にまみれ、肌は陽に焼けて真っ黒である。彼らは足の速い馬を好むが、毛並みは雑色で、馬衣をかぶせるだけで飾ることはしない。聖地をめざす人間の流れのなかで、彼らは極悪の不信仰者としか見えない。キリストは、迫害者サウロを聖パウロと成したもうたごとく、信仰の敵を信仰の勝者と成されるのだ。」

ついで彼は、雄弁な道案内人として、贖罪をめざす戦士たちをベツレヘムからカルヴァリの丘へ、ナザレから聖墳墓へと導く。

兵士は栄光を担い、修道士は平安を好む。その両方を放棄して、より厳しい冒険に節欲の生き方を結びつけ、中世の大事業である十字軍聖戦の理想を実現しようとしたのが《テンプル騎士団》であった。いうなれば十字軍を恒常化したのが彼らであった。

彼らは、聖地防衛という目的のもとに《救護修道士Hospitaliers》たちと協力し合ったが、特に戦いを任務とした点が後者と異なっていた。ヤッファからエルサレムへ、いつアラブ人盗賊団が襲撃してくるか分からない埃だらけの道を旅する巡礼者たちにとって、テンプル騎士たちの白地に赤い十字を浮き上がらせたマントを目にしたときの安堵感は想像に難くない。そして、いざ戦いになったときは、この騎士たちが前後を護ってくれた。正規の十字軍士についても、テンプル騎士たちは、アジアでの戦いに不慣れな彼らを、あたかも母親が子供をかばうように守った。

しかし、そうした献身的な努力も、信仰熱に浮かされているだけの十字軍士たちはあまり認識できず、かえって、騎士団の存在をうるさがり、せっかく結ばれた休戦協定を無視して異教徒を刺激し、無用な危険にテンプル騎士たちを巻き込んだり、戦争の重荷を彼らにおっかぶせたりし、その挙げ句に、帰国してから、彼らはあまり本気で守ってくれなかったなどと非難する輩も少なくなかった。有名なマンスーラの戦い〔訳注・一二五〇年、聖ルイが敗れ、人質になった戦い〕でも、若いアルトワ伯〔訳注・ロベール。ルイ九世の弟〕は、前衛を務めたテンプル騎士団の助言を無視して意固地に追撃をつづけてマンスーラの町に突入したため、テンプル騎士たちも、この若者たちを見捨てるわけにいかず、続いて城内に入り、全員が討ち死にしている。

とはいえ、大多数の人々は彼らの活躍に感謝の思いを深くし、豪勢な特権の数々を彼らに与えた。その一つに、法王以外の誰人からも裁かれないとの特権がある。もとより、法王庁の高位聖職者が裁判官として呼ばれることはなかったから、実際には身内同士で裁きが行われた。その忠誠心に信が置かれているかぎりは、被告人の申し立ては証拠になりえた。また、騎士団の領地や館は、貴族や王といえども奪うことはできなかった。税や貢納、通行税も支払う必要はなかった。このような特典は、誰もが羨望したもので、法王インノケンティウス三世でさえも、この騎士団への加入を望んだし、フィリップ美男王も要求したが叶わなかった。

だが、この騎士団がこれらの偉大で素晴らしい特典をもっていなかったときも、人々は大挙して応募していたであろう。テンプル騎士団は、人々の想像力のなかで神秘と漠然たる恐怖の魅力をもっていた。入団式は、騎士団の教会堂で、下級メンバーを締め出したうえ、夜、扉を閉めて行われた。もしフランス王自身が忍び込んでいても、つまみ出されただろうと言われた。

入団式の形式は、古代キリスト教会が聖なる事物を囲んで行った神秘劇のような一風変わった演劇的儀式から借用したものであった。新会員は、罪人や変節した悪しきキリスト教徒として表され、はじめ、聖ペテロに倣ってキリストを否認した。その否認は、十字架に唾を吐きかけるという行為によって示された。これは、人間を堕落から立ち直らせる騎士団の使命の崇高さを際立たせるためであったが、こうした宗教劇は、歳月を経て本来の意義が理解されなくなるにつれて、スキャンダラスなものになる危険性が強まっていく。この傾向は、とくに、文字を通してしか真理を探求しようとせず、《象徴 symbole》が意味を失う散文の時代においては決定的となる。

もう一つ別の危険性があった。テンプル騎士団は、傲りを強めるにつれて、その形のなかに信仰を軽んじるような傾向性を示していった可能性がある。新会員は、騎士団が通俗的なキリスト教を超えて、より高い信仰を開示し、いわば聖域の後ろにある聖域へ導いてくれると信じた。『テンプル Temple』という名称はエルサレムの「ソロモン神殿 Temple de Salomon」からつけられたもので、彼らは、それを《聖墳墓》の意であると説明していたが、ユダヤ人やイスラム教徒からすると、神殿とはソロモン神殿であった。

「神殿 Temple」という呼称自体、「教会 Eglise」より上で、宗教を、いうなれば見下ろす高みと一般性をもっていた。「教会」は始まりをもっているが、「神殿」には始まりがなく、あらゆる時代に存在した宗教的永続性のシンボルのようなものであった。《テンプル騎士たち》が滅び去ったあとも、《神殿》は生き残り、少なくとも、《バラ十字団 Rose-Croix》や《フリーメーソン Francs-Maçons》といった秘密集団にあっては、その教義のなかに残っている。

《教会 Eglise》が「キリストの家」であるのに対し、《神殿 Temple》は「聖霊 Saint-Esprit の家」である。グノーシス派の人々にとって大きな祭典は、キリストの生涯にまつわるクリスマスや復活祭ではなく、聖霊降臨祭であった。グノーシス主義の古い宗派が中世にどれくらい生き残っていたか？という問題は、近代の学問的探究の進歩にもかかわらず、文献記録の不充分さから今もよく分かっていない。

《神殿 Temple》の内面的・精神的定義については、明瞭なようで曖昧である。それは、幾つかの教会の入り口に彫刻された奇妙な表象に認められるとする人もいれば、信仰心あふれる英雄的な騎士たちによる聖杯（saint Graal）探求の旅、「中世のオデュッセイ物語」というべき詩群のなかに認められるという人もいる。後者は、十字架上の救世主の脇腹から流れた血を受けた聖なる杯を探し求める騎士たちの物語で、この杯を目にするだけで寿命が五百歳まで延びるとされた。この杯は、「聖堂 le Temple」のなかに秘蔵されており、「聖堂騎士 templistes」あるいは「聖杯の騎士たち」が厳重に守っていてただ無垢の子供たちだけが近寄ることができるとされた。

この騎士団は、聖職者たちにもましてキリスト教的理想に忠実で、中世末における最後の夢想に生きた人々であったが、その精神的昂揚のゆえに現実に疎く、実践化には程遠いものをもっていた。詩群のなかに登場する「聖堂騎士 templistes」がほとんど神的といってよい様相を呈していたのに対し、現実の「聖堂騎士たち Templiers」は暴力性のなかに陥っていった。

わたしは、この偉大な騎士団を迫害した人々に同調したいとは思わないが、迫害者たちは期せずして、結果的に騎士たちを浄化した。彼らが、その恥ずべき自白を引き出すのに様々な拷問を用いたのは、彼らの潔白を推定させた。なぜなら、拷問の苦痛のなかで述べられたことは、ふつう信用されないからである。汚点は幾つかあったとしても、それらは薪の炎のなかに消え、人々はもはや見ようとはしなくなった。

しかしながら、拷問によらないで得られた供述も残っており、それらは証明はされないものの、人間の本性を知る人々や、この騎士団の末期《まつご》の状況を深刻に考えた人々にとっては、まんざらありえないことではなかった。

騎士団メンバーは貴族の次三男がほとんどで、キリスト教世界から遠く離れ、いつ死に直面するとも知れない危険に満ちた戦場で冒険に明け暮れ、しかも、シリアの灼熱の気候のもつ淫靡な誘惑に晒されていた。それらのことを思えば、彼らが放埒な生き方に溺れたとしても不思議ではなかった。また、聖地が彼らの舞台であり、彼らは、永遠の救いを約束される一方で、ともすれば栄誉心と傲り高ぶりに動かされやすかったことも事実であろう。好意的に考えれば、十字軍がやってくるたびに期待は悲しくも裏切られ、あらゆる予告は嘘となり、約束された奇跡は先延ばしされつづけたなかで、かくも長期間にわたって抵抗を持続してくれたことは、いくら感謝してもしきれるものではない。エルサレムの鐘が広漠たる平原の彼方にアラブ人が姿をあらわしたことを告げない週はなかった。そのたびに、テンプル騎士や救護騎士たちは馬に飛び乗り、城壁の外へ出動していった。このような戦いが二百年間続いた末に、最後にはエルサレムも聖墳墓も失ってしまったのであるから、彼らの腕の力が抜けてしまったとしても、驚く必要があろうか?

注いだ努力が大きければ大きいほど、失敗は深刻な結末をもたらす。英雄主義と聖性への飛翔が高いだけ、その落下は悲劇的であり、魂は、かつて信じていたことに報復するかのように、野蛮な飢えをともなって悪のなかに沈下していく。

テンプル騎士団の転落も、そのようにして起きたと考えられなくもない。騎士団において神聖とされたものが、すべて罪と汚辱になった。人間から神へとめざしたのが、いまや獣へと向きを変えたのである。神への敬虔な愛(アガペ agape)、英雄的な兄弟愛が、穢れた同性愛となる。彼らはその穢れのなかにさらに深く沈み込みながら、汚辱を隠し、自尊心と傲慢を増幅させた。家族をもたず肉による生殖を行わないで神の選択によって募られたこの「永遠の民」は、女性を蔑視して自己に満足し、もっぱら自分を愛した。

彼らは、女なしで済ませたように僧侶も必要とせず、説教も懺悔も互いの間で行った。さらにいえば、彼らはオリエントの迷信やサラセンの魔術を試み、神もなしで済ませた。当初は象徴的であった「神の否認」が現実となり、一向に勝利をもたらしてくれない神を公然と捨て、自分たちへの裏切り者として侮辱を加え、十字架に磔にするにいたったとしても、不思議ではない。彼らにとって真実の神は騎士団そのもので、テンプル騎士団の指導者たちに盲目的忠誠を捧げるようになり、そのための自分の意志の完全放棄を、穢らわしく吐き気を催させる儀式に象徴化したのであろう。このため、騎士団自体、残忍で悪魔的なエゴイズムのなかに落ち込んでいった。悪魔の邪悪な君主権（souveraineté）の特徴を表しているのがまさに《自己崇拝》にほかならない。


さて、これを人は推量にすぎぬというだろう。だが、これは、イングランドにおけるように、拷問という手段によらないで得られた自白の多くを検証した結果、自然に浮かび上がってきた結論である。もちろん、このようなのが騎士団の全般的性格であったと断定させてくれるような文献は見つかっていない。

腐敗・堕落は、お互いの暗黙の了解によって集団のなかに入り込む。形は変わらなくても意味合いが変化し、解釈の違いによってゆがめられていく。だが、こうした汚辱や不信仰がその宗団のなかに普遍的になったとしても、それで宗団が崩壊を始めるわけではない。多くの宗教組織が秩序を失ったときに見られるように、聖職者はそれらを覆い隠したり揉み消したりするであろう。むしろ、テンプル騎士団の破滅の原因は、あまりにも豊かになり力を持ったことにあった。

ヨーロッパにおいて《聖戦》への熱気が冷めるにつれて、人々は十字軍遠征を免れるために、テンプル騎士団にカネを出すようになった。こうして騎士団の会員になったり出資する人は数え切れないほどにのぼった。通常、寄進といえば、年に二ドニエか三ドニエであったが、なかには、財産すべてを寄進し、自分の身柄を預ける人もたくさんいた。プロヴァンスの二人の伯も、このようにして騎士団に加入し、アラゴン王アルフォンソ好戦王（在位1104-1134）も自分の王国を遺贈している。もっとも王国自体は、これを承知しなかったが。

こうして、テンプル騎士団の所有する土地がいかに多く、広範にわたったかは、いまも「テンプル Temple」の名の付いた都市や田園が多く存在していることが証明している。騎士団所有の領主館は、キリスト教世界全体で九千以上にのぼったといわれる。スペインの一つの州（ヴァレンシア王国）だけで十七の城を所有していた。また騎士団はキプロス王国を現金で買い取っていたが、やがて保持しつづけることができなくなり、一一九二年にはギィ・ド・リュジニャンに売却している。

これだけの特権と富、所有地をもっていた彼らが、いつまでも慎ましい生き方を守ること自体、至難の業であった。イギリスのリチャード獅子心王は、亡くなるとき、「わが貪欲（avarice）はシトー会に、淫乱（luxure）は灰色修道士（moines gris）に、そして驕慢（superbe）はテンプル騎士に遺す」と言ったという。

こうして制御不能になったこの軍事的集団は、イスラム教徒の代わりにキリスト教徒に戦いの矛先を向け、キプロス王やアンティオキア公〔訳注・リュジニャン家〕に戦争をしかけた。エルサレム王アンリ二世やクロアティア公を引きずりおろし、トラキアとギリシアを劫掠した。ヨーロッパに帰還した十字軍士たちは異口同音にテンプル騎士たちの裏切りと異教徒とのつながりについて語った。明らかにテンプル騎士たちは悪名高いシリアのアサシン教団とも関わりをもっていた。騎士団の服装と《山の長老Vieux de la Montagne》の信奉者たちのそれとの類似性がその証拠だなどと恐ろしげに語られた。また、彼らは、スルタンとも親しく、招かれたスルタンが騎士団の館でマホメットの礼拝を行うのを許した。さらに、フリードリヒ二世がエルサレムに向かったときには、その到着に関する情報を異教徒たちに知らせている。救護騎士団との抗争においては、聖墳墓教会に矢を射かけることさえためらわなかった。あるイスラム教徒の首長は、騎士団への貢納を免れるためではあったがキリスト教に改宗したにもかかわらず、騎士団によって殺されたという事実も確認されている。

とりわけフランス王室は、テンプル騎士団について不満を抱く理由を幾つももっていた。ロベール・ド・ブリエンヌ〔訳注・コンスタンティノープルの帝国に関与していた〕はアテネで彼らに殺されていたし、聖ルイ王がイスラム軍の人質になったとき、その救出のために騎士団に支援を要請したが、そっけなく拒絶されたこともあった。さらに、アンジュー家とアラゴン王家の対立においては、テンプル騎士団はアラゴン王家支持を表明していた。

しかし、聖地は一一九一年に決定的に失われていたし、十字軍遠征も一二七〇年の第七次をもって終わった。近東から引き揚げて帰ってきたテンプル騎士たちは、フランスでは無用の存在であるばかりか厄介者であった。その一方で、彼らがこの疲弊した王国に十頭のラバの背にのせて持ち込んだ金銀十五万フローリンという大金は、飢えた王の眼からすると、途方もない宝物であるとともに、この騎士団について種々の疑念を抱かせた。これだけの富と力を、王国のなかでどのように使うつもりなのか？　彼らは、西欧世界のなかに一つの主権国家を作ろうとしているのではないだろうか？――そうした危惧は、やがてプロイセンにおけるドイツ騎士団、地中海の島々での救護騎士団に、さらにくだっては、南米パラグアイでのイエズス会（Jésuites）に現実化するであろう。

もしテンプル騎士団が救護騎士団と結合していたら、当時のキリスト教世界のいかなる王も対抗できない存在になっていたであろう。テンプル騎士団はあらゆる国に城塞を有し、あらゆる貴族の家門とつながりをもっていた。その実数は一万五千人を超えなかったが、領主同士の戦争がなくなり騎士たちが戦士でなくなっていたなかで、唯一、戦争慣れしていたのが彼らであった。封建時代の騎士が重装備で鈍重な動きしかできなかったのに対し、彼らは、マムルークに対抗するなかで見事な敏捷性を身につけていた。すばらしいアラビア産の馬にまたがり、それぞれが盾持ちや黒人奴隷を従えて、威風堂々としていた。服装は必ずしも統一されていなかったが、素晴らしく鍛えられた鋼鉄の刀身を、美しく象眼の施された柄と鞘に納めたオリエント調の武器を携えていた。

彼らは自分たちの力に自信をもっていた。イングランドのテンプル騎士たちは、ヘンリー三世に

「あなたは、正義を守っておられる限りは、王でいらっしゃるでしょう」と言っている。これは脅しの意を込めて言ったものであるが、こうしたことも、フィリップ美男王にとっては、対岸の火事として無視することのできない事実であった。

かつてフィリップ王は騎士団に対し、ボニファティウス告発状に署名を求めたが、多くの団員が留保条件をつけてやっと応じたことを忘れていなかった。また、王が騎士団加入を希望したとき拒絶されたことも、自分に仕える者から拒絶されたのであるから、王にとって二重の侮辱であった。王はまた、騎士団にはかなりの借金をしていた。テンプル騎士団は、古代の神殿（temples）がしばしば「銀行」であったように、いまも一種の銀行であった。王は、この騎士団の裕福さを一三〇六年、民衆暴動を逃れて騎士団本部に避難したとき、間近に眼にしていた。そのときは、お人好しの騎士たちは、のちに災いを招くとは想像もせず、自慢げに自分たちの豊かさを誇示さえしたのであった。

王にとって、この誘惑力は強大であった。とくにモン・ザン・ピュエル〔訳注・原書にはMons-en-PuelleとなっているがMons-en-Pévèle。リールの近く〕でフランドル軍から手痛い敗北を喫したため、ギュイエンヌの返還に加えてフランドルも手放すことを余儀なくされた王は、金銭的にどん底に陥っていたところに、ノルマンディーで民衆蜂起があり、ある税を撤廃しなければならなくなっていた。この苦境を打開するには、大規模な財産没収を断行する以外になかったが、その好餌であったユダヤ人はとっくに国外に追放してしまっていたから、標的にできるのは、僧侶と貴族の両方に属していながら、そのためにいざというときに、どちらからも守ってもらえない何らかの修道会であった。この条件に当てはまっていたのが、信仰面では修道士たちから追及を受け、経済面では領主たちから憎まれているテンプル騎士団であった。

フィリップ美男王は一人のドミニコ会士によって傅育され、聴罪師もドミニコ会士が務めていた。ドミニコ会は、もともとテンプル騎士修道会と親しく、会士のなかには、財産をテンプル騎士団に遺贈する人も少なくなかった。ところが、ドミニコ会が「カヴァリエリ・ガウデンティ Cavalieri gaudenti」〔訳注・「gaudenti」は「放埒な」という意味のイタリア語で、金持ちの息子たちで構成されていたことから、このように呼ばれた〕という独自の軍事的修道会を作ったことから、両者は対立し合い、偶発的に衝突することが多くなった。加えて、憎しみ合いを掻き立てる要因がもう一つあった。テンプル騎士たちが貴族階層の出身者で占められていたのに対し、ドミニコ会は、その第三部会のなかには時に著名人も含まれていたが、大部分は平民で、「托鉢修道会」と呼ばれたように托鉢で生計を立てていた。

これらの托鉢修道会士たちは、フィリップ美男王の法律顧問たちと同様、貴族や騎士階層に対し特有の憎悪と敵意を抱いていた。こうしてテンプル騎士は、法律家からは「修道士」として憎まれ、ドミニコ会士からは「武力を鼻にかける俗人」として嫌われた。彼らからすると、テンプル騎士は聖性を利用して財物を集め、軍人的生き方のために傲慢さを増幅している輩であった。とりわけ根っからの異端審問官であった聖ドミニクスによって創始されたこの修道会は、テンプル騎士団のなかに、サラセン人の迷信の浸透と、聖霊（Saint-Esprit）しか崇めようとしない西欧神秘主義と通底する異端の危険性を嗅ぎ取り、これを滅ぼすことを自分たちの責務と考えた可能性がある。

したがって、自分たちが攻撃される事態は、予見不可能なことではなかったし、危険が迫っているのを看取するだけの時間もあったはずである。しかし、思い上がりが彼らを滅ぼした。彼らは、人々が敢えて攻撃してくることはありえないと高をくくっていたのである。

事実、王にもためらいがあった。彼は、まず間接的手段を試みた。たとえば、自らの入団について許可を求めた。もし、それが実現していたら、それより百五十年後にスペイン〔アラゴン王国〕のカトリック王フェルナンド二世（在位1479-1516）がサンティアゴ騎士修道会など幾つかの軍事的修道会の総会長として迎え入れられるように、テンプル騎士団の総長になっていたであろうし、そうなれば、騎士団のほうは、その資産を好き勝手に使われるにしても、騎士団自体の壊滅は避けられたであろう。

聖地が失われたときから、あるいは、もっと以前から、テンプル騎士団と救護騎士団を統合すべきだという声は、テンプル騎士団の耳にも入っていた。もし、これが実現していたら、より穏健な修道会になって、国王に対して、それほど強い抵抗を示さなかったかもしれない。ところが、彼らは、そうした声に少しも耳を傾けようとしなかった。総長（grand maître）のジャック・モレーはブルゴーニュの貧しい騎士であったが、オリエントにおけるキリスト教徒最後の戦いで勇名を馳せた人物であった。彼は、聖ルイ王が二つの修道会の統合を提言したとき、スペイン王がこれに同意しなかったことを指摘し、「両者が一つになるには、救護騎士団のほうは心を改め素行をよくしなければならないし、テンプル騎士団のほうはさらに軍事力を強化しなければならない」と答え、次のような横柄な言葉で締めくくっている。

「修道会に財産を寄進するよりむしろ奪いたがっている輩のほうがたくさんいます。……だが、もし両修道会の統合がなされるなら、新しい修道会は今より遙かに強大になって、世界のあらゆる人に対抗して、自らの権利を守ることができるようになるでしょう。」

こうしてテンプル騎士たちがあらゆる譲歩を拒んでいる間に、一つの悪い噂が広がった。その原因は彼ら自身にあった。ある騎士が、行政官で当時最も重要な人物であったラウル・ド・プレールにこう言ったのである。

「騎士団本部には厳重に秘密にされている物があり、不幸にもそれを眼にした人は、かりにそれがフランス王であったとしても、そして、いかなる懲罰の恐れがあったとしても、殺されなければならないことになっている。」

また、一人の新入りのテンプル騎士は、入団式の形式に関し、パリの教区法務者〔訳注・教会法上の違反を裁くために司教から代理権を託された人〉に訴えていた。同じ件について別のテンプル騎士から告解を受けたフランシスコ会の原始会則派修道士（cordelier）は、そのおぞましさに驚き、この騎士に贖罪のために一年間、下着なしで過ごし、毎週金曜日は断食するよう命じている。さらに、ある枢機卿は、従兄弟の騎士から、この騎士団で見聞した邪悪なことのすべてを聞き、それを書き留めている。

それと同時に、騎士団首領たちの命令に従わない騎士が放り込まれた恐るべき牢獄についての不気味な噂が流された。騎士の一人が、「自分の叔父は犬や鷹による狩猟が大好きな、きわめて健康で快活な人だったが、この騎士団に入って三日で死んだ」と告発したというのである。

人々は、これらの噂話で持ち切りになった。彼らからすると、テンプル騎士団はあまりにも裕福で、しかも、気前はあまりよくなかった。騎士団の総長は、尋問の席で、騎士団の無欲ぶりを称えたが、この豪勢な集団に向けられた人々の不満の一つは「裕福さにふさわしい施しを行っていない」という点であった。

機は熟していた。国王は騎士団総長と首脳部を呼び、彼らを歓待して満腹させ、眠らせたうえで、サン＝バルテルミー事件（1572）のときの新教徒たちのように、一網打尽にしたのであった。

それまでは、王は彼らの特権を次々と増やしてきた。彼は、一人の王子のために代父になってくれるよう総長ジャック・モレーに頼んでいた。十月十二日、フィリップの義妹の葬儀に際しては、総長は、何人かの大人物といっしょに国王から指名されて、柩を担いでいる。ところが、その翌十三日、パリにいた百四十人のテンプル騎士もろとも捕らえられたのである。同じ日にボーケールでも六十人が捕らえられ、ついで、フランス全土で、そのほかの大勢が捕らえられた。

このことについては、民衆も大学も同意したことが確認されている。逮捕が行われたその日、小教区ごと、信心会ごとにパリ市民の代表がシテ島の王宮の庭に呼ばれ、修道士たちから説教があった。これらの説教の内容は、それをもとにしてフランスじゅうに流布された国王書簡によって判断することができる。

「ひどいことだ！　嘆かわしいことだ！　考えるだに恐ろしく、聞くだに怖いことだ！　忌まわしい凶悪ぶり、嫌悪すべき破廉恥ぶり！　人間の尊厳なる本性を忘れはて、踏まえるべき原理を見失って暴走し、獣よりも野蛮になってしまっている。およそ理性を備えた精神なら、彼らの姿に憐憫の情を禁じ得ないであろう。」

この書簡が人々のキリスト教的魂に引き起こした恐怖と驚きの大きさは、最後の審判のラッパさながらであった。

告発された諸点を要約すると、一つは、彼らがイエス・キリストの聖性を否認していること、第二は、キリスト教徒を裏切って異教徒に与したこと、第三は、その入会儀式の異端性、第四は、メンバー間の汚らわしい性的関係、最後に、そして、これが最もおぞましいものであったが、彼らが十字架に唾をはきかけるのを慣習にしていたこと、である。

　これらは、すべてテンプル騎士たちの自白に基づくもので、一人はガスコーニュ人、もう一人はイタリア人の二人の騎士が暴露した騎士団の秘密であった。人々の想像力を最も掻き立てたのが、テンプル騎士団で崇められていた偶像に関するものであるが、内容は様々で、ある噂によると、髭を生やした男の頭部であり、別の噂では顔が三つある頭部で、眼から光を放っていた。さらに、それは人間の頭蓋骨だというのや、生きた猫だという噂もあった。

　真実がどうであれ、フィリップ美男王は、逮捕したその日に、テンプル騎士団本部に腹心の家来を派遣し、資産を差し押さえさせるとともに、法律家たちを使って資産目録を作らせた。この資産押収によって、国王は一挙に大金持ちになったのであった。

第四章　テンプル騎士団の壊滅（一三〇七～一三一四年）

法王の専権事項である修道会〔訳注・テンプル騎士団もその一つであった〕について、フィリップ美男王が法王を無視して捜索を行ったことを知って、法王の怒りは頂点に達した。彼は、自分がフィリップ王の国内でいかに依存的で不安定な立場にあるかも忘れ、それまでの卑屈さをかなぐり捨てて、フランス国内において大司教、司教がもっている通常の裁判権だけでなく、宗教審問官たちの権限を停止した。

それに対する国王の返事はきびしかった。

「神は生ぬるい人間を嫌われる。ぐずぐずしていることは、告発された人々と同じ罪を犯していることになる。法王は、むしろ司教たちを督励してしかるべきである。高位聖職者たちにとって、神より託された聖務を奪われることは、我慢できない重大な侮蔑である。王も、そのようなことを黙認するつもりはない。聖ペテロよ。彼らは、イエス・キリストによって遣わされた人々、さらにいえば、イエス自身であり、彼らを軽んずるよう助言した輩は、なんという冒瀆者であろう。もし宗教審問官が職務を停止されたならば、事件は永久に決着しないであろう。王がこのことに手をつけたのは告発者としてではなく、信仰の擁護者、教会の守護者としてであり、王は、このことについて神に報告する義務を負っている。」

フィリップは、司教や審問官の権限停止を解除させるため、法王に対し、自分がテンプル騎士団の資産を押収したのは、その富を聖地で使うためであると言明（一三〇七年十二月二十五日）し、囚われ人たちの身柄はそのうちに法王の手に委ねるだろうと思いこませるため、七十二人のテンプル騎士をポワティエへ送った。騎士団首脳陣もパリから出発させたが、彼らについては、途中のシノンに留めた。法王は、それで満足し、ポワティエで囚われている人々の陳述書を手に入れ、騎士団首脳陣の裁判に関わらない通常の裁判官たちの職務停止を解除した。

法王による訴訟手続きの緩慢さは、国王にとっては不満であった。もし、このように静かに進行し、教会の告解室での告白のように、そのあと赦免されてしまった場合は、彼らの資産を押収したままにはできなくなるからである。王は、法王には、すべてを仕切っていると思わせておいて、その間にパリで、自分の告解師であるフランスの総審問官に調書を作成させることにした。ただちにテンプル騎士百四十人を鉄と火による拷問にかけて自白が取られた。この自白が公表されると、法王は、二人の枢機卿をシノンに派遣し、騎士団の首脳陣に、公表されていることはすべて本当かと訊ねさせた。告解を促す枢機卿に答えて、彼らも素直に語ったので、法王は、彼らの罪を赦し、王に保護を託した。これで彼らを救うことができたと思いこんだ。
フィリップは法王には言いたいように言わせ、自分の思いのままに事を進めた。一三〇八年初めには、従弟のナポリ王〔訳注・アンジュー家のシャルル二世。プロヴァンス伯〕を動かしてプロヴァンスのテンプル騎士全員を捕らえさせ、復活祭には王国三部会をトゥールに召集し、そこで聖職者にとって極めて厳しい講話を公表した。

「王のもとには、フランス国民から痛切な懇願が届いている。そこで想起されるのが、イスラエルの子らの王子たるモーゼが、黄金製の牛の像を礼拝する背教の輩について下した断固たる措置である。彼は『おのおのが剣を執って、その友、その隣人どもを撃て』との神の言葉をただちに実行したのであって、このことで、神の命で大祭司に指定されていた弟アーロンの同意を得ようとはしなかった。したがって、きわめてキリスト教的なフィリップ王が、かくも大きな過ちを犯している聖職者どもに対して、同じようにしてはならない理由があろうか？」

この講話を支えとして、二十六人の公子・貴族が告発者になり、騎士団糾弾の委任状を法王および国王に提出した。この委任状には、ブルゴーニュ公、フランドル伯、ヌヴェール伯、オーヴェルニュ伯、ナルボンヌ従伯、ペリゴールのタレイラン伯などが署名した。ノガレは、厚顔にも、リュジニャン伯とクーシィ伯の間に署名している。歴史家デュピュイ（1582-1651）は次のように言っている。

「国王は、これらの支持者に力を得て、大勢のお供をつれて法王のいるポワティエに入った。お供したのは、いつ王に対し襲ってくるかもしれない困難に対処するために、側近として仕えた代理人たちであった。」

到着すると、彼は、へりくだった様子で法王の足にキスをした。しかし、法王は、すぐ自分が得るものは何もないことを見て取った。フィリップが何らかの手加減を加えることに同意するはずはなかった。王は、騎士団の資産を自分のものにするには、騎士団メンバーを苛酷に扱う必要があった。法王は、この暴君から逃れて町の外へ、できればフランスの外へ逃亡したかったが、彼は、カネも持たないで出ていく人間ではなかった。ラバに荷物をのせ、市の門を出ようとして止められたとき、自分がテンプル騎士たちと同じく王の囚人であることに気づいた。その後も何度か逃亡を謀ったが無駄であった。彼の全能の主人は、この惨めな魂を拷問にかけ、いつまでもジタバタしているのを楽しんでいるかのようであった。

こうして、クレメンスは諦めてしまったように見えた。一三〇八年八月一日、法王は大司教と司教宛に教勅を発している。この教勅は、ローマ法王庁の慣習に反し、きわめて短く簡潔であることからも、無理矢理書かされたものであることが明白である。内容は、頑固に否認を続ける連中や、いったん自白したことを撤回する連中をどう扱うべきか分からないと訴えた司教たちに答えたもので、「これらのことは成文法に明確であり、新しい法律が作られることを期待する必要はない。あなた方は、法律の求めるところにしたがって処置すべきである」と述べている。〔訳注・教会法では、悔悟した罪人は罰するべきでない、とされていたからである。〕

ただし、ここに危険なあいまいさがあった。ここにいう「成文法 Jura scripta」とは『ローマ法 droit romain』なのか『教会法 droit canonique』なのか、それとも『異端審問規範 règlements de l'Inquisition』なのか、ということである。

その危険性は、国王が法王と会見したとき「自分は彼らの身柄を拘束しないし、彼らの資産については法王の指定する人々に託する用意がある」と述べていたにもかかわらず、そのとおりに囚人たちを法王庁に委ねなかったことで、いっそう現実的になった。クレメンスが最も気にかけていたのが、この資産の問題であったから、図星をついた言葉に、法王は大喜びしたのであったが、この法王の期待は、見事に裏切られたのである。

法王は一三〇八年七月五日には大司教・司教たちの裁判権停止命令を解除し、八月一日には、共通法（droit commun）に従ってよいとの方針を表明していたが、十二日には、この事件の処理を委員会に託している。委員会は、騎士団事件をパリにあるサンス州法廷で予審に付することにした。パリはサンス司教区に属していたからである。ヨーロッパの他の国でも、たとえばイングランドについてはカンタベリー大司教が、ドイツについてはマインツ、ケルン、トリエルの大司教たちが委員に任命された。判決は、フランス以外の場合、当時ドイツ帝国領であったドーフィネのヴィエンヌで二年以内に下されることになった。

こうして法王から委託を受けた委員会を構成したのは主として司教たちであったが、これを主宰したのはナルボンヌ大司教のジル・デスランであった。彼は、学問はあったが優柔不断で、国王と法王の双方から、自分の思い通りになる人物と思われていた。法王は、国王の告解師のドミニコ会士を委員に加えることでフィリップの不満を鎮めることができると信じた。ところが、彼は、大審問官としてすでに暴力と大胆な試みによって審問を開始していた。

王は、法王に特に注文はつけなかった。一三〇八年五月一日に皇帝アルブレヒトが死去し、後継皇帝にシャルル・ド・ヴァロワを即位させられる可能性が開けていて、法王の支援を必要としていたからである。波瀾万丈の人生を歩んできたこのフィリップの弟が、もし皇帝になっていたら、法王は永久にフランス王家の召使いか奴隷になっていたであろう。クレメンスは表向きはシャルルを推挙したが、内心は反対であった。

法王にとって安心して住めるところは、フランス王の土地にはなくなった。そこで彼はポワティエを去って、一三〇九年三月、アヴィニョンに着いた。彼は、フランスを去ることはしないと約束していたので、これを破ることなく、巧く回避する道を選んだのである。というのは、アヴィニョンはフランスとドイツ帝国が境を接するところにあり、フランスでありながらフランスではなかったからである。ちょうどカルヴァンにとってのジュネーヴ、ヴォルテールにとってのフェルネー〔訳注・ジュネーヴの近く〕のような一種の避難所であった。アヴィニョンは多くの人々に依存し、しかも誰にも依存していなかった。土地は帝国領だが、ローマ時代からの古い自治都市（municipe）で、プロヴァンス伯でもあるナポリ王とトゥールーズ伯でもあるフランス王がそれぞれ半分を領有し、この二人の王のもとに共和制が布かれていた。この小さな都市が、法王の滞在によって、ヨーロッパじゅうからカネを引き寄せ、その結果、法王は彼らを凌ぐ王になっていく。

クレメンスは自分では自由になれたと信じていたが、鎖は繋がっており、それはボニファティウス裁判を通じて王によって握られていた。法王は、アヴィニョンに落ち着くや、フィリップから、一団の証人をイタリアからアルプス越えで送った旨を知らされる。その筆頭がアナーニ事件でノガレの右腕として活躍したフェレンティーノの守備隊長、ライナルド・ディ・スッピーノであった。ところが、この証人たちがアヴィニョンまで三里《リュー》ほどのところで伏兵に襲われ、ライナルドはかろうじてニームに逃れ、王の役人たちに、この待ち伏せの件を訴えた。

法王は、すぐさまシャルル・ド・ヴァロワに書簡を送り、フィリップ王の気持ちを和らげてくれるよう頼んだ。そのあと、王自身にも手紙を書き、自分はこの事件に無関係で、責任は、証人たちの安全を請け負っていた王の臣下たちにあると弁明した。これに対しフィリップは、証人の取り調べを遅らせようとしたのは法王であり、証人たちはみんな年老いたり病気になったりしているので、遅らせれば死んでしまうと期待したのだろう、と非難した。襲撃した犯人はボニファティウスの支持者たちで、証人たちのなかには、殺された者、拷問にかけられた者、ベッドのなかで死んでいた者もいるという噂も流された。法王は、いっさい自分の知らないことで、自分が知っているのは、この長期間にわたる裁判のために、各国の王たちや高位聖職者、世界全体の問題が放置されていることである、そして、姿を消した証人の一人はフランス人で、その後、ノガレのところにいるというではないか、と述べた。

国王は法王に、何通かの手紙がきわめて侮辱的であることを指摘した。法王は、それらはラテン語としても正書法の点でも、明らかにローマの宮廷から出したものとは思えないと答え、それらを焼却させたうえで、誰が書いたのかを追及することについては、「近年の経験からいって、こうした重要人物が絡む恐れのある問題を採り上げることは、危険で悲しむべき結果をもたらす」と述べている。

法王の手紙は、王からの独立をおずおずと表明したもので、いわば跪いて抵抗している観があった。最後の段でテンプル騎士たちについて言及されているが、そこには、この件がフィリップ美男王を窮地に陥れることへの期待が表れている。

法王庁委員会（commission pontifical）は、すったもんだの末に一三〇九年八月七日に開かれたが、テンプル騎士団が無罪になることを国王が望まなかったと同じく、法王もボニファティウスの断罪を望まなかった。ボニファティウス糾弾のための証人たちはアヴィニョンで足止めされていたし、テンプル騎士団問題で弁護側に立つ証人たちはパリで拷問にかけられていた。司教たちは法王委員会に従おうとせず、囚われているテンプル騎士たちを送致しなかった。委員たちはミサに出席してから会議にやってきたし、会場の入口では門番が「テンプル騎士修道会を守ろうと思われる方は出席されたい」と呼びかけたが、誰も出席しなかった。そのため、委員会は翌朝に延期されることになり、このようにして先延ばしされていった。

結局、一三〇九年九月十三日になって、法王が勅書を出してボニファティウス弾劾の予審が開かれたので、国王も十一月になってテンプル騎士団総長を委員会に出頭させる許可を出した。老いた騎士は毅然たる態度で臨み、テンプル騎士団が法王から特権を認められていること、法王庁はフリードリヒ二世の廃位については三十二年間執行を猶予したのに、いま、こうしてテンプル騎士団を潰そうとしているのは驚きであると述べた。

さらに彼は、自分は力の限り騎士団を守るつもりであり、もし、かくも栄光に満ち栄えてきた騎士団を守らなかったとすれば、自分は哀れむべき人間である。しかし、いま自分は王と法王のもとに囚われている身で、騎士団を守るために使えるカネは四ドニエしか持っておらず、知恵と思慮にも欠けているうえ、仕えてくれる騎士一人のほかは助言者もいない。だが真実は、テンプル騎士たちの証言によってだけでなく、世界各地の王侯や高位聖職者たちの証言によって明らかになるであろう、と語った。

もし総長が、国王に妥協しないでこのように騎士団擁護の姿勢を堅持していたら、騎士団を守るために大きな力を発揮し、国王の立場を危うくしていたであろう。委員たちは彼に慎重に考えるよう勧め、枢機卿たちの前で供述書を読みあげさせた。この供述書は、直接彼から聞き出したものではなかった。羞恥心からか、それとも別の動機からか、彼は自分のために証言してくれることになっていた従者から聴取させていた。この悲しむべき供述書を教会の役人が委員たちの前で大声で読んで聞かせると、老騎士は冷静ではいられなくなった。彼は十字を切ると、「もし法王が任命された委員の方々の前でなかったら、自分は反論しているであろう」と述べた。委員たちが「自分たちは総長と従者の喧嘩の仲裁人ではない」と答えたのに対して総長は「わたしが言いたいのは、そういうことではない。しかし、このような場合、サラセン人やタタール人の慣習のほうがすっきりしている。彼らにあっては、裏切り者は即座に首を斬られるか、身体をまっぷたつに断ち切られていただろうからだ」と答えた。この返答で委員たちの普段の穏やかさが消えた。彼らは厳しく冷たい態度で「教会の異端判決にもかかわらず頑強に譲ろうとしない者は世俗法廷に委ねられる」と述べた。

この聴聞会には、フィリップ王の家来のプラジアンが、別に呼ばれたわけでもないのに、聴衆のなかに加わっていた。騎士団総長のジャック・モレーは、自分の言ったことが僧侶たちに呼び起こす印象を心配して、プラジアンと相談させてほしいと求めた。プラジアンは友人として、次の金曜日まで猶予を求めるよう助言した。司教たちもこれを認めた。おそらくもっと長い猶予でも快く認めていたであろう。

金曜日になって委員会に出頭したジャック・モレーの様子は、すっかり変わっていた。おそらく、プラジアンが牢獄に彼を訪ねて、話したのであろう。騎士団を守りたいかと再び訊ねられたとき、彼は、へりくだった態度で、自分は無学で貧しい騎士でしかなく、騎士団首脳陣の裁判は自分が管轄すると述べた法王の教勅を読み聞かされたことを語り、自分としてはこれ以上望むことはないと答えた。

そこで、人々が、騎士団をあくまで擁護するとの彼の意志について、さらに訊ねたところ、彼は「ノン」と答え、自分の希望はできるだけ早く法王の前に召されることであると述べて、「わたしも、他の人も、いつかは死ぬ身である。わたしたちにあるのは現在だけである」と付け加えた。

このように総長が騎士団擁護の意志を放棄したことは、騎士団が彼から受けることができた統一性と力を奪うことになった。彼は、騎士団のために、三つのことを言いたいと求めた。まず第一は、テンプル騎士団の教会以上に神への奉仕が誠実に行われた教会はなかったこと、第二は、テンプル騎士団は週に三回、すべての来訪者に施しを行ってきたが、これほどの施しを行った修道会を自分は他に知らない。最後に、自分の知る限り、キリスト教信仰のために、これほど多くの血を流し、異教徒をして畏怖せしめた人々はどこにもない。マンスーラでアルトワ伯はテンプル騎士たちを前衛に配したが、それは伯がテンプル騎士を厚く信頼していたからである、と語った。

そのとき、一つの声があがった。「信仰なくしては、何ごとも救いの役に立たぬ」。そこにいたのはノガレで、彼は、つづけて、こう言った。

「わたしが聞いているところでは、サン＝ドニ年代記に、バビロンのスルタンの時代、当時の騎士団総長そのほかの首脳陣は、サラディンに臣従を誓っていたと書かれている。また、その同じサラディンは、テンプル騎士団の敗北を聞いたとき、この敗北は彼らの穢らわしい悪徳と、法への違背に対する罰としてもたらされたものだと公然と言ったということではないか。」

総長は「そのような話は聞いたことがない、自分が知っているのは、当時の総長は、あちこちにある城を守るために、それ以外に道がないので休戦協定を守っていたということだけである」と答えた。最後にジャック・モレーは、委員たちと書記官長ノガレに、ミサを聴くことと自分の礼拝堂および礼拝堂付司祭を持たせてほしいと頼んだ。彼らは彼の信仰心を称え、この願いを実現する旨を約束した。

このようにして、テンプル騎士団の裁判とボニファティウス八世の訴追裁判が同時に始まった。それらは、国王フィリップと法王クレメンスの代理戦争という奇妙な様相を呈した。法王は、国王からはボニファティウス追及を急かされる一方で、テンプル騎士たちからは、国王の臣下たちが最初の自白を引き出すのに用いた野蛮な手法についての訴えを受けた。国王は法王庁を傷つけ、法王は王権をけなした。しかし、力は王が持っていた。国王は司教たちに、囚われている騎士たちの身柄を法王の委員会へ送らせないよう妨害する一方で、ボニファティウス弾劾のために大勢の証人をイタリアで集め、これをアヴィニョンへ寄越させた。法王は、彼らによって包囲された形になり、法王の権威にとってこの上なくおぞましい供述を厭でも聴かされた。

証人たちの供述の多くは、ボニファティウス八世と一緒にいかに穢れた仕事に関わったかを詳細に語るものであった。ボニファティウスが前任の法王（ケレスティヌス五世）を殺害させた話は、そのなかでも、まだしも穢らわしさの少ないものであった。ボニファティウスは、この惨めな人々に「ケレスティヌスを殺さないうちは、わたしの前に現れるな」と言ったという。ボニファティウスはまた、悪魔に生け贄を捧げ、《サバト》〔訳注・悪魔や魔女の饗宴〕の儀式も行った。アレティーノやマキアヴェリと同国人であるこの老いたイタリア人法律家にあっては、日ごろの話の端々に神への不信と不道徳で破廉恥な内容がいっぱいあったというのは、いかにもありそうなことである。

ある嵐のとき、世の終わりが来たのではないかと恐れる人々に、彼は「世界は、これまでも存在してきたように、これからも、ずっと存在しているよ」と言ったという。また、「猊下、蘇りがあるというのはほんとうですか？」という質問に対しては、「君は、人が蘇ったのを見たことがあるかね？」と聞き返したという。シチリアのイチジクをもってきたある人が「もしわたしが旅の途中で死んでいたら、キリストはわたしを憐れんでくださったでしょう」と言ったのに対し、ボニファティウスは「おまえさんのキリストよりもわたしのほうがずっと力があるよ。わたしは王国を幾つも与えることができるのだから」と答えた、ともいう。同様にして、彼はあらゆる秘蹟についても、恐ろしいほどの冒瀆をもって語った。聖母についても「マリアさま！マリアさま！マリアさま！か。もううんざりだ」と言い、「わたしたちは、もう雌ロバも子ロバも信じはしない」とまで言った。

これらの滑稽な話は、充分な裏づけがあるわけではない。もっと裏づけがあり、おそらくボニファティウスにとって致命的であったのが、宗教的寛容に関するものである。あるカラブリア〔訳注・南イタリア〕の宗教審問官は「わたしは、法王は異端に肩入れしておられるように思える。わたしたちが任務を遂行しようとするのを許してくださらないからである」と語っている。他方、ある修道士たちが自分たちの修道院長を異端の罪で追及し、異端審問裁判にかけたのに対しボニファティウスは「あなた方は愚か者だ。院長は学識のある人で、あなた方よりもずっと思考力もすぐれている。あなた方は、彼が言っているとおりに信じればよいのだ」と嘲るように言ったという。

クレメンス五世は、こうした証言を聞かされたあと、さらに、ノガレに直接に会い（一三一〇年三月十六日）、その横柄な態度を我慢しなければならなかった。このとき、ギヨーム・ノガレは、国王の権力を背景に裁判に圧力を加えるため、プラジアンと武装した護衛兵たちを引き連れてアヴィニョンにやってきたのだった。彼は、多くの攻撃文書を出していたが、そのなかに含まれた様々な事実を法王との会見のなかで持ち出した可能性がある。彼のなかには、謙虚と傲慢、君主制的服従と古典的共和主義、衒学的な学識と革新的な果敢さが混じり合っていた。とはいえ、そこにマルティン・ルターの小型版を見るのは間違いであろう。ノガレの辛辣さには、あのヴィッテンベルクの愛すべき男の、子供とライオンが同居しているような素朴で美しい怒りを思い起こさせるものはない。ノガレのそれは、苦い胆汁で煮込んだようなカルヴァン的な怒りであり、第四の権力に対する憎悪である。

ノガレはその最初の攻撃文書のなかで、ボニファティウスが死んだからといって異端追及の手を緩めるべきではないと述べ、ボニファティウスの遺骸を掘り出して焼却するよう求めている。一三一〇年、彼は自らの正しさを証明しようとする。しかし、これは、ヨブや使徒、聖アウグスティヌスがやったように、謬ちがなくとも謬ちを恐れるよき魂によって、そうしたのである。彼は、無知のために自分について憤っている人々がいることも知っており、もし自分の主張の正しさを証明しなければ、この人々は彼を誤解したままで死に、地獄に堕ちるかもしれないと考えた。彼が涙を流し、うめき声を発し、両手を差し上げ、大地に跪いて、ボニファティウスに対する処罰を要求したのは、そのためであった。彼が挙げた訴因は六十をくだらなかった。

さらに彼は言う。――ボニファティウスは裁判を避け公会議からの召喚を断ったので、欠席裁判となり敗れたのだ。自分は寸秒を惜しんで自分の任務を果たした。教会自体には聖職者としても公民としても権利がないので、カトリック信徒たるものは、これを守る必要がある。すべてのカトリック信徒は教会のために命を捧げるべきである。

「したがって、わたしギヨーム・ノガレは、私人ではあるが騎士として共和国を守る責任を担っている。主イエスの真理を守るためには暴君に抵抗することを許されているし、それは義務でもある。同じく、各人は自分の祖国を守る義務を負っているのであって、そのためには、自分の父親を殺されてもやむをえない。祖国フランスを掠奪と戦火の脅威から守ることが、わたしの務めである。」

ついで彼は、ボニファティウスが教会に対して理不尽を働いたので、やむを得ず自分が彼の手足を縛ったのであって、それは、けっして敵意をもってしたのではなく、ボニファティウスのためを思ってしたのだ、と語った。

しかも、自分には、ボニファティウスから感謝されるべきもっと強い理由がある。それは、ボニファティウスとその甥の命を助けたことである。彼は、自分が信頼している人間にしか食事を作らせなかった。だからこそ、ボニファティウスは拘束を解かれたあと、ノガレに罪の赦しを与え、アナーニにおいても、大衆の前で、「ノガレとその配下の人々によって自分にもたらされたことは全て、神の思し召しであった」と説教したのだ——と。

その間、総長ジャック・モレーの変節にもかかわらず、テンプル騎士団の裁判が大騒ぎのうちに始まった。一三一〇年三月二十八日、法王によって任命された委員会は、騎士団擁護を宣言している騎士たちを司教館の庭に連れてこさせた。その数は五百四十六人に達し、広間だけでは収容しきれなかった。ラテン語で告発文が読み上げられ、ついでフランス語で読み上げられようとしたとき、彼らは、ラテン語で充分理解できたし、そのような下劣な内容が俗語に訳されるのは望まないと声を上げた。人数が多いので、混乱を避けるため、代表を選ぶよう要求が示された。騎士たちは拷問による不当な取り調べに強い不満を抱いていたから全員が話をしたがったが、結局、騎士のレノー・ド・プリュアンと司祭のピエール・ド・ブーローニュの二人を代表として選び、そのほか何人かが、これに加わった。

委員会は、テンプル騎士たちの拘留に協力したパリの家々を通して、騎士団擁護を申し出ている人々の供述を集めさせた。そこから出てきた声は、牢獄での取り調べのひどさを訴えたもので、あるものは高慢で荒々しく、あるものは敬虔で率直に訴えていた。騎士たちの一人は「わたしひとりで法王とフランス王に対して訴訟を起こすことはできない」とだけ言った。何人かは、供述のすべてを撤回し、ひたすら聖母マリアに祈っていた。しかし、最も興味深いのは、騎士団の無罪を訴え、いまの騎士たちの生活がいかに貧しくわびしいものであるかを述べたそれである。その実態は、騎士団について流布されていた度外れの裕福さとはなんと大きい格差があることか！　この不幸な人々は、一日十二ドニエというわずかな額しか支給されず、それらは、シテ島で取り調べを受けるための川の渡し賃や、身体の自由を束縛している鉄鎖の環を外したり取りつけたりする男への心付けに使い果たされた。

弁護人たちは、騎士団の名で正式に弁護文を書いた。このなかで、彼らは、総長抜きでは、そして大評議会（conseil général）の前でなくては、自分たちは弁護はできないと断ったうえで、「テンプル騎士団の信仰は、神とその父を前にしても、あくまで純粋であり一点の穢れもない。これまでも厳格な規則が守られてきたし、いまも有益な監視のもとに規律が保たれている。創設以来、各騎士が全員の立ち会うなかで信仰を告白する慣習が行われてきたし、この伝統は今も生きている。異説を信じたり唱える輩は直ちに追放され、その罪は死をもって贖われてきた」と述べて、騎士団がいかに無垢であるかを強調していた。

だが、これは、「義人も日に七度罪を犯す」とされていた当時としては並外れて驕慢な抗議で、自分たちには露ほどの逸脱も腐敗もないとは、なんたる思い上がりか！との憤りを誘った。このような傲慢は、人々に身震いを起こさせた。

それだけではなかった。彼らは、拷問によって供述したことを翻している騎士たちの身柄は、厳重な保護下に置かれるべきで、尋問には、いかなる俗人も立ち会わせないでもらいたいと要求した。事実、プラジアンやノガレのような人間の立ち会いのもとでは、被告も裁判官も圧力を感じたことは疑いない。彼らは、法王庁委員会には力の限界があるとして次のように述べている。

「我々の立場は確実なものではなく、国王陛下に偽りを言上する人々の権力に委ねられている。彼らは、脅しと拷問によって供述を引き出したうえ、この供述を撤回しないよう求め、もし、翻すならば焼き殺すであろうと、毎日のように、口頭で、文書で、伝言で警告してきている。」

この数日後、さらに抗議文が出された。これは、弁護というよりは非難と脅しの色彩を強めたものである。そこには次のようにある。

「この裁判は唐突で、不公平かつ不正である。これは残忍な暴力の行使であり、断じて許し難い過ちである。……多くの騎士たちが惨めな牢獄生活と苛酷な拷問によって命を失い、死を免れた者も、一生治らない不具の身体にされてしまった。多くの者が自身と騎士団にとって不利な虚偽の供述を余儀なくされた。暴力と苦痛が、彼らから、人間の有しうる善なるもののすべてである自由意志を奪い去ったのである。自由意志を失った者は、記憶も学問も知性も、すべての善なるものを失う。国王の配下たちは、彼らに偽りの証言をするよう求め、国王の玉璽入りの手紙を示し、そのとおりにすれば身体と生命と自由を保証するし、生涯にわたって高収入を支給すると約束し、さもなければ騎士団は、二度と回復できないよう壊滅させられるだろうと脅した。」

事実、囚人たちの哀れな様子、蒼白で瘦せこけた顔、拷問で痛めつけられた五体の傷には、当時行われていた尋問法の荒々しさや不道徳ぶりに慣れっこになっていた人々さえも胸をむかつかせるものがあった。彼らのひとり、ウンベール・デュピュイは、三回も拷問にかけられたうえ、塔の底のひどい悪臭に満ちた牢獄で、三十六週間の間、パンと水だけで拘留された。性器で吊り下げられた人もいたし、(ヴァドの) ベルナール・デュゲという騎士は、両足を燃えさかる火に晒され、皮膚と肉が焼け落ちて、骨がむき出しになっていた。

このような残虐な光景に、冷徹な法律家の裁判官たちでさえ、その無味乾燥な法服の下で心を動かされた。まして、これらの不幸な人々が委員会に出頭するため、川を渡る姿などを直接に目にしていた民衆は、なおさら同情の念を強くするとともに、告発者と転向して権力者にすり寄っているテンプル騎士たちに対する憤りを禁じ得なかった。ある日、寝返った四人のテンプル騎士が委員会に出てきた。彼らは、髭を蓄えていたが、持っていたマントを司教たちの足下に投げ、自分たちはもうテンプル騎士の衣服は着ないと宣言した。しかし、裁判官たちは彼らを嫌悪感をもってしか見ず、どうぞお好きなように、と答えた。

裁判は、この件を迅速に終わらせようとして乱暴に始めた人々にとっては厄介な経緯を辿った。告発された人々の供述によって、最初の手続きの粗雑さが露わになるとともに、この訴訟を起こした側の意図が明らかになり、告発した人間が次第に告発される立場に追い込まれたのである。ある被告人は、聖地から持ち帰った宝がどれくらいの値段だったかを拷問によって追及されたことを述べた。ここから、この告発の目的は何だったのかが問い直されはじめた。

テンプル騎士たちは貴族出身であり、彼らがもっていた関係者の社会的地位や人数の多さを考えると、国王がこの告訴への自らの関わりが明らかになるのを恐れなかったとは考えにくいが、そうした恥ずべき目的も、やり方の残忍さと一緒に露見していった。ボニファティウスの悲劇以来、国王の信仰心について不安を抱いていた民衆のなかに、蜂起しようとの動きが芽生えたとしても不思議ではなかった。フィリップ王は、通貨騒動のときは守ってくれたテンプル騎士団を、いまは壊滅させようとし、テンプル騎士団のあらゆる友人たちを敵に回しているのである。

ヨーロッパの他の国の公会議ではテンプル騎士団に有利な決議が出たことも、フィリップ王の立場をさらに危うくしていた。一三一〇年六月十七日にイタリアのラヴェンナで行われた公会議でも、同七月一日のドイツのマインツの公会議でも、十月二十一日のイスパニアのサラマンカの公会議でも、テンプル騎士団の無罪が宣告された。

こうした判決が出ることも、それによってパリで起きるであろう危険な反動も、当初から予見できたはずで、そのような事態はなんとしても回避することが必要であった。それには、訴訟の主導権を握って、迅速に終わらせる必要があった。

一三一〇年二月には、国王は法王クレメンス五世と和解し、ボニファティウス八世の裁判については法王に委ねることにしていた。その見返りとして、法王は、四月、フィリップのもとで実権を握っていたアンゲラン・ド・マリニーの弟をサンス大司教に任命している。

〔訳注・アンゲラン・ド・マリニーはフィリップ美男王の寵臣で財務長官を務め、弟のフィリップ・ド・マリニーはパリ司教区を傘下におさめるサンス大司教になり、テンプル騎士団の裁判で重要な役割を演じることになる。〕

五月十日、この新しいサンス大司教はサンス司教区会議をパリで開催し、テンプル騎士たちを出廷させた。こうして、法王の二つの教勅を楯に、同じ被告を裁く二つの裁判が、委員会と司教区会議により、同時に進められることになった。委員会は法王の教勅は自分たちに向けられたものであると主張し、サンス司教区会議も、教勅を楯に、自分たちに正当な権利があると言い張った。しかし、この司教区会議については、出席者の名前と彼らによって焼き殺された人の数以外は何も記録に残されていない。

同じ五月十日に、ナルボンヌ大司教を長とする法王庁委員会の前に、騎士団の弁護人たちが上訴のために現れた。ナルボンヌ大司教は、このような上訴は自分のところへもってきても無駄である、訴えるなら他のところへもっていってほしいと答えた。哀れな騎士たちは、せめて正式の訴状を作成するために公証人を二人世話してほしい、そして、訴状を提出するために司教区会議へ連れていってほしいと懇願した。紹介された公証人たちによって書かれた訴状には、自分たちは法王の庇護のもとにあるとし、「聖使徒たちにひたすらお願いする。これは我々の最後のお願いである」と切々たる言葉が列ねられていた。不幸な生け贄たちは、我が身が炎に包まれているのを感じながら、なおも必死で祭壇にすがりついたのだった。

ところが、神にすがる思いで彼らが頼った法王はあまりにも臆病で、ここで彼が前もって考えていたのが、いったん改心しながら撤回して異端に逆戻りした人々に当てはめる《ルラプス relaps》〔訳注・「異端再転向者」と訳される〕なる語についての解釈であった。〔訳注・いったんは悔い改めたのに「異端」に逆戻りした者には、火焙りの刑が課せられた。〕

「この人々を《ルラプス》と判定することは、道理に反していると思われる。……このような疑わしい事態にあっては、刑罰を軽いものにする必要がある。」

法王庁委員会は、この意見を前面に出す勇気がなかった。この日夕方になって彼らが出した結論は、次のようなものであった。

「テンプル騎士団には、自分たちも大いに同情を覚えているが、サンス大司教とその付属教区長たちが取り組んでいる事案は、自分たちの問題とは全く別のものである。わが委員会もサンス司教区会議も法王によって認証されたもので、どちらか一方が他方より優位にあるわけではない。少なくとも一瞥したところ、サンスの大司教に対して反対すべきものを我々は見いだしていないが、このことは、なおよく考慮してみよう。」

こうして、法王庁委員会が「考慮している」間に、五十四人のテンプル騎士が焼き殺されようとしているとの情報が伝わった。サンス大司教と教区長たちを「啓発」し思いとどまらせるのには、丸一日のゆとりがあった。〔訳注・サンス大司教の主宰する司教区会議が、自白を撤回し騎士団の無罪を訴えている五十四人のテンプル騎士たちを《ルラプス》として処刑することを決議したのが十一日、焚殺が行われたのが十二日である。〕

法王委員会の書記が簡潔に記しているところを跡づけて見よう。

「十二日火曜日、委員会は騎士団員のジャン・ベルトーを尋問しているときに、五十四人のテンプル騎士たちが処刑場へ連行中であることを知った。彼らは、ポワティエ教会主事とオルレアンの司教代理をサンス大司教とその教区長たちのところへ遣わし、獄中で死んだ騎士たちは命を投げ出して冤罪であることを主張していたのであるから、この被告人たちについては処刑を延期してよく考慮するよう勧告し、それでも処刑を強行するのは委員会とその任務を蔑ろにするものであると忠告させることにした。それに加え、委員の一人は、レノー・ド・プリュアン、ピエール・ド・ブーローニュ、ギヨーム・ド・シャンボネ、ベルトラン・ド・サルティジュといった騎士たちが当委員会に対し控訴する旨話していることを大司教に話すことを請け負った。」

しかし、そこには、一つの重大な法律上の問題があった。サンス大司教と司教区会議が法王庁委員会に持ち込まれた訴えの合法性とその裁判の優越性を認めるならば、ガリア教会の自由への侵害を許すことになることである。そのうえ、司教に俄か仕立てで任命されたばかりのフィリップ・ド・マリニーは、討議する時間もなかったので、所在をくらまして法王委員会から派遣された人々と会わなかったばかりか、そのような人々が委員会の名で物を言うことには疑義があるとした誰か（それが誰かは不明）の意見に同調し、うやむやにしてしまった。

テンプル騎士たちが司教区会議に出頭したのが日曜日（十日）、判決が下されたのが月曜日（十一日）である。彼らのなかには、罪を認めたことによって釈放された人もいるし、否認しつづけて牢獄のなかで生涯を送った人もいる。ひとたびは自白しながら、撤回して《ルラプス》と宣告されたこの五十四人の人々は、その日にパリ司教によって位を剝奪されたうえで俗吏に委ねられ、火曜日（十二日）にサンタントワーヌ門のところで火刑に処されたのであった。これらの不幸な人々は、牢獄のなかでは、さまざまに変節したが、最後は少しも態度を変えず、あくまで、自分たちは無実であると主張して炎に包まれた。群衆は黙り、驚きのあまり呆然とした。

こうして一方で実際に焼き殺されているのに、法王庁委員会が敢えて翌日も集まり尋問という無益な手続きを行ったなどということを誰が信じるだろうか？

「五月十三日、火曜日〔訳注・原文では「mardi」となっているが、水曜日mercrediだったはずである〕、委員たちの前にエームリ・ド・ヴィラール＝ル＝デュックが連れて来られた。彼は、テンプル騎士の服もマントも身につけず、髭は剃り、年齢は本人にいわせると五十歳、騎士団には助修士として約八年、騎士として二十年、在籍していた。委員たちは、尋問事項について彼に説明した。この証人は、恐怖に囚われた蒼白の顔で、拳で胸を叩き、膝を折り曲げ、祭壇に向かって両腕をさしのべ、真実を語ることを宣誓したうえで、騎士団の犯した過ちとしていわれていることはすべて、国王に仕える騎士であるギヨーム・ド・マルシアックとユーグ・ド・セルによる拷問で引き出されたもので、真実ではないと語った。そして、自分は五十四人の騎士たちが処刑のために車に載せられてゆくのを目にし、彼らが焼き殺された様を聞いて、もし自分が焼かれる身であったら、とても耐えられず、委員の前だろうと誰の前だろうと、騎士団にとって都合の悪いことだろうと、それこそイエスさまを殺したとさえ、喜んで自白しただろうと述べた。そして彼は、委員たちと我々書記に向かって、自分がいま言ったことはけっして国王の役人には知らせないでほしい、もし、彼らが知ると、五十四人の騎士たちと同じ目にあわされるに違いないからだ、と懇願した。……委員たちはこれ以上尋問を続けても、証人をおびえさせるだけだと見て取って、しばらく中断することにした。」

この恐ろしい状況に動揺して議長のナルボンヌ大司教とバイユー司教は雲隠れしてしまったが、委員会は、それでもなんとか三人の騎士団弁護人は助けようと努力した。

「五月十八日、月曜日、司教区委員会は、ポワティエ教会主事とオルレアン副司教に対し、サンス大司教に会って、騎士団弁護人のピエール・ド・ブーローニュ、ギヨーム・ド・シャンボネ、ベルトラン・ド・サルティジュを引き渡してもらい、騎士団弁護のために安全に連れてきてほしいと頼んだ。」

その際、使者たちは「自分たちはサンス大司教とその会議に対して邪魔をするつもりは全くない。ただ、良心の重荷を降ろさせてあげたいだけである」と付け加えている。

「夕方、委員たちは、サンス大司教の返事をもってやってくる参事会員を迎えるために、サント＝ジュヌヴィエーヴのサンテロワ礼拝堂に集まった。大司教の返事は『件《くだん》の騎士たちは騎士団でも特別のメンバーで、彼らに対する裁判は始まって二年になる。自分としては、法王から委任された仕事はあくまで自分の手で終結させるつもりであり、この件で委員会を煩わせるつもりはない』という、委員会を愚弄したものであった。」

「サンス大司教の使者たちが退出すると、レノー・ド・プリュアン、シャンボネ、サルティジュの三人が委員たちの前に連れてこられた。彼らは『自分たちには理由が分からないが、ピエール・ド・ブーローニュは自分たちとは引き離されてしまった。自分たちは無知で経験もないので、ピエールの助言なしでは、騎士団の弁護のためにどうしてよいか分からず困惑している。どうか委員会でピエールの居場所をつきとめ、なぜ引き離されたのか、彼は、騎士団をあくまで守るつもりなのか、それとも見捨てるつもりなのかを聞き出していただきたい』と述べた。そこで委員たちはポワティエ教会主事とジャン・ド・タンヴィルに、件の騎士を翌朝、連れてくるよう命じた。」

しかし、翌朝になっても、ピエール・ド・ブーローニュは姿を現さなかった。代わりに何人かのテンプル騎士がやってきて、自分たちは騎士団の弁護をやめると言った。土曜日、委員の一人が脱落し、委員会の再開は十一月三日まで延期することが告げられた。その後も、委員の数は次第に減り、たった三人にまでなった。ナルボンヌ大司教は「王の用事で」パリを去り、バイユー司教は「王の命令で」法王のところへ赴いた。マグロンヌの副司教は病気で臥せていた。リモージュの司教は委員会出席のために出かけようとしていたところを王から、次の高等法院まで出発を延期するよう命じられた。出席メンバーは、広間の入り口のところで、通る人々にテンプル騎士団を擁護するために何か言いたい人は来てほしいと募ったが、誰も出てこなかった。

委員たちが審査を再開できたのは十二月二十七日である。騎士団弁護人二人に対する尋問が行われたが、ピエール・ド・ブーローニュは相変わらず姿を現さなかった。レノー・ド・プリュアンも、サンス大司教によって身分を剥奪されたので、もはや答えることができなくなったということであった。そのほか、騎士団を弁護してきた騎士たち二十六人も、王の役人によって拘束されたため、出頭することができなかった。

このように暴力が支配する危機的状況のなかでも騎士団の無実を支持した何人かの騎士がいたことは称賛に値することである。しかし、そうした勇気ある人は稀で、大部分の人は、心底からの恐怖に押さえ込まれてしまっていた。

テンプル騎士団に対する追及は、いたるところで執拗に続いた。サンリスでは、九人の騎士が焼き殺された。尋問は、死刑執行の恐怖のもとで行われ、裁判手続きは、火刑台の炎のなかで窒息させられた。……委員会は一三一一年六月十一日まで審議を続けた。その討議の結果を書き留めた記録簿は、次のような言葉で終わっている。

「われわれは、公署証書書記たちによって作成されたこの訴訟記録を、パリのノートル＝ダムの宝物庫に納め、法王聖下の特別の許可なくしては誰びとにも開示しないこととした。」

こうして、テンプル騎士修道会は、キリスト教世界のすべての国で、無益あるいは危険な存在として廃止された。その資産は、各国王によって奪い取られるか、または、他の修道会に与えられるかしたが、各人の身柄については配慮が示された。最も厳しい処遇でも、修道院に閉じこめられただけで、多くは彼らの元の古巣の修道院に戻された。イングランドにおいては、これが頑強に否認を続けた騎士団の首領たちに下された唯一の苦痛であった。

テンプル騎士たちは、ロンバルディアとトスカーナでは有罪とされたが、ラヴェンナとボローニャでは正当と認められた。スペインのカスティリヤでも無罪と判定された。アラゴンの騎士団は、幾つかの砦を根城にして抵抗を続けた。その有名なのがモンソン砦（Monsgaudii）である。これらの砦はアラゴン王によって攻め落とされたが、騎士たちに対する扱いは、さほどひどくはなく、新しくモンテーサ（Monteza）修道会が創設され、集団で移された。同様にしてポルトガルでは、テンプル騎士たちはアヴィス修道会（Avis）とキリスト修道会に編入された。古くからムーア人と対決し、「十字軍」の古典的舞台となってきたイベリア半島では、キリスト教世界の防衛のために命をかけてきた人々を放逐するなどということは考えられないことであった。

概して、フランス以外の国々の君主たちのテンプル騎士団に関する措置はゆるやかであった。法王は、彼らのやり方を手ぬるいと咎め、とくにイギリス、カスティリヤ、アラゴン、ポルトガルの王たちがテンプル騎士たちに拷問などの手段を使わなかったことを非難した。ここには、フィリップがテンプル騎士団から奪った資産の分け前で籠絡していた成果が現れている。

フランス王は、ボニファティウス問題では譲歩するつもりでいた。彼が影響力を広げた国々が彼の手から逃れようとしていることに危機感を抱いたためである。イギリスでは、フランスに屈従していたエドワード二世の寵臣たちの政府が、貴族たちにより覆えされそうになっていた。〔訳注・エドワード二世は性格が優柔だったために戦いに敗北し、妃のイザベル（フランス王シャルル四世の姉）からも見捨てられていた。〕イタリアでは、ギベリーニ党がルクセンブルグのハインリヒを新皇帝に擁立し、シャルル・ダンジューの孫のロベール・ナポリ王の立場が揺らいでいた。ロベールは学者としては偉大だったが、王としては貧弱で、占星術にしか関心がなかった。こうして、キリスト教世界におけるフランス王家の優位が危うくなり、死んだと思われていたドイツ神聖ローマ帝国が息を吹き返そうとしていた。

こうした心配から、フィリップ四世はギヨーム・ド・ノガレを通して法王クレメンス五世に、ボニファティウス八世は少しも異端ではなかったが、自分がボニファティウスに厳しく当たったのは、悪意からではなく、むしろ、セムが父親ノアの裸を隠して恥から守ろうとしたのと同じ善意によるものであったと言わせた。ノガレ自身も、もし十字軍遠征が行われた場合は、同行して余生を聖地回復のために捧げ、それまでは各地を巡礼することを条件に罪を赦されている。ただ、ナンジ〔訳注・ギヨーム・ド・ナンジ。『Chronique universelle』を著して一三〇〇年に亡くなった〕の跡を引き継いだ無名の年代記者は、意地悪く、ノガレは、法王を自分の資産の相続人にすることを条件に、法王から赦しを得たのだと言っている。

いずれにせよ、フランス王フィリップ四世がボニファティウス八世の問題に関して譲歩したので、法王はテンプル騎士たちをフィリップに委ねたのであった。生き残った人々は死一等を減ぜられて釈放されたが、法王権そのものは死を免れなかった。

これらの調停は内々に行われたもので、これをローマ教会に承認してもらう作業がまだ残っていた。そこで、一三一二年十月十六日、三百人以上にのぼる司教が参加してヴィエンヌ公会議が開催された。この会議の重要性は、参加者の数よりも、討議された議題にあった。

まず話し合う必要があったのは、聖地解放〔訳注・エルサレムだけでなくスペインなども含めた各地の聖地〕についてであった。これは、公会議のたびに議論されたことで、各国君主とも、十字軍を起こしても、自分は本国に残っており、十字軍遠征は民衆からカネを引き出すための一つの手段でしかなくなっていたのである。

さらに会議は、ボニファティウス問題とテンプル騎士団の二つの重要問題にも決着をつけなければならなかった。十一月には九人の騎士たちが高位聖職者たちの前にやってきて、テンプル騎士団を弁護したいと申し出ており、リヨンやその近くの山地には千五百から二千人の仲間がいて、自分たちを支援することになっていると言明した。法王は、この彼らの言葉を恐れてか、あるいは、むしろ騎士団に対する九人の忠誠心が人々に吹き込む関心を恐れて、彼らを捕らえさせた。

これ以後、彼は会議を開かず、冬の間、司教たちをそれぞれの本国での任務から引き離したまま、この異国の町で無為に滞在させた。おそらく、彼らを一人一人買収し、取り込もうとしたのである。

討議すべきことは、もう一つあった。ベガール会と聖霊派フランシスコ会という神秘主義の禁圧である。『キリストにまねびて Imitation de Jésus-Christ』の最初の著者として知られるカサーレのウベルティーノがフィリップ美男王に屈従した法王、あのベルトラン・ド・ゴット（クレメンス五世）の前に跪いているのを見るのは悲しいことである。彼が自身と仲間の改革派フランシスコ会士のために祈った恩寵は、あまりにも豊かになったためにもはや清貧の生き方ができなくなった僧院へ復帰を強制されないでいることくらいであった。

彼ら神秘家たちにとって「まねび imitation」とは、《慈善》と《清貧》に生きることであった。この時代の最もポピュラーな著作『黄金伝説 La Légende dorée』のなかで、一人の聖人は、持ち物のすべて、着ているシャツまで人に与え、さらには唯一手許に残した『福音書』も、そのあとやってきた貧しい人に与えている。

《清貧》は《慈善》の姉妹であり、フランシスコ会士たちがめざした理想であった。しかし、「何ものも所有しない」という理想は、考える以上に難しいことであった。彼らは、その日その日のパンを物乞いによって得たが、受け取ったパンはその日一日だけでも自分の所有物ではないだろうか？　しかも、食べて自分の肉となった物は自分と無関係だなどといえるだろうか？　多くの人は、これを否定しようと躍起になったが、生きている者にとって「生の条件」から逃れようということ自体、所詮奇妙な努力であった。

これは、崇高なこととも、笑うべきこととも見えたが、人々は、一見したところ危険なこととは見なかった。だが、もし絶対的貧困を人間の規範とするならば、すべて所有は罪になる。これは、同じ時代、理想的兄弟愛と無限の愛という教理が、市民社会のもう一つの基盤である結婚の否定に繋がっていったのと同じである。

権威が消え失せ、民衆の精神のなかで司祭の威信が低下するにつれて、宗教は、形のなかに包み込まれなくなって、神秘主義として拡散していく。

《フラティチェリ fraticelli》〔訳注・フランシスコ会から分岐した集団で、「小兄弟団」と訳される〕は、物質的資産だけでなく妻をも共有化した。「慈善の時代」が到来すると、何一つ自分のものとして所有することはできない、というのが彼らの言い分であった。頭の中で描いているだけでは我慢できないのがイタリア人で、活力のたぎっているピエモンテでは、実際にある山中で博愛主義による最初の都市を建設しようとの試みが行われた。彼らは、大胆で雄弁な指導者、ドルチーノ〔1307没〕のもとに建設に着手したが、この試みに対しては、反教皇庁的であるとして《ノヴァラ十字軍》が起こされ、ドルチーノは捕らえられ、その身体は真っ赤に焼いた万力でバラバラにされた。彼の美しい妻、マルガレータは、多くの騎士たちが彼女を救済すべく妻にすることを申し出たにもかかわらず、それを悉く断って恐ろしい刑罰を受けるほうを選んだ。これは、精神的に惹きつける

彼の美しい妻、マルガレータは、多くの騎士たちが彼女を救済すべく妻にすることを申し出たにもかかわらず、それを悉く断った……

ものがドルチーノにあったからであろう。

この時代の宗教史のなかでは、女性が一つの大きな位置を占めている。スウェーデンの聖ビルギッタ（1303-1373）、シエナの聖カテリーナ（1347-1380）といった偉大な女性の聖人が輩出した。それとともに、偉大な異端者もまた女性である。ギヨーム・ド・ナンジの跡を引き継いだ年代記者によると、一三一〇年から一三一五年の間に、「魂は創造主の愛のなかに消え失せたが、身体は魂のことを気にかけないで造られた」と説く女たちがドイツと低地諸国に現れている。すでに一三〇〇年に、一人の女がイングランドからフランスにやってきて、自分はあらゆる女たちの贖罪のために受肉してこの世に現れた聖霊だと説いて、その美しさと言葉の巧みさによって多くの人々から信頼を勝ち取ったという。

法王庁にとっては、フランシスコ会の精神主義も、それに劣らず心配の種であった。法王は、そうした過激な論理や慈善主義、貧困の絶対化に対してブレーキをかけざるをえず、それが結果的に、キリスト教的美徳の理想を法王自らが非難しなければならなくしたのであった。

これは、言うもおぞましいことであった。しかも、そうしたキリスト教理念を否定する言葉が、クレメンス五世（1305-1314）だのヨハネス二十二世（在位1316-1334）の口から出たとなれば、なおさらであった。これらの法王たちの良心がいかに涸れていたとしても、慈善や清貧を説き実践する人々を裁き追放しなければならなくなったとき、悩み苦しんで当然だったのではないだろうか？告発されたこれらのセクトの人々の罪といえば、貧しくありたい、断食し、愛に涙したい、そして無邪気なコメディアンとしてイエスのドラマを再現し、世界を裸で歩き回りたいといった「狂った聖性」にすぎなかったのだから。

春になると、ふたたびテンプル騎士団の事件がもちあがった。フィリップ美男王が、彼らの避難所になっていたリヨンに手を着けたのである。発端は、市民たちが大司教に対抗して国王を招いたことであった。リヨンは神聖ローマ帝国の都市であったのが一三〇七年にフランスに帰属したもので、ソーヌ川とローヌ川の合流点にあり、フランス王にしてみると、フランスの東方への突端であり、アルプス地方やプロヴァンス地方に向かう道の起点として重要であっただけでなく、さまざまな異端の巣窟であり不満分子の避難所と映っていた。フィリップは、ここで有力者たちの会合を開き、それから、息子や大公たちを引き連れ、武装兵を引き連れ仰々しい行列を組んで公会議に臨み、法王の傍ら、少し下座に座った。

それまで司教たちは王に対してそれほど従順でなく、テンプル騎士団の問題でも騎士たちの弁明を聞きたいと拘っていた。イタリアだけでなくスペイン、ドイツ、デンマーク、イングランド、スコットランド、アイルランドの高位聖職者、さらには、フィリップの臣下であるフランス人たち（ランス、サンス、ルーアンの大司教たちは別にして）も、騎士団の弁明も聞かないで有罪判決をくだすわけにはいかないと言っていた。

テンプル騎士団の問題については法王としても、公会議を開いて、正式に片をつける必要があった。彼はまず、司教たちのなかでも最も信頼できる人々と何人かの枢機卿を集め、そこで、法王の権限のもとテンプル騎士修道会廃止を決定し、それを公会議の席で発表した。これに対しては、抗議の声はなんら起きなかった。

騎士団についてのこの告発は、人々の判定できないところで行われたことを認める必要がある。騎士団は全ヨーロッパに広がりをもっていたし、証言は何千という数にのぼった。手続きは国によって違っていた。ただ一つ確かなことは、これ以後、テンプル騎士団が無用で危険と目されるものになったことであった。これについての法王の隠れた動機はあまり誇れるものではなかったが、目に見える行動は道理にかなっていた。彼は、事情を説明した教勅のなかで、情報が確かでなく自分は裁く権利をもっていないが、テンプル騎士団が疑わしい存在であることは確かであると断じた。この手法は、のちにクレメンス十四世（在位1769-1774）も〔ブルボン王家の圧力で〕イエズス会を解散させようとして踏襲している。

クレメンス五世は、このようにしてローマ教会の名誉を守ろうとしたのであって、彼は、ボニファティウス事件の記録簿をこっそり変造したが、ボニファティウス八世が出した教勅のなかでも、彼が公会議で否認（撤回）したのは、教義には全く触れないで国王が聖職者のカネを奪うことを阻んだ『クレリキス・ライコス Clericis laicos』だけであった。

こうして争いは、理念と原理からカネの問題に低落した。テンプル騎士団の資産は、聖地解放のために使われるべきだということで救護修道会に与えられた。このため、救護修道会もカネのためにテンプル騎士団の廃止を容認したとして人々から非難されたが、もし、救護騎士団が金銭欲からこの問題に積極的に関わっていたとすれば、結果は、まったく期待を裏切られたことになる。ある歴史家が言っているように、救護修道会は、むしろ、このために貧しくなったからである。

たとえば一三一六年、ヨハネス二十二世は、フランス王〔訳注・一三一六年は、美男王が一三一四年に没したあと、息子のルイ十世、孫で乳児のジャン一世と相次いで亡くなり、ルイ十世の弟フィリップ五世が即位した年である〕がテンプル騎士団を監視するための費用を救護修道会の資産を押収することによってまかなっていることに不満を表明している。一三一七年、救護修道士たちは、テンプル騎士団資産の最終領収書を王室財務官に渡したことを喜んでいるが、そこには度を過ぎたものが感じられる。ヨハネス二十二世は、法王になる前の一三〇九年には、わずかばかりの家具をもっているだけで、日々の出費にさえ苦しんでいたが、のちには、文句をいう必要はなくなる。〔訳注・ヨハネス二十二世は財政の才能を発揮して法王庁の歳入を増やし、莫大な資産を後継者に遺して九十歳で亡くなったと言われる。〕

テンプル騎士団の処分に関しては、悲しむべき、最も厄介なことがまだ残っていた。それは国王によってパリで捕らえられていた人々、とりわけ総長のジャック・ド・モレーのことである。その件については、ギヨーム・ド・ナンジの跡を引き継いだ無名の歴史家の語るところに耳を傾けよう。

「テンプル騎士団総長と三人の騎士――フランス管区視察修道士、ノルマンディーとアクィテーヌの各管区長（彼らは最終報告をまとめる任務を法王から託されていた）――が、サンス大司教と教会法博士たち（彼らは、法王の命令で、アルバノ司教と二人の枢機卿に招請されパリに来ていた）の前に出頭した。上記の四人は、自分たちが訴えられている罪を公衆の前でも認めていたし、これからも、その自白を撤回するとは思われなかったので、聖グレゴリウス祭後の月曜日にノートル＝ダムの前庭広場で開かれた評議会の審議の結果、終身禁固を宣告された。これで枢機卿たちは、この事件は決着がついたと思ったのに、被告のうち騎士団の海外担当であった者〔訳注・総長〕とノルマンディー担当者であった者の二人が、宣告を伝えた枢機卿とサンス大司教に向かって、罪を認めた自供をまたも否認し騎士団は正しかったと弁護したのである。これは、みんなにとって大きな驚きであった。枢機卿たちは彼らをパリ奉行に引き渡した。このことが王宮の国王の耳に届き、王は家臣たちに諮ったうえで、同日夕方、王宮庭園とフレール＝ゼルミト＝ド＝サントーギュスタン教会の間のセーヌ川の小島で、二人を焼き殺させた。彼らは、炎に包まれても、断固として節を曲げなかった。これは、多くの民衆の称賛の的になった。ほかの二人は、判決どおり、牢獄に閉じこめられた。」

〔訳注・ここに述べられている終身禁固の宣告と焚殺が行われたのは一三一四年三月十八日で、焚殺された二人とはテンプル騎士団総長ジャック・ド・モレーとノルマンディー管区長ジョフロワ・ド・シャルネー。焚殺された場所は現在のポン・ヌフ橋のたもと、アンリ四世像が立っているあたり、といわれる。〕

この焚殺は裁判官たちの知らない間に行われたもので、明らかに非合法な虐殺であった。一三一〇年には五十四人のテンプル騎士を処刑するために少なくとも司教区会議を召集した王が、こんどは明らかに法を無視し、もっぱら力の行使に頼ったのである。ここでは彼は、《国家理性 raison d'Etat》と彼自身が貨幣にも刻ませた《人民の安寧 salus populi》を守るためといった言い訳さえしていない。否、彼は総長ジャック・ド・モレーの否認を王権への侮蔑と考え、おそらく「大逆人 reum laesae majestatis」として処罰したのであった。

では、総長のそれまでの度重なる変節と、この最終的な否認を、どう解釈するべきだろうか？ 度々の変節は、騎士としての忠誠心と、軍人としての誇りによって、なんとしても騎士団を守ろうとした行動とは見えないだろうか？ そして、最後の瞬間にテンプル騎士の誇りにめざめたこの老いた武人は、敵を防ぐために隘路に踏みとどまった最後の守備兵として、自らの魂を賭して、この難解な問題を未来永久に解決できないようにしておこうと考えたのではないだろうか？

また、騎士団に帰せられる様々な罪は、騎士団全体ではなく、ある支部とか地方管区に特定されるもので、ジャック・ド・モレーは、人間としての謙虚さから罪を認めたが、その後、全体の総長として、これを否認したのだ、ということもできる。

だが、まだ言っておくべきことがある。この事件では、根本的な訴因にずっと曖昧さが残っており、彼らがいったん自白したことを取り消しても、「変節」にはならなかった可能性があるということである。訴因とされた「イエスの否認」は、多くの人が指摘しているように、聖ペテロの否認の象徴化で、古代教会が信仰劇として伝えていたが、十四世紀には、この伝統は失われ始めていた。この儀式がしばしば軽薄で無信心な愚弄をもって演じられたとしても、そのことで責められるべきは何人かの個人であって、テンプル騎士団の会則ではなかったはずである。

とはいえ、そうした非難がテンプル騎士団の解散という事態をもたらしたのであって、騎士団全般に風紀が紊乱していたわけではなかったし、それが原因でもなかった。原因は、グノーシス的教理といった異端でもなかった。おそらく騎士たちは、本質的に教理にはあまり関心がなかった。

彼らが民衆から敵視され、自分たちの属する貴族の家門のなかからさえ擁護してくれる人もないまま滅亡したのは、彼らがキリストを否認し十字架に唾を吐きかけているという告発内容のおぞましさのためであったことは本当のようである。多くのメンバーが自白させられたのがこれで、これが公けに流布されたため、すべての人々が彼らに背を向け、彼らの弁明に耳を傾けようとさえしなくなったのであった。

このようにして、中世の象徴的天分を最も高度に表していた騎士団が、理解されざる一つの象徴として滅びたのであった。この出来事は、《精神 ésprit》と《文字 lettre》、《詩 poésie》と《散文 prose》の間で繰り広げられた永遠の戦いのなかの一つのエピソードでしかない。散文は、古い詩的形式のなかで成長したにもかかわらず、尊敬してしかるべき詩を馬鹿にするようになったのである。これほど残忍で恩知らずなことはない。

テンプル騎士団の怪しげな象徴性は、それまで万人から崇められていた法王の象徴性自身が無力化したとき、頼るべきものを失った。『ウナム・サンクタム Unam sanctam』〔訳注・前出。法王ボニファティウス八世が一三〇二年に出した教勅で、霊的権力すなわち法王の優越性を宣言している〕の神秘的な詩文は、十二世紀であったらヨーロッパ全体を震撼させていただろうが、散文的なピエール・フロートやギヨーム・ド・ノガレの時代の人々には、もはや何も訴えかけなかった。鳩も箱船も、縫い目のないチュニカといった無垢のシンボルも、もはや法王権を守ることはできなくなっていた。聖霊の剣の切れ味は鈍り、冷たい散文的な時代が切れ味を増し始めていた。〔訳注・鳩は聖霊、箱船は教会、縫い目のないチュニカは教会の統一性の象徴とされた。〕

ここで悲劇的なのは、ローマ教会を殺したのが、その身内の人々であったことである。ボニファティウス八世を打ち据えたのは、コロンナの籠手よりもむしろフィリップ美男王の声に応じたガリア教会の追従であった。テンプル騎士団を追及し消滅させたのは、法王に任命された審問官であり、騎士たちに最も深刻な打撃を与えたのは司祭たちの供述であった。騎士団の首領たちが罪を赦す権限を勝ち取ったことが聖職者たちを頑強な敵にしたことは疑いの余地がない。

この「ローマ教会の自殺」というべき事件が当時の人々にどのような印象を与えたかは、ダンテ（1265-1321）の悲痛な嘆きによく表れている。人々が信じ崇めてきた「法王権」「騎士道」「十字軍」といったものがすべて、終わったかのようであった。

中世はすでに「第二の古代」であり、ダンテとともに、死者たちのところへ探しにいかなければならなくなっていた。この象徴時代の最後の詩人は、充分に長生きしたので『バラ物語』（Roman de la Rose）〔訳注・前半は一二四〇年ごろ、後半は一二五〇年ごろに成立〕の散文的寓意を易々と読み解くことができた。《アレゴリー》が《シンボル》を、《散文》が《詩》を殺すのである。

第五章　フィリップ美男王とその三人の息子

テンプル騎士団の裁判の終わりは、ほかの二十の裁判の始まりであった。十四世紀初めの何年かは、その全体が《レジスト》たちによる一つの長い裁判に他ならなかった。これらの醜悪な悲劇は、人々の想像力を混乱させ、その魂を怯えさせた。さまざまな罪が一つの流行病のように連鎖し、それ自身で罪である残忍で不吉な刑罰がさまざまな罪を誘発した。

しかし、この法律家たちによる統治は、犯罪がなくなっても容易には止まらなかった。ボニファティウス八世やテンプル騎士団を相手に急に目覚めた王の臣下たちの戦闘的気質は、もはや戦いなしでは我慢できなくなっていた。彼らは、その好戦性を、次々と裁判を起こし、奇怪な罪を捏造して残虐な刑に処することに注いだ。そこで民衆が学んだことは、長いローブをまとった裁判官は、崇めなければならないということであった。ブルジョワたちは子供たちに、「閣下 Messires」と呼ばれる人々の前では頭巾を取るべきこと、夕方、裁判所からラバに乗って帰宅する彼らと狭い街路で鉢合わせしたときは、道をよけなければならないことを教えた。

事件は、毒殺、姦通、贋金づくり、魔法使いなど、さまざまな嫌疑で大挙してやってきたから、裁判官たちは仕事がないといって嘆くことはなかった。魔術は魅惑的要素と嫌悪させる要素を帯びて、あらゆるもののなかに浸透していた。裁判官の机の上は、持ち込まれた媚薬だのお札だの、さらには、ヒキガエル、黒猫、針を刺した人形だの多様な証拠物件で溢れた。そこには激しい復讐心や喜びや恐れなどが絡んでおり、有罪を宣告され焼き殺される人間が増えるにつれて、ますますたくさんの事件が持ち込まれた。

わたしたちは、この時代がまさに悪魔によって支配された時代であり、ごく僅かに秩序が支配したその合間の時期が神の分け前で、人間はそれら二つの力が奪い合う餌食だったのだと考えたくなる。それはバルトロ〔訳注・ローマ法の普及に努めたイタリア人法律顧問。1314-1357〕のドラマに立ち会っているかのようで、被告は人間であり、検事が悪魔、弁護士が聖母、裁判官はイエスである。悪魔が証文を示して人間は遠い昔から自分のものだと主張するのに対して、聖母は、そんなことはないと反論し、悪魔がテキストを歪めて利用していることを明らかにする。

この時代の主役は聖母である。俗世界は悪魔のもので、ユダヤ人、錬金術師、スコラ学者、法律家と共通した様々な性格、邪悪な産業を併せ持っている。悪魔学（démonologie）は、学問としてはこの時代以後さほど進歩しないが、魔術（sorcellerie）という一つの技術となって進展する。悪魔の軍団を分類し、その名称と専門領域、気性を区別するだけでは不充分で、人間の役に立たせることが必要とされたからである。

これまでは、彼らを追い払う方法が研究されてきたが、これ以後は、彼らを呼び寄せる方法が研究された。このようにして悪魔を使いこなす恐るべき人々が、スコットランドでは氏族ごとに、フランス、ドイツでは家族ごとに、また、個人それぞれに専属の形で、際限なく増えていき、神にお願いできない秘密の欲求を受け付け、人々が口にしようとしないことを聞き入れた。そうした彼らが広げた黒い蝙蝠の翼は、神の放つ光を遮らんばかりとなり、聖体拝領のため友人たちに守られてやってきた男を真っ昼間から奪い去っていった。

このような醜悪な魔術に対して初めて行われた裁判がトロワ司教ギシャールのそれである。この事件は、フィリップ美男王の妻（ジャンヌ・ド・ナヴァール）を彼が呪いの力で亡き者にしたというものである。この妃は、前に述べたように、フランドル人どもの喉を掻き切って殺すよう勧めた悪女で、あまり確かではないが、有名な言い伝えによると、学生たちを連れてこさせ、役に立たなくなると、夜中、ネール塔からセーヌ川に放り込ませたとも言われる。彼女はナヴァールの女王であるとともにシャンパーニュ伯でもあり、自分が憎んでいた男をカネのために助けたということで、司教ギシャールを、あらゆる手段で亡き者にしようとした。まず、評議会から追放してシャンパーニュに追いやり、シャンパーニュ伯の権限を使って、司教区の返還を迫った。ギシャールは、初めは、王妃が自分を愛してくれるようにしてほしいとある魔女に依頼したが、のちには、王妃を亡き者にするため、夜中に、ある隠者を訪れ、王妃の蠟人形を作り、針で刺して呪いをかけてもらった。ところが、効き目がないので、再度、隠者を訪れて、もっと確かな結果を出すよう求めた。隠者は

王妃を亡き者にするため、夜中にある隠者を訪れ、王妃の蠟人形を作り、針で刺して呪いをかけてもらった……

恐ろしくなって逃げ出し、すべてを暴露したというのである。王妃が亡くなったのは、それから少ししてからであった。しかし、何も証明できなかったし、ギシャールは宮廷にたくさんの友人をもっていたので、裁判は長引き、牢獄生活を余儀なくされた。

悪魔は、ほかにも様々な仕事をしたが、なかでも得意なのが男女の間をとりもつ《美人局《つつもたせ》》であった。ある修道士が悪魔を使って王家の人々を汚辱にまみれさせることを思い立った。フィリップ美男王の三人の息子と結婚した三人の公妃が告発され捕らえられた。それと同時に、これら公妃に仕えていた二人のノルマン人騎士の兄弟も逮捕された。この不幸な騎士たちは、拷問にかけられ、三年来、「最も神聖な日」にさえ、若い女主人と罪を犯したと白状した。中世の信仰心厚い信頼関係にあっては、高位の婦人が自分に仕える騎士と一つの城の狭い塔の中で起居を共にすることは、よくあることで、むしろ、封臣としての最も甘美な義務とされたのだったが、信仰心が薄れたときには、人間の本性にとって一つの危険な試練となった。『小姓ジャン・ド・サントレ Le Petit Jehan de Saintré』というシャルル六世時代の物語〔訳注・正確にはシャルル七世時代の一四五六年ころの作〕は、このことを何よりもよく物語っている。

件《くだん》のノルマン人騎士も、実際に過ちがあったかどうかは別にして、厳しく処罰された。二人の騎士はマルトロワ広場に面したサン＝ジェルヴェ教会〔訳注・いまの市庁舎の近くにあった〕の楡の木の下で、生きながら皮を剝がれ、去勢され、首を刎ねられて、脇の下のところをロープで吊るされた。僧侶たちが神の報復のために際限のない刑罰を求めたと同じように、世界の新しい神である王も、自らの威厳が傷つけられたことに対して、どれほど大きな苦痛を与えても満足できなかった。犠牲者は二人だけでは済まなかった。共犯者の探索が行われ、王宮の門番が一人、ついで、多数の男女（貴族も平民もいた）が捕らえられた。何人かはセーヌ川に投げ込まれ、そのほかは密かに殺された。

三人の公妃のうち、罪を免れたのはジャンヌ・ド・ブルゴーニュだけであった。夫のフィリップ五世ル・ロンが、彼女の婚資であったフランシュ＝コンテを返したくないため、彼女を無罪にするために細心の注意を払ったからである。ほかの二人、つまりルイ十世ル・ユタンの妻のマルグリット・ド・ブルゴーニュとシャルル四世ル・ベルの妻のブランシュ・ド・ブルゴーニュは髪を切られてガヤール城に閉じこめられた。そのうえルイは、王位につくと、自分が再婚できるようにするため、妻を絞殺させている（一三一五年四月十五日）。ひとり牢獄に残されたブランシュは、もっと不幸であった。

フランスだけではなかった。さまざまな想像が飛び交い、疑いをかけられるとみんな牢獄に入れられて死んでいった。王妃が牢に入れられると、その妹も同じ目にあった。皇帝ハインリヒ七世（在位1312-1313）が聖体拝領のさなかに不慮の死を遂げたときも、フランドル伯（ロベール三世）があやうく息子（ルイ・ド・ヌヴェール）によって殺されそうになったときも、そうであった。フィリップ美男王が死ぬと、多くの大臣たちが命を奪われた。美男王だけでなく、その三十年前に父親〔訳注・フィリップ三世、一二八五年没〕が死んだときも同じである。このような事例は、もっと遡ると、いくらでも見つけることができる。

これらの騒動は、民衆を恐怖に陥れた。人々は、神の怒りを鎮めるためにさまざまな形で贖罪しようとした。度重なる飢饉と通貨制度の破綻、悪魔の跳梁と王による責め苦のなかで、裸になって行列を組んで我が身を鞭で打ち、涙を流し呻き声をあげながら、町から町へ行進する群衆が見られた。そこには、罪になりかねない間違った信仰の姿、穢れた淫らさがあった。

これが、フィリップ美男王と法王が争い合った時期の悲しむべき世相であった。

ジャック・ド・モレーは、裁きを受けるために神の前に出頭するのに火刑台にあがるのを一年間待ったという。先に出かけたのは法王クレメンス五世のほうであった。彼は、その少し前に、宮殿が炎に包まれるのを夢で見ていた。伝記作者は「それから彼は陽気さを失い、まもなく死んだ」と述べている。

その七か月後、フィリップ美男王がフォンテーヌブローの館で死ぬ。遺体は近くのアヴォンの小さな教会に葬られた。ある人々は、彼は狩りの最中に一頭の猪に襲われ落馬して死んだと言っている。ダンテは、激しい憎悪を抱きながらも、言葉では、かなり抑えた調子で、こう記している。

猪に突かれて死ぬはずになっている者が
贋金を作らせつつセンナ河のあたりで
ひきおこす苦患をそこに見るであろう

（『神曲』天国篇第一九歌　野上素一訳）

しかし、フランスの同時代の歴史家は、この事故について何も語らず、むしろ、「王は、医者も驚くほど、これという病気もなく、熱を出すこともなく、息を引き取った」と書いている。しかし、彼は四十六歳になったばかりで、死ぬような兆しはなく、あのように多くの出来事にあっても、その物言わぬ美しい顔は平然としているように見えた。おそらく内心では、ボニファティウスやテンプル騎士団総長の呪いにやられたと思ったのだろうか？　それとも、彼が死んだ年に王国の貴族たちによって結成された反フィリップ同盟にやられたと思ったのだろうか？　領主や貴族たちは法王に刃向かってでも王に追随し、また、それぞれの弟であるテンプル騎士たちについても、弁護するような言葉は一言も発しなかった。自分たちの法律上・経済上の権利に打撃が加えられるのを恐れて、忍耐したのだった。根本的にいって、この《レジストの王》（美男王）は、封建領主たちにとって敵であったが、彼は封建領主たちに対抗するのに封建的力以外はもっていなかった。これは、抜け出すことのできない一つの迷路で、死によってはじめて、そこから抜け出せたのであった。

彼が、その治世に起きた大事件に、実際にどれくらい関わっていたかは分かっていない。ただ、彼が王国のなかを絶えず動き回ったことは知られている。よくも悪くも、大きなことは自分では起こさなかったし、戦いに関しては、クルトレーとモンザン＝ピュエルにも（1302, 1304）、サン＝ジャン＝ダンジェリにもリヨン（1305）にも、ポワティエとヴィエンヌ（1308, 1313）にも、自分では臨んでいない。

彼は几帳面な君主で、私的浪費の痕跡はまったくなく、二十五日ごとに財務官と一緒にカネを勘定した。

スペイン女性〔訳注・母はアラゴンのイサベル〕の息子として生まれ、ローマのコロンナ家出身のドミニコ会士エジディオによって訓育された彼は、ちょうど祖父の聖ルイが聖フランシスコ会の神秘主義的優しさをもっていたように、聖ドミニクスの陰気さを身につけていた。エジディオは、自分のこの生徒のために『De regimine principum』〔訳注・『統治の基礎』〕と題する一冊の本を著わしていたが、王の絶対権の教理を教え込むのに恐らく苦労はしなかったであろう。

フィリップは彼に、ボエティウスの『哲学の慰め』やウェゲティウス〔訳注・四世紀のローマの軍事学者〕の軍事技術書、さらにはアベラールとエロイーズの往復書簡などを翻訳してもらっている。この著名な教授（アベラール）が、大学人でありながら愛に生きようとしたために聖職者たちからひどい扱いを受け、大きな不幸を味わったことは、王にとって、聖職者に対する大きな戦いのなかで、さまざまな参考になったであろう。

フィリップ美男王はパリ大学を自分のよりどころにした。彼は、この「争乱好きの共和国」に肩入れし、後者も彼を支えた。ボニファティウスが《托鉢修道士》（すなわちフランシスコ会士）と結びつこうとしたのに対し、パリ大学は反法王のチャンピオンであった神学博士のジャン（ピク＝アン Pique-Ane（Pungensasinum）つまり「ロバ刺し」の渾名がある）によって彼らを追放した。テンプル騎士たちが捕らえられたとき、ギヨーム・ド・ノガレは教師・学生・神学者など全員をテンプル騎士団本部に集め、告発状を読んで聞かせている。このような集団を、しかも、首都のなかで味方にしておくことは大きな力になったからであろう。クレメンス五世はオルレアンの学校を大学に昇格させてパリ大学に対抗させようとしたが、そんなものは、王にとって、どうということはなかった。

美男王の治世は、パリ大学の基礎が確立された時代で、十三世紀に造られたよりも多くの、そして有名な学寮が創設されている。フィリップ美男王の妻〔ジャンヌ・ド・ナヴァール〕は、その悪名にもかかわらず、「ナヴァール学寮Collège de Navarre」を創設（1304）。この「ガリア教会の神学校」（séminaire de gallicans）から、ピエール・ダイイ（1350-1420）、ジャン・ジェルソン（1363-1429）、ボシュエ（1627-1704）といった著名の士が輩出していく。

フィリップ美男王の補佐役たちも、その犯した罪と同じくらい学寮を創設した。ナルボンヌ大司教ジル・デスラン〔訳注・ジル・エースランとも呼ばれる〕は、テンプル騎士団の裁判では騎士たちを弁護するために関わったものの、気が弱く、途中で雲隠れしてしまった人であるが、「モンテギュー Mont-Aigu学寮」を創設した。この学寮は貧しい学生のための学寮で、民主的雰囲気に包まれ、その名前にひっかけて「ここは精神も歯も鋭い（aigus）」と言われた。貧しいために、授業は頭巾付のケープで寒さから身を守りながら街路で行われたことから、「カペー Cappets」の名で呼ばれた。彼らは、食事は貧しかったが、さまざまな特権をもっていて、パリ司教に対しても、法王に対してすら、告解の義務を負わなかった。

フィリップ美男王が意地悪な人間で悪王であったかどうかは別にして、彼の治世こそ、市民階級が台頭し近代的君主制が樹立されたフランス史上でも重要な時代であったことは否定できない。聖ルイ王はまだ封建時代の王であり、ひとことでいうと、その治世は封建制から君主制への移行期であった。聖ルイ王が南フランスの諸都市の代表たちを王権のもとに集めたのに対し、フィリップ美男王はフランス各州・各身分の代表を集めた。聖ルイが封建領主たちの領地のために種々の仕組みを作ったのに対し、美男王は、王国の整備と王政強化のための処方箋を作った。前者が、王室裁判所を領主たちのそれの上位に置いて国王直轄を原則化し、また、領主同士が戦争を起こした場合、宣戦布告後四十日間は冷静に考える時間をもたせるなどして領主間の調整を図ったのに対し、フィリップのもとでは、最も独立主義的な封建領主であったブルターニュ公でさえ、特別なはからいとして免除を求めているくらい国王の裁断が常態化している。パリの高等法院は、最も遠隔の地の領主たち、たとえばコマンジュ〔訳注・ピレネー山中〕の伯に次のように書き送っている。

「王国内のいずこであれ、武器の所持を認めるか、所持者を罰するかを決する権限は、われわれにのみ属する。」

この言葉は、ピレネー高地の小君主にとって、これより百年前だったら、とうてい納得できるものではなかったであろう。

この新しい傾向は、彼の治世の初めからはっきりと現れていた。フィリップは、司法界と都市行政から聖職者たちを排除しようとした。彼は、ユダヤ人と異教徒を保護し、教会に対しては、資産（とくに不動産）の取得に対する税を増やし、騎士たちには私的戦争や騎馬槍試合のトーナメントを禁じた。この決定の直接的動機は、フランドル戦争のための戦力を確保するためであったが、その後も、しばしば繰り返し発せられた。あるときは、槍試合場に赴いて、憲兵たちに命じて当事者を逮捕させている。彼は、戦争のたびに国内に圧力をかけて、こうした王と王国のことなどあまり気にかけない物騒な騎士を狩り集め、自分の軍事力強化を図った。

フィリップ美男王の政府は、封建領主と僧侶たちに対して敵対的であったが、常時行使できる軍事力を有しているのは封建領主たちであり、しかも、国王は軍資金を教会から得る以外になかった。そこから、王権強化策にはさまざまな矛盾が生じ、しばしば後退を余儀なくされた。たとえば、一二八七年には、王は、貴族たち（すなわち封建領主たち）に、都市に逃亡した農奴の追跡を許可している。おそらく、貧しい農民たちの都市への大きな流れは、放置すれば、古代ローマ帝国で起きたように、すべてが都市に吸収され農地は荒廃したであろうから、これを規制することが必要だったのである。

一二九〇年には、聖職者たちが王から法外な憲章を引き出している。これは、王制の息の根を止めかねない約束であった。その主な条項をあげると、次のようなものである。

人が亡くなったときは高位聖職者が遺言状を査定し、その遺産と寡婦給与財産(douaire)を決める。王の臣下や裁判官は教会の土地に留まることはできない。

教会関係者を捕らえることができるのは司教のみである。

聖職者は、その個人的行動について世俗裁判所で裁かれることはない。

高位聖職者は、自らの教会が得た資産のために税を払う必要はない。

十分の一税は地方裁判官の関知しないところであり、聖職者の経理については、聖職者以外は関知しない。

一二九一年、フィリップ美男王は南フランスにおける異端審問官の暴虐を厳しく責めたが、一二九八年に法王との戦いが始まると、急に司教たちに対して宥和的になり、領主や裁判官たちに対し「異端者どもの処罰は司教たちに委ねよ」と命じている。その翌年には、今後は王政府の代官たちが教会を苦しめるようなことはさせない旨を約束している。

他方で、貴族たちとの融和策として、とくにユダヤ人高利貸から債務を負っている貴族を保護する勅令を出したり、狩猟の権利を保証したり、さらに、王政府の徴税役人は、上級裁判官を務める領主の土地にいる者（それが庶出子であっても、よそ者であっても）からは税を取り立てないことを約束し、「少なくとも、われわれが正当に受け取る権利をもっている人々以外からは徴収しない」と慎重に付け加えている。

一三〇二年のクルトレーでの惨敗以後、王はさまざまな改革を断行した。銀貨を鋳造するために銀器の半分（ただし、代官と王の家臣は全部）を供出させ、法王に味方する高位聖職者からは領地を取り上げ、クルトレーで捕虜になった貴族たちには税を課した。これは、彼らに支払わせるよい機会であった。

一三〇三年、ノガレによる法王ボニファティウス八世告発があり、その法王からの報復として国王破門宣告が出され、危機的状況になったとき、フィリップは、人々から望まれるままに約束を与えている。たとえば三月末には、貴族と高位聖職者の所有地にある物にはいっさい手をつけないと約束している。しかし、そのなかで、彼は「わが王権に関わる場合は別であるSinon en cas qui touche notre droit royal」と留保をつけており、そこに、すべてを反古にする可能性を含ませていた。同じ勅令のなかに、高等法院に関連する一つの規制が見られる。この高等法院体制の組織化が、あらゆる既存の特権と特権者を破壊していくこととなる。

その後数年間、彼は司教たちが高等法院のメンバーになるのを黙認している。トゥールーズでは、司教が市の裁判所を牛耳り、オーヴェルニュでは、裁判に関して貴族たちが王政府の役人たちを押さえ込み、市民の支持を勝ち取る。一三〇六年、通貨をめぐって暴動が起き、国王自身、テンプル騎士団本部に避難を余儀なくされたとき、彼は、貴族たちに戦利品を保有する権利と、証人がいない場合は決闘で決着をつける権利の復活を認めている。

一三〇八年から九年にも、王はテンプル騎士団事件のため、さらに譲歩しなければならなかった。一三〇三年の約束を再確認させられ、代官たちに経理の透明化を義務づけて貴族の年貢収入には課税しないことを約束し、パリ市民に対しては、所得税と王室糧食費への負担を軽減すること、ブルターニュ人に対しては貨幣の質の向上、ポワトゥーの人々には贋金作りの巣窟を絶滅することを約束している。ルーアンに対しても、その特権を確認したかと思うと、貧しい貴族の娘を結婚させるのに《領民税 chambellage》を充てさせるなど思いやり深さを示している。また、王は頻繁に旅したので、宿舎には王を迎えるために藁が床に敷かれたが、その藁を施療院に与えている。

とはいえ、彼の統治の偽善性を最もよく表しているのが、通貨をめぐる対応である。贋金作りの張本人である王自身が、どのような言い逃れを述べているかを年代ごとに辿ると、興味深いものがある。彼は、一二九五年には、民衆に向けて「自分は新しい銀貨を作るつもりであるが、なかには、額面に対して重量が足りないものもあるかもしれない」と警告し、「その場合は、これを手に入れた人に弁償することになっており、妻のジャンヌ・ド・ナヴァールはノルマンディーからの収入を、その費用に充当してほしいといっている」と述べている。一三〇五年には、新銀貨について、鳴り物入りで宣伝隊を回らせ、「この銀貨は聖ルイ王のそれに負けないくらいすばらしい！」と叫ばせる一方で、鋳造責任者たちには、不純物を混ぜていることは断じて口外してはならぬと厳命し、しかも、質の低下が問題になると、贋金作りどもの巣窟を見つけたので破壊するよう命じたという作り話を流布させた。さらに、自分が出した銀貨が外国の銀貨と比較されるのを恐れて、一三一〇年には外国銀貨の持ち込みを禁じたうえ、一三一二年には、王政府発行の銀貨の重量を計ったり、純度を検査することを禁止している。

この点から、王自身、違法性を自覚していたことは確かであり、通貨の額面を好きなように変える権限が自身の全能のしるしだなどとは考えていなかったことも疑いない。こっけいなのは、この全能にして神聖な王が民衆の目をごまかさざるをえなかったことで、《王権》という宗教が、生まれてすぐからすでに不信感を抱かれていたことである。

結局、王自身が王権について疑念をもち、暴力と策略ではどうしようもなくなって、自らの弱さを暗々裏に白状し、《自由》に救いを求めているのである。有名な『フランス国民の嘆願』(supplique du pueble de France)や一三〇八年の議会における議員たちの演説を読むと、いかに大胆な言葉が国王に向けられていたかが分かる。しかし、最も注目されるのが弟(シャルル・ド・ヴァロワ)の合意によってヴァロワの農奴解放を承認した法令(1311)に使われている言葉である。

「われらの主に象って作られしすべての人間は、自然法により自由であるべきであり、この生まれながら自由である人間が隷属のくびきに縛られるという忌まわしきことは、いかなる国においても無くならねばならない。ゆえに、この地に住まう男女が生きながらにして死者のごとく扱われ、しかも、束縛され苦しみに満ちた貧しい生涯の果てに、神がこの世で与え給うた幸せを活用できないでいることがあってはならない。」

農奴制と領主の横暴に対する糾弾のように思われるこれらの言葉は、封建領主たちの耳には不快に響いたにちがいない。それまでは、小声でさえ発せられることのなかった不満が、いまや、一つの有罪宣告として突如、高みから降りかかり鳴り響いたのである。封建領主たちに支えられて敵に打ち勝ってきたはずの国王が、領主たちのために手加減しなくなったのである。一三一三年六月十三日には、王の許可なくしては、いかなる貨幣も鋳造してはならないという命令が出された。

この命令は、領主たちの我慢の限界を超えていた。テンプル騎士団事件で王が人々に吹き込んだ恐怖は大きいものがあったが、大貴族たちは、いかなる危険を犯しても、それなりの分け前を手に入れようと決意した。北部および東部フランス（ピカルディー、アルトワ、ポンティユー、ブルゴーニュ、フォレ）の大部分の領主によって「反国王連合」が結成された。

「この書簡を読むであろうすべての人々、すなわちシャンパーニュ、ヴェルマンドワの貴族およびコミューン、そしてフランス王国の我らの同盟者に幸いあれ！　きわめて高貴にして強力な君主であり、きわめて親愛にして畏れ多きフランス王、フィリップ殿は、多くの税を徴収し、少なからぬ権力の乱用を行って、貨幣を改鋳するなど多くのことをなされた。それにより、貴族もコミューンも重い負担を課せられ貧窮に追いやられている。しかし、王は、それらが王の利益ではあっても王国の利益にはなっていないことに気づいておられないので、我らは、国王陛下に何度も言上し、改められるよう謙虚にお願いした。だが、王は一向に改めようとはされず、そのまま放置されてきた。しかも、王は、この一三一四年には、王国内の貴族およびコミューンに対し少なからぬ税を課し、上納金まで召し上げられた。これに黙って従うことは、われわれ自身だけでなく、われらのあとに続く人々の名誉と自由をも蔑ろにすることであり、これは良心の咎めなくして済まされることではない。……」

この動きには、かつて国王が農奴制について表明した危険な言葉が反響しているように思われる。かつて国王が領主たちに宣告したことを、いまは領主たちが国王に投げ返したのである。かつては、ローマ教会から剝奪するために結合した二つの力が、いまや、民衆の前で互いに非難し合っているのだ。しかし、民衆はまだ一つの《国民》にまでなっていないし、この事態に対応することはできなかった。

国王は、この貴族同盟に対して自らを防御する力をもっていないので、都市民に訴えかけた。彼は、通貨の問題について共に考えたいという理由で都市の代表者たちを集めた。こうして集まった代表者たちは国王の影響力に従順だったので、国王が自ら良質の貨幣を鋳造すること、今後十一年間、貴族たちによる貨幣鋳造を禁じることを要求した。

フィリップ美男王は、この危機の真っ直中で一三一四年に死去した〔享年四十六〕。その息子、ルイ十世の即位に伴って、封建的・地方的精神が荒々しく復活し、生まれてまもない王国としての統一性に対して解体を迫り、混沌へ逆行させた。まさに、この王の渾名である「ユタンHutin」〔訳注・「混乱」「騒ぎ」の意〕にぴったりの様相を呈したのであった。〔訳注・このとき「ユタン」は二十五歳。〕

ブルターニュ公は、裁判に関して自分が確定判決をくだす権利を要求し、ルーアンの最高法廷も、同じことを要求した。アミアンは、王政府の執達吏が領主から徴収しようとしたり、代官たちが専断的に容疑者を逮捕することに待ったをかけた。ブルゴーニュとヌヴェールは、封建領主の裁判権を尊重すること、領主が自分の館の塔や農場の柵に家の紋章を掲げることを認めるよう王政府に要求した。

貴族たちの共通の要求は、自分たちの家臣に王政府が直接干渉するのをやめてほしいというもので、ブルゴーニュの貴族たちは、臣下たちを管理する権限を要求。シャンパーニュとヴェルマンドワの領主たちは、国王が自分たちの頭越しに家臣を徴集するのを拒絶。ペリゴールとシャンパーニュは互いにかなり離れた州であるが、貴族に課税しようとする国王に対して一致して不満の声をあげた。アミアンは、下級裁判官たちに、有罪判決がおりるまでは逮捕や投獄をしないよう求めている。ブルゴーニュとアミアン、シャンパーニュは一致して、古くからの貴族の慣習である《決闘裁判 combat judiciaire》の合法性を認めるよう要求している。

こうして、ブルゴーニュでもトゥールやヌヴェール、シャンパーニュでも、もはや国王は領主の土地では《代訴費用 avouerie》を取り立てることができなくなった。(ただし、相続や没収の場合は別である。)

若い王(ルイ十世)は、求められるものは何でも与え、署名した。彼が躊躇し、決定を延期したのは三点だけである。一つは、ブルゴーニュの領主たちが要求した「河川・道路・聖別された場所での裁判権」。第二は、シャンパーニュの領主たちが求めた「国王は自分たちを州外の戦争に動員しないこと」。第三は、アミアンの領主たちからピカルディー人らしい烈しさをもって出されたもので、すべての貴族の権利として、「互いに休戦期間を与えることなく戦い、奪い合うことができる」よう認めてもらいたい、ということであった。これらの傲慢で不条理な要求に対してルイ十世は、「聖ルイ王 Mgr Saint Loys の記録を調べさせ、そのような前例があるかどうかを顧問たちに確認させることとしよう」とだけ答えている。

これは巧みな返事であった。領主たちが求めたのは聖ルイ王のよき慣習に戻すことで、彼らが聖ルイ王の名で了解していたのは、法律一辺倒と金銭づくでうるさく干渉したフィリップ美男王の政府とは逆の、古い封建的独立主義にほかならなかったが、聖ルイ王が私的抗争をなくそうと努力したことを忘れていたからである。

とはいえ、フィリップ美男王が組みあげた王政府は、大貴族たちによってバラバラに壊された。しかし、その彼らも、フィリップの治世の晩年に、宰相であり腹心の部下（Alter ego）、王国の共同司教（coadjuteur）にして主管（recteur）」の役割を務めたアンゲラン・ド・マリニーを亡き者にしないかぎりは心が休まらなかった。

このアンゲランは、前にも触れたように、本当の名前を「Le Portier」〔訳注・「門番」の意〕というノルマンディー人で、ある領地といっしょに「de Marigny」の名前を買ったのであった。氷のように冷徹で、口数も少なければ書くこともせず、文書記録も残していない。性格が似ていたためかフィリップ美男王から重用され、財務長官、宰相を務めたうえ、弟のフィリップ・ド・マリニーをサンス大司教に任命してもらい、このフィリップがテンプル騎士団解体のあとは、その財産管理に当たった。おそらくアンゲラン・ド・マリニーは、王と歴代法王との抗争でも重要な役割を果たしたが、クレメンス五世をポワティエから逃がすなど巧みに立ち回って、多分、法王からも感謝された。そして国王に対しては、法王を囚われの身にしてキリスト教世界全体を敵にまわすよりも、アヴィニョンで独立的に存在させておくほうが、王にとって有利であると信じ込ませることに成功したのである。

若い王（ルイ十世）がこのマリニーについての告発を叔父のシャルル・ド・ヴァロワの口から聞いたのが、かつてマリニーがテンプル騎士たちを身ぐるみ剝ぐために主君を案内した同じテンプル騎士団本部においてであった。告発したシャルル・ド・ヴァロワは乱暴で落ち着きのない人物で、王座に近い身に生まれながら貴族たちの首領になって、キリスト教世界を駆け回っていた。そうした自分と逆に、辺鄙なノルマンディーの小貴族あがりでありながら玉座の傍らにあって権力を振るってきたマリニーに対し、心の中で不快な思いを抱いていたとしても不思議ではない。

もしマリニーが人々から理解されようと努力していたら、我が身を守ることは難しいことではなかったであろう。だが、彼は、フィリップ王の頭脳であろうとはしたが、その良心に関しては何もしなかった。それが、若い王（ユタン）からすると、この男が父親の魂まで裁いていたように思えたのであった。彼はマリニーをキプロス島に追放し、あとになって呼び戻した。シャルル・ド・ヴァロワは、彼を亡き者にするには、誰も逃れることのできない「時間の偉大な告発（grande accusation du temps）」に頼らなければならなかった。マリニーの妻（あるいは姉妹）が、彼の釈放を勝ち取るためか、それとも国王に呪いをかけるためか、ジャック・ド・ロールという人物に幾つかの人形を作らせていたことが露見した。

「ジャックは、牢獄にぶちこまれると、絶望して自ら首を吊って死んだ。ついで彼の妻とアンゲランの姉妹たちが牢に入れられ、アンゲラン自身も騎士たちの前で裁かれ、パリで泥棒たちを処刑するために設けられた絞首台に吊るされた。しかしながら、その間も、彼は呪いについては全面的に否認し、通貨の改鋳と税の不当な徴収に関してのみ関与を認めたが、それを発案したのは自分ではなかったと主張した。そのため、彼については、多くの人は訴因も知らず、その死は驚きの的になったのだった。」

「シャロンの司教、ピエール・ド・ラティイは、フランス王フィリップと前任者の死に関して疑いをかけられ、国王の命令でランス大司教の名のもと牢に閉じこめられた。高等法院の次席検事ラウル・ド・プレールも、同じく疑われて、パリのサント＝ジュヌヴィエーヴの獄に幽閉され、さまざまな拷問にかけられた。しかし、嫌疑をかけられた罪について何らの自白も引き出せなかったので、最後には釈放されたものの、財産は、動産・不動産ともすべて他人に与えられたり奪われたりして、ほとんどが無くなっていた。」

マリニーを吊るし首にし、ラウル・ド・プレールを牢にぶちこみ、さらにはノガレを滅ぼしても、体制を元に戻すのには役に立たなかった。法律家は、貴族たちが考えた以上に頑強であった。《マリニー》は王の御代が替わるごとに息を吹き返し、いくら殺しても無駄であった。古いシステムは、衝撃によって揺さぶられ、その都度、敵を押しつぶしたが、それ自体は、びくともしなかった。この時代の歴史の全体が法律家と封建貴族の死闘の歴史である。

新しい王が即位するたびに、前王の治世の罪滅ぼしのように、「聖ルイ王の古きよき慣習の復活」という様相を呈した。新王とその王子や貴族の仲間たちは、「善良で粗野な裁き手」として、前王に最も忠実に仕えた人々を吊るし首にした。巨大な絞首台が立てられ、民衆は喚声をあげて、前王の罪を担わされた哀れな《平民王 roi roturier》をそこへ追い立てていった。聖ルイ亡きあとの床屋のラ・ブロス、フィリップ美男王が亡くなったあとのマリニー、フィリップ五世ル・ロン〔訳注・ルイ・ル・ユタンの弟〕亡きあとのジェラール・ゲクト、シャルル四世ル・ベル〔訳注・フィリップ・ル・ロンの弟〕亡きあとの財務官レミーなど、いずれもそうである。彼らの死は法律には適っていなかったが、不公正ではなかった。その死は、まだ悪が善を支配していた不完全なシステムにつきものの暴力によって穢されたが、彼は、こうして死ぬことによって、自分を倒した王権には力の手段を、自分を呪う民衆には秩序と平和の機構を遺していったのである。

マリニーの遺体は、何年も経ってからモンフォーコンの絞首台からおろされ、キリスト教徒として丁重に埋葬され、マリニーの息子たちにはルイ十世から一万リーヴルが贈られた。シャルル・ド・ヴァロワは、その最後の病の床のなかで、自らの魂の救いのためには、この犠牲者の名誉を回復すべきだと考え、貧民たちに大々的な施しを行い、「アンゲラン・ド・マリニーとシャルル・ド・ヴァロワのために神に祈ってほしい」と伝えさせた。

マリニーにとって最良の報復は、彼のもとでは強力であった王権が、彼の死後は哀れむべき弱体化を示したことである。ルイ・ル・ユタンは、フランドル戦争の出費をまかなってもらうために、対等の立場でパリ市と交渉しなければならなかった。シャンパーニュとピカルディーの貴族たちは、取り戻すことができた私的戦争の権利をさっそく活用し、アルトワ女伯に戦争をしかけた。アルトワ女伯に肩入れし封地を与えたのは国王であったが、いまや国王がどう考えるかなど、心配する必要がなくなったからであった。また、あらゆる領主たちが貨幣の鋳造を再開した。その先陣を切っ

マリニーの遺体は、何年も経ってからモンフォーコンの絞首台からおろされ、キリスト教徒として丁重に埋葬された

たのが、国王（ユタン、ロン、ベル兄弟）の叔父のシャルル・ド・ヴァロワであった。

フィリップ三世（ル・アルディ）や同四世（ル・ベル）が領主たちに貨幣の鋳造を許したのは、あくまで、それぞれの領地のなかで使うという条件のもとであったが、今度の場合、領主たちは、王国全土に流通させようとした。このため、王は目を覚まして、マリニーとフィリップ美男王の方式に立ち戻らなければならなくなった。一三一五年十一月十九日、彼（ユタン）は貴族たちが鋳造した貨幣の使用を、あくまでそれぞれの領地内に限定し、三十一の司教区あるいは領主領で合法的に打刻された十三種類の貨幣と王政府発行の通貨との交換比率を固定した。

若い封建的な王は、カネを手に入れるためには農奴やユダヤ人と交渉することも辞さなかった。農奴をその属している領地から解放することを打ち出した有名なルイ・ル・ユタンの勅令は、かつてフィリップ美男王がヴァロワについて定めた勅令（既出）と完全に一致している。

「自然法によると、太古の昔より今日まで、わが王国に導入され守られてきたいかなる慣習と風習によっても、各人は生まれながらに自由である。……われらはかく考える。すなわちわが王国はフランク人の国と名づけられており〔訳注・「フランク」には自由の意がある〕、名と体とは一致しなければならないし、人はその境遇によって変わる。ゆえにわれらは、新しい政治の到来をめざし、従属王国のなかのすべての民は、その従属的身分が太古からのものであれ結婚によるものであれ、従属的な土地に住んでいることによるものであれ、全て解消され、その隷属的立場から解放され自由を与えられるべきである、と。」

フィリップ美男王の息子が自由の尊さを褒めそやすのをみると奇妙な気分になる。だが、この商人が幾ら大声で商品の長所を誇張しても、当の農民たちはあまりにも貧しく惨めで、そんなものは欲しいとも思わなかった。彼らは地面に這いつくばるようにして働き、幾ばくかの質の悪い貨幣を地面の下に隠し蓄えたとしても、それは羊皮紙の証書を手に入れるためなどではなかった。「奴らはわたしの思いやりを誤解している」といって立腹しても、所詮は筋違いである。結局、彼は役人たちに「農奴身分に安住することを好む輩に対しては、資産査定をさらに厳しく行い、たっぷり税をかけよ」、そして「農奴身分に留まってカネを貯めても苦しむばかりだということを思い知らせよ」と命じる。

しかしながら「すべての人民に自由を与えているのが永久法である」という宣言が王座の高みからなされたことは、それだけでもすばらしいことである。これによって農奴が競って自由を獲得したわけではなかったが、領主たちにとって危険千万なこの呼びかけは、農民たちの記憶の底に留まっていった。

フィリップ五世（ル・ロン）の治世はわずか六年で、二十九年にわたったフィリップ四世（ル・ベル）の治世と較べて、いかにも短いが、フランス公民法の歴史にとっての重要性はけっして劣らない。まず、彼の即位は一つの重大な問題に決着をつけた。兄のルイ十世（ル・ユタン）が妊娠中の妻を遺して亡くなったので、彼は摂政兼胎児後見人となった。しかし、その子供〔訳注・一応はジャン一世と名づけられた〕は死産で、兄ルイは娘（ジャンヌ）しか遺さなかったので、フィリップ・ル・ロンが王になったのである。フィリップ美男王はフランシュ＝コンテとアルトワについて女性の相続権を支持していたし、貴族のなかには、封地の相続について娘が除外されても王位は娘も継げるようにしたほうがよいとする人々が少なくなかった。そうした貴族の中心者がフィリップ美男王の弟シャルル・ド・ヴァロワで、彼は甥であるフィリップ・ル・ロンよりもルイ十世の娘が王位を継ぐことを支持した。

そこで、フィリップ・ル・ロンは三部会を召集し、これを自分の味方にした。これは根本的にはよかったが、そこには、さまざまな不条理な要因があった。彼は、娘には相続権がないとしたサリカ系フランク族の古いゲルマン法を自分に都合よく利用して、「フランス王冠は《糸巻き棒 quenouille》の手に委ねるには封地としてあまりにも高貴である」と主張したのだったが、これは、封建法を盾に取りながら封建制を蔑ろにするものであった。中世フランスでは、ローマ法が導入され男女の平等観が進むにつれて女子への相続が行われ、封地が女系によって家族から家族へ伝えられる例も珍しくなくなっていたのに対し、王位が同じやり方で別の家門に移ることはなかった。フランス王家は、外国から妻を迎え入れることによって動的・可変的要素を採り入れたものの、王位は、男子から男子に伝えるようにし、家門の固定的要素を保持するなかで《家父長 pater familias》としてのアイデンティティーを保っていった。女は結婚することによって苗字も守護神（penates）

も変わる。男は先祖伝来の家に住み、先祖の名前を継ぎ、その習慣に従うことによって、男系によって王位が変わることなく伝承された。それがまたフランスの歴代王の政策に一貫性をもたせて、忘れっぽいフランス国民の軽さと有効に釣り合ってきたのである。

このように、フランス王権は、女子の権利を排除しながら、同時に、封建領主の土地を次々と手に入れることによって、受け取るばかりで与えることはしないという特徴を身につけていったのである。同じ時代、聖ルイ王以来のあらゆる贈与についての思い切った撤回が行われたが、これは、領地の譲渡を禁止する原則を含んでいたようである。不幸なことに、ヴァロワ家のもとで力を取り戻すこの封建的精神により、数々の戦争に乗じて《親王領 apanage》が設置され、分家した王族のために《大公領 féodalité princière》が次々と建てられていく。フィリップ美男王のもとでは他の家門が障碍になったように、シャルル六世（在位1380-1422）やルイ十一世（在位1461-1483）にとっては、この親王領が厄介な存在となっていく。

この相続は領主たちから敵意をもって見られ、結局、フィリップ・ル・ロンはフィリップ美男王が歩んだのと似た道を辿ることになる。彼は、都市、とくにパリとその巨大な力の源泉であるパリ大学を優遇し、パリ大学の教師の立ち会いと保証のもと、貴族たちに忠誠誓約をさせた。よき都市は防備が堅固でなくてはならず、市民はしっかり武器を準備しておくべきであるとし、裁判区または地方ごとに隊長（capitaine）を任命した（一三一六年三月十二日）。そうしたモデル地域として、サンリス、アミアンとヴェルマンドワ、カン、ルーアン、ジゾール、コタンタンとコー地方、オルレアン、サンスとトロワが特に指定された。

フィリップ・ル・ロンは、徴税の公平を期して度量衡と通貨を統一しようとしたが、目的を達することはできなかった。会計法についても、もう少し規律化しようとした。各地の収入役は支出の額を差し引いた上で、残りの全額を王室財務局（Trésor du roi）へ送ることを義務づけられ、各地の代官、奉行は、その計算と申告のために、毎年、パリに赴かなければならなかったが、それがいつ行われるかは、誰にも知られてはならなかった。王室財務官は年に二回計算をし、支払いは幾つかの決められた貨幣で行い、会計監査役が判定したあと、王室が受け取る額を国王に報告した。

この財務についての規定には「国境に位置していない城の守備隊には給金の前払いはしない」という条項がある。これは、少なくともイギリス人との戦争が始まるまでは、フランス国内は平和であったという重大な事実を物語っている。この国内平和を保証したのが司法権の強力な組織化であった。高等法院が設置され、聖職者と俗人の構成比率と後者が多数を占めるべきことが勅令によって定められた。高等法院の評議員についてフィリップ五世ル・ロンは、フィリップ美男王が「いかなる高位聖職者も、高等法院に議席をもつことはできない。なぜなら、彼らを抑制しなければ、この国は彼らによって支配される恐れがあるからである」と述べて採った聖職者排除策を外国人にもあてはめて継承した。

パリの高等法院がいかに活力をもって活動したかを知ろうと思うなら、ギヨーム・ド・ナンジのあとを引き継いだ年代記者が語っているリールのジョルダンの話を読むがよい。この人物はガスコーニュの高い身分の出であったが、数々の盗賊行為でその名誉を傷つけた。法王の姪をものにし、法王を通じて王の許可を得て妻としながら、盗賊団と交わり、暗殺者集団を養成して、殺人や盗みなどの悪事を重ねた。それらの悪事を見抜いた王の役人を、彼は、相手がもっていた棒で殺したが、逃げ切ることはできず、パリの高等法院で裁きを受けた。この裁きに、彼は、アクィテーヌでも最も身分の高い貴族たちを引き連れて臨んだが、死刑を宣告され、シャトレの牢獄にぶちこまれ、三位一体祭〔訳注・復活祭後の第八日曜日〕の前日、馬のしっぽにつながれて刑場に引き出されて、絞首台に吊るされたのだった。

このように国王の名誉を果敢に守った高等法院は、法的観点ではそれ自身が真の王であり、その評議員は「不変の正義への意志」を象徴して、王と同じ緋色のアーミン〔斑点模様の毛皮〕のローブをまとった。むしろ真の王は国王ではなく高等法院であって、「王が、高等法院に反した譲与を行ったり勅令を出したり書簡を書いても、それは無効とされた」。この《王》は国王をも疑った。すなわち、国王は、《王》であるとともに《人間》でもあるという二面性をもっているがゆえに、後者のほうには従わないよう自らに命じる必要があった。

多くの王令において、王は自分の鷹揚さに歯止めをかけるべきで、自分の無頓着さにつけこんで過剰な贈り物を引き出そうとしたり、自分が眠ったり休んだりしている間に特典を取得したり侵害することを許してはならないと述べている。たとえば一三一八年、フィリップ・ル・ロンは封建領主の権利について「人々は、しばしばわたしが思っているより以上のものを要求する。したがって、わたしは、誰かに何かを求められても、慎重でなくてはならないのだ」と語っている。また、ある場合は、急に大きな収入があったとか不意の出来事が起きた場合、軽々しく人に知らせないよう王に注意を与え、「臣下たちや損害を被った人にカネを与えなくて済むようにしてほしい」と収入役に要望している。このように王にも弱点があることを認めた言辞は、王の率直さを示すために側近が意図的に流したものと考えられるが、事実であることに変わりはない。

一つの国民にとって突如《神の摂理》となったこの新しく生まれた王権は、自らが果たすべき義務と行使できる手段のアンバランスにも気づいていた。このコントラストは、フィリップ・ル・ロンが自分の館（hostel）と王国資産の管理について出した王令のなかにも奇妙な形で表れている。その高雅な前文のなかで彼は、この地上を統べるべく王を任命し、臣下たちを秩序づけて王国を正しく治めるよう命じられたのは神であるから、毎朝のミサの間は、陳情などによって王の祈りを妨げることがあってはならないと述べている。

こうして、礼拝堂のなかでは、誰びとたりとも彼に話しかけることを禁じられたが、聴罪司祭は別であった。「司祭はわたしの良心に響く話をすることができる」。ついで、毒を盛られたり呪いをかけられる恐怖に覆われていた時代を反映して、「誰びとたりとも、低い身分の少年たりとも、許可なくしてわたしの衣装部屋に入って手で触れたり、ベッドに触れたり、奇妙な布をかけたりしてはならない」とも述べている。

このように、召使いたちに関わる卑近な些事について述べたあと、会議や財政、領地そのほかについての国家に関わる問題が語られており、これは、《国家》が単なる専有物の一つであり、《王国》はアクセサリーの一つのようである。まさにここでは、召使いたちのあり方やブルジョワ的礼節といった些事についての厳格さと、その反対に国家的問題についての大まかさが際立った対照を見せているのであって、この王令が「長ローブの連中」(レジストたち)が考えた王制の理想像とか真実の王のありようを表したものでないことは確かである。

秩序と統治においては評価すべき試みも、民衆の苦しみに対しては、なんの変化ももたらさなかった。ルイ十世ル・ユタンのもと、北フランスでは、戦禍や飢饉による死者が人口の三分の一という膨大な数に達し、この地方の資力は、このために涸渇したといわれる。フランスは国内問題で手一杯で、一三二〇年には、フランドル戦争をなんとしても終わらせなければならなかった。人心は荒廃し、一つの大きな動きが民衆のなかから起きていた。聖ルイ王の時代と同様、農民や羊飼いすなわちパストゥーロー(pastoureaux)などの貧しい人々があちこちで寄り集まり、自分たちが海外へ出かけていって聖地を奪回するのだと言い合った。

そのリーダーになったのが、位を剝奪された一人の僧と背教の修道士であった。そのうしろには父親の家を飛び出した子供たちまで含む多くの民衆が従った。貧しい人々の群は、最初は物乞いをしていたが、やがて盗みを働くようになり、その何人かが捕らえられると、みんなで牢獄を襲って囚人たちを解放した。そして、リーダーたちの指揮のもと、シャトレの門を守っていた憲兵隊長を階段の上から投げ落とし、プレ＝オ＝クレール〔訳注・もともとサン＝ジェルマン＝デプレの土地であったが、一一六三年にパリ大学のものになった〕で戦闘隊形をととのえてパリから出ていった。彼らは、途中、王政府の役人たちの制止にもかかわらずユダヤ人たちを虐殺しながら南フランスをめざした。しかし、トゥールーズに迫ったとき、待ちかまえた軍隊によって捕らえられた人々は二十人、三十人、と吊るし首にされ、残りの連中は散り散りに逃げ去った。

この奇妙な民衆の移動に表われているのは、最初の民衆十字軍のような宗教的狂信よりもむしろ貧苦である。貨幣の質は低下し、高利の借金で圧迫された領主たちは、農民から搾取することによって穴埋めしようとした。農民たちはまだ《ジャックリーの乱》（1358）の時代の農民ではなく、領主に逆らうほど大胆ではなかったから、逃げ出して、そのような禍をもたらした元凶としてユダヤ人の虐殺に走った。

多くの人はユダヤ人を忌み嫌っていたので、王政府の役人たちがユダヤ人を守ろうとするのを見ると激昂した。とくに南フランスの商業都市では根強い反ユダヤ人感情があった。それは、当時、ユダヤ人には金融業を営み、税や罰金の徴収に関わる人々が少なくなかったためで、とくにすぐ隣接しているスペインでは、こうした仕事での辣腕ぶりを買われて重用され、貴族の称号である『ドン』を手に入れたユダヤ人もいた。

すでにルートヴィヒ敬虔帝の時代にも、アゴバルト司教は『ユダヤ人の横柄さ De insolentia Judaeorum』と題する論説を書いているし、フィリップ・オーギュストの時代には、一人のユダヤ人が王の代官に任命され人々を驚かせている。一二六七年、法王はキリスト教徒が「ユダヤ化judaiser」することを非難する教勅を発しなければならなかった。

フィリップ美男王は何度かユダヤ人を追放したが、しばらくすると、彼らはこっそり帰ってきている。ルイ・ル・ユタンは、そうした彼らに十二年間の滞在を保証し、その特権を回復するとともに、彼らから取り上げられた書物やシナゴーグ、墓地を返却することを約束し、それが守られなかった場合は、国王が補償する旨を勅令の末尾に付け加えている。また、彼らが立ち退きを急かれるなかで資産を半値で売却しなければならなかったことについても、二人の担当官を任命して事情を聴取させたばかりか、彼らが貸付け金を取り立てるのに役人たちを協力させた。かつてフィリップ美男王を動かしてユダヤ人を追放させ借金踏み倒しに成功した貴族たちは、ユダヤ人の慈悲にすがらなければならなかった。ユダヤ人たちは貸付け証書が証拠として裁判で認定されると、債務者から好きなように取り立てることができた。これまでさんざん侮辱され傷つけられてきたユダヤ人たちは、このときとばかり、国王の名のもとに復讐することができた。

こうして積もり積もった憎しみが恐怖によって刺激され、人々の心に、どのような手段を使ってでもユダヤ人どもを迫害してやろうという憤りを燃え上がらせたのであった。貧困のため大量の死者が出るなかで、突然、ユダヤ人とライ患者たちが泉に毒を入れたという噂が広がった。パルトネー〔訳注・ラ・ロシェルの北方〕の領主は国王宛の書簡で「当方の領地で捕らえられたライ患者の群が、ある金持ちのユダヤ人からカネと毒薬を渡されたことを白状しました」と書いている。これらの毒薬は人間の血と尿にキリストの身体の一部を加えて乾燥させ粉にしたもので、おもりと一緒に袋に入れて泉や井戸に投げ込んだのだという。ガスコーニュでは、すでに多くのライ患者が捕らえられ、焼き殺されていた。これらの報告を受けた王は、新しい動きが起きるのを恐れて大急ぎでポワトゥーからパリへ戻り、ライ患者を片っ端から捕らえるよう命令した。

誰もがユダヤ人とライ患者の陰謀を信じた。この時代の年代記者は次のように書いている。

「わたしは、そのような袋をポワトゥーのある町で実際に見た。捕まりそうになった一人の女のライ患者が、通りすがりにボロ布の包みを投げ捨てたのであった。その包みは法廷に持ち込まれ、開けてみると、蛇の頭とヒキガエルの肢、黒い液体を塗りつけた女の髪のようなものが入っていた。それらは見るも恐ろしげで、しかも悪臭を放っていた。直ちに炎のなかに放り込まれたが、燃え上がらず、激しい毒性をもっていることが明らかであった。そこで、これは、どこから持ち込まれたものかをめぐって様々な意見が出た。最もありそうに思われたのは、グラナダのムーア人の王がキリスト教徒軍との戦いで度重なる敗北を喫し、その苦しまぎれに、報復としてユダヤ人と組んでやろうとしたが、ユダヤ人たちが自分たちが常々疑惑の目で見られていることから断ったので、ライ患者たちに声をかけた。ライ患者の中心者は四か所で会議を開いてユダヤ人に計画を話してもらい、討議した。その結果、自分たちは何の価値もない人間として卑しまれているのだから、この際、キリスト教徒はみんな死ぬかライ病にかかるようにしてやろうということになり、代表者たちは自分の国に帰って他の連中に伝えるとともに、目的を達した暁には王国だの伯爵領だのといった報酬を与えることが約束された。」

このグラナダ王の報復というのが作り話であることは明白である。ユダヤ人の陰謀というのもありそうにない話である。というのは、ユダヤ人は、当時、国王にも高利でカネを融通し、さまざまな意味で優遇されていたからである。ライ患者に関していえば、たしかに厳しく隔離され差別されていたから、この話は、近世の歴史家たちが思うほど奇妙ではない。ユダヤ人もライ患者も、人々から隔離されて独自の世界を作っていたので、当時の一般のキリスト教徒からすると、ともに怪しい存在であった。そうした疑りやすく臆病な精神が、ちょうど夜を怖がり、自分に触れたものを激しく打つ子供のように、過激な行動に走らせたと考えられる。

ライ患者たちは、聖地回復のための仕事がなくなって十字軍の穢れた残滓となっていたテンプル騎士団と同様、ますます疑わしい目で見られるようになっていた。ライ患者たち自身、それ以前の何世紀かに定着していた「ほんとうは死んで受けるべき苦痛を、この世で先立って受けているのだ」という宗教的諦観を、これ以後は失っていく。ライ患者を隔離する際には死者の葬送に似た儀式が行われた。祭壇の前に黒い布で覆われた二つの架台が設置され、ライ患者はその前で跪いてミサを聴いた。司祭がマントに入れていた少量の土をライ患者の一方の足の上に投げると、ライ患者は教会の外に連れ出され、原っぱのなかに建てられた小屋に入れられる。それは、療養施設などではなく、あくまで隔離施設に過ぎなかったが、これが、これから彼の身を守ってくれる場となったのである。

「わたしは汝が教会のなかに入ることも、人々と交わることも禁ずる。ライ患者の衣を着用せずしてこの家から出てはならない」。そして、「この衣を受け取り、身に着けよ。この手袋と拍子木を受けよ。汝は誰びとにも話しかけてはならない。……このように他の人々から隔離されたからといって気を悪くしてはいけない。生きるのに必要な細々した物については、善意の人々が施してくれるであろうし、神が汝を放っておかれることはない。」

さらに、古いライ患者の典礼定式書には、次のような悲しい言葉も記されている。「ライ患者がこの世を去るにいたったときは、みなが葬られている墓地ではなく、その小屋の傍らに埋められるべきである。」

まず問題になったのは、夫がライ患者になった場合、その妻は夫に従うべきか、残って再婚相手を探すべきかであった。ローマ教会は、結婚は解消できないと定め、不運にもライ病にかかった人々に大きな慰めを与えた。しかし、その場合、前述の「見せかけの死」はどうなるのか？　死に装束は何を意味するのか？　彼らは生き愛し合いながら、一つの集団を形成しつづけている。それは、貧しく妬み深い人々であるが、羨まれる人々でもある。物乞いをして命を繋いでいる人もいれば、以前からもっている資産で豊かな生活を続けている人もいるが、いずれにせよ、何もしないでいる彼らは、社会にとっては一つの重荷であった。だからこそ人々は、彼らを責められるべき罪びとであると考えたがったのであり、ルイ十世も、ライ患者はライ病院に収容するよう命じている。

他方、ユダヤ人にいたっては、誰彼の区別なく焼き殺された。とくにひどかったのは南フランスであった。

「シノンでは大きな壕を穿ってそこに薪を積んで、百六十人が一挙に焼き殺された。男も女も、結婚式のときのように歌をうたいながら壕のなかに飛び込んだ。多くの寡婦は、自分の子供が取り上げられてキリスト教の洗礼を施されるのを恐れ、自分より先に子供を投げ入れた。……それに対して、パリでは、焼き殺されたのは罪ありとされた人たちだけで、それ以外の人々は追放された。金持ちの人々は、債権証書を差し出し、その富で王室財政を潤すまで処分を保留された。このやり方で国王は一五万リーヴルを手に入れた。」

「ヴィトリでは、四十人のユダヤ人が王政府によって牢に入れられた。彼らは、非ユダヤ教徒によっては殺されたくないので、すぐれた人格者として知られる一人の老人の手で殺されたいと全員の心が一致した。そこでその老人が呼ばれたが、彼は、若者一人に手伝ってもらわないかぎり引き受けられないと拒んだ。こうしてみんなが死に、二人が残ったが、彼らは互いに相手の手で死ぬことを望んだ。結局、老人が意志を通し、若者が彼を殺した。独りになった若者は、死者たちがもっていた金銀を集め、衣服で縄を綯うと塔から垂らした。しかし、縄は短すぎ、金銀はあまりにも重かった。地面に飛び降りたとき、彼は脚を痛め、捕らえられて白状した末に不名誉な死に方をした。」

（ギヨーム・ド・ナンジの後を引きついだ年代記者）

こうして、フィリップ五世がライ患者とユダヤ人の遺産によって得た富は、父親の美男王がテンプル騎士団の遺産で得た富には遙かに及ばなかったが、一三二一年八月に、医師にも病因が解明できない高熱を発し、五か月間苦しみ抜いて死んだときには、あの強奪の報いであるとされた。

「ある人々は、彼は、前代未聞の強奪を行ったので、国民から呪われたのだと言った。そこで、彼が病床に臥せている間、権力による収奪は、完全な停止にはいたらなかったが、緩和された。」

そのあとを引き継いだ弟のシャルル四世（ル・ベル）は、次兄フィリップが長兄ルイの娘の権利について見せたほどの配慮をフィリップの娘のそれには払わなかった。このシャルル四世の治世（在位1322-1328）、フランスでは、これという事件は起きていないが、ドイツ、イギリス、フランドルで様々な事件があった。フランドル人たちは自分たちの伯を牢に放り込み、ドイツ人たちはオーストリア（ハプスブルク）のフリードリヒとバヴァリア（ヴィッテルスバッハ）のルートヴィヒによって二分され、ルートヴィヒが勝ってフリードリヒをミュールドルフに幽閉した。このように、世界が二つに引き裂かれているなかでフランスだけが一つであることによって強くなったように見えた。シャルル四世はフランドルではフランドル伯のために介入し、法王の支援で皇帝の座を狙った。イングランドではシャルルの姉のイザベルが、夫エドワード二世の死によって実質上の女王となる。このイザベルが夫エドワード二世を死なせたエピソードは、同じくフィリップ美男王の子である長兄のルイ十世が妻（マルグリット・ド・ブルゴーニュ）を死なせた話に劣らない恐ろしさを示している。

エドワード二世（在位1307-1327）は、父エドワード一世の数々の勝利のなかで生まれ、ウェールズ人たちから「アーサー王の再来」と期待されていたが、戦いでは負けてばかりいた。フランスにおいてはギュイエンヌを領有するためにフランス王に臣従を誓うことを約束させられ、イングランドでは、スコットランド王ロバート・ブルース（1274-1329）にひどい目にあわされた。彼は、勇気を与えてくれる聖油を身体に塗布しても罪にならないでしょうかなどと法王庁に訊ねている。妻には軽蔑され、女性よりむしろ若い美男子との歪んだアヴァンチュールで自らを慰めた。王妃は、その仕返しのためにモーティマー（1287-1330）〔訳注・アイルランドの反乱に加担した罪でロンドン塔に幽閉されていたが、パリに逃れ、フランス滞在中のイザベルと通じ合った〕に身体を任せた。貴族たちはエドワード二世を取り巻く稚児たち（mignons）を毛嫌いし、まずガスコーニュ人美男子のガヴェストンを殺した。彼は騎士としても優れ、騎馬試合で最も名門の領主や最も身分の高い貴族たちを倒していた。ガヴェストンの後釜になったスペンサーも、彼に劣らず憎まれた。

イングランドがこのような軋轢で無防備になったのに乗じて、フランス王はガロンヌ川中流のアジェノワ地方を奪い取った。イザベルが若い息子〔訳注・長じてエドワード三世となる〕を伴ってフランスにやってきていた目的は、この地方の領有権をフランス王に対して主張するためということであったが、彼女が要求を突きつけた相手は夫のエドワードに対してであった。そのフランス王シャルル四世はイザベルの弟で、彼はイングランドを征服しようというのと同じくらい危なっかしいこのような事件に関わりたくなかったので、自分としては彼女を捕らえて夫のもとへ送り返したい気持ちでいるのだというふりをし、配下の騎士たちにはイザベルの肩を持つことを禁じた。そのうえで、フィレンツェの銀行家、バルディ商会に工面してもらってカネをイザベルに与え、その他方でガスコーニュの山賊を討伐するためと称して、ギュイエンヌに幾つかの部隊を派遣した。

フランドルのエノー伯は、娘をイザベルの息子に嫁がせていた関係もあって、イザベルに手を貸し、自分の弟に彼女が集めた小規模な軍勢の指揮を執らせた。しかし、この軍隊は、イングランド人に不安を与えマイナスの効果しかもたらさなかったようである。エドワード二世は軍事権を取り上げられていたので、イザベルに対抗するために船団を派遣したが、この船団は意識してイザベルの部隊とは遭遇しないようにした。そこで急遽、ロバート・オブ・ワットヴィルに幾つかの部隊をつけて送ったところ、この軍勢はイザベル側についてしまった。そこで王はロンドン市民に支援を要請したが、市民たちから「わたしたちは戦場に出なくともよいという特権を与えられています。また、外国人を受け入れることはできませんが、国王、王妃、王子なら喜んで歓迎もうしあげましょう」と断られた。そのうちに、王妃がイングランドに帰ってくると、教会関係者たちは、喜んで受け入れた。カンタベリー大司教は「民の声は神の声である」という聖句について説教し、ついで、ヘリフォード司教が「私は頭が痛い Caput meum doleo」という別の聖句について説教。最後にオックスフォードの司教が聖書の『創世記』にある「我は汝とその妻との間に敵意を置かん。彼女は汝の頭を砕かん」について説教した。この殺人の予告が正しかったことは、のちに証明される。

しかしながら王妃は、息子とともに小さな部隊を率いて進んだ。彼女がロンドンにやってきたのは、夫に破滅をもたらす悪い助言者たちを夫から遠ざけることを願う一人の不幸な女としてであった。涙に暮れる哀れな彼女に対して人々は、同情の念を禁じ得ず、皆が味方をし、エドワードとスペンサーを連れてきた。スペンサーは、宮殿の前の庭で、王妃が十字窓から見守るなか、四肢を切断されたあと処刑された。

しばらくの間、彼女は、それ以上のことはしようとせず、民衆を恐れ、夫をいたわった。彼女は泣いたが、涙を流したからといって何も変わらず、裁判は規則通りに行われ、エドワード二世も変わることなく王位にあった。このことが全てを停止させていた。議会の代表としてウィリアム・トラッセルが三人の伯と二人の貴族、二人の司教を伴ってケニルワース城にやってきて、エドワードに、もし彼が早く王冠を手放さなければ、民衆は王家以外から王を選ぶ恐れがあり、王は全てを失うばかりか、自分の息子に王位を継がせることもできなくなると話して聞かせた。エドワードは涙を流し、結局、王位を手放すことに同意した。そこで、議会代理人は文書を起草して読み上げたが、この文書は優れた前例として大事に伝えられている。

「わたしウィリアム・トラッセルは、議会の代理人としてイングランド全国民の名において、汝エドワードに対して捧げた臣従誓約を取り消す。これより以後は、汝は王権を剥奪され、わたしが汝を王として敬い服従することはない。」

エドワードは、これで少なくとも命を長らえられると思った。王が殺されたことは、まだなかったからである。妻は、その後も彼に追従を言い、手紙には優しい言葉を連ね、美しい衣服も贈った。しかし、廃位された王は厄介者でしかなかった。いつ牢獄から引き出されるかもしれなかった。イザベルとモーティマーは、不安からヘリフォードの司教に意見を求めた。そこで引き出すことのできたのは「エドワードを殺してはならない。死の恐怖を与えるのはよいことである Edwardum occidere nolite timere bonum est」という曖昧な言葉であった。これは答えにならない答えであり、句読点の置き方次第で、死とも生とも、どちらとも読めた。彼らは「死」と読んだ。王妃は、夫が生きているかぎりは、どのように事態が展開するかわからず、死ぬほど恐ろしかった。

新しい牢獄の長官が送られた。ジョン・マルトレヴァースといい、この名前自体不吉であった〔訳注・「マル」は「悪」の意〕が、人柄はもっと悪かった。マルトレヴァースは、囚人に苦しみを与えることを楽しみにしている人物で、何日もの間、苦しみを与えたが、それは、おそらく囚人が自殺の道を選ぶことを期待したのであった。エドワードは凍った水で髭を整えられ、頭には藁で作った冠をかぶせられた。それでも何とか生きようとしたので、背中に扉と重石をのせ、真っ赤に焼いた鉄串で串刺しにされた〔訳注・エドワードが殺されたのは一三二七年九月二十一日のことである〕。外傷を残さないため、鉄串は、角で作った管をあてがって差し込まれたという。死体は公衆の前に示され、荘重なミサがあげられて丁重に埋葬された。身体には傷跡はまったくなかったが、彼があげた悲鳴は聞こえていた。この悲鳴と対照的な身体の無傷ぶりが、これに関与した殺し屋たちの恐ろしさを告げていた。〔訳注・エドワードの悲劇については、マーローが史劇『エドワード二世』を遺している。〕

シャルル・ル・ベルは、この陰惨きわまるイギリスの革命には便乗しなかった。彼自身、エドワードとほぼ同じころ（一三二八年）に亡くなった。あとに遺したのは娘ひとりだったので、王位は従兄のフィリップ・ド・ヴァロワが継いだ。ヴィエンヌ公会議で父フィリップ美男王の傍らに席を占めた王子たちとともに、この美しい家族全員が消え失せてしまったのは、ボニファティウスの呪いとして語られていたことと見事に合致している。

第六部　ヴァロワ王朝

第一章　フィリップ六世（一三二八～一三四九年）

この時期は、イングランドが地盤沈下し、フランスが上昇した対照的な時代であるにもかかわらず、この両国は互いに似通った現象を示している。イングランドではエドワード二世が貴族たちによって倒され、フランスでは封建的勢力を基盤にヴァロワ家が王座についている。

フィリップ美男王の外孫にあたる若いイングランド王（エドワード三世）は、臣従誓約を行うためにアミアンに赴かなければならなかった。とはいえ、イングランドは、フランスをしのいで優位に立たせてくれる成功の要因をもっていないわけではなかった。フランドルと緊密に結びついていた英国新政府は、エドワード一世があらゆる国の商人に許可した商業憲章を蘇らせて外国人を呼び寄せた。その反対にフランスは、この新しい変革の波に乗り損ねて、取り残される。クレシーの戦いやポワティエの戦いでのフランスの敗北に象徴されるその後の出来事は、ここから説明できる。英軍勝利の鍵を握ったのが、まさにロンドン、ボルドー、ブリュージュ（ブルッヘ）の商人たちの支店網である。

聖地エルサレムはすでにイスラム教徒に決定的に奪われ、一二九一年には十字軍の時代は終わった。〔訳注・一二九一年、エジプトのマムルーク軍によってアッコンが陥落し、エルサレム王国滅亡。〕一二九八年には「アジアへのクリストファー・コロンブス」というべきマルコ・ポーロが二十年間にわたるシナ滞在と「黄金の国ジパング」について述べた旅行記を口述している。彼によってはじめて、エルサレムの彼方へ十二か月進んでいった先にも、幾つもの文明化された王国と国民が存在しており、エルサレムはもはや世界の中心でもなければ人間の思考の中心でもないことがわかったのである。ヨーロッパは《聖地 Terre sainte》を失ったが、その代わりに《世界 la Terre》を見いだしたのだった。

一三二一年、ヴェネツィア人サヌード（1270-1343）により、商業経済学の初めての著述『Secreta fidelium crucis』〔訳注・「誠実な十字架の秘密」という意味〕が現れる。この書のタイトルはいかにも古臭いが、盛られた思想は、聖地を奪ったエジプトに対抗するには、十字軍ではなく、海洋交易ルートの開拓によるべきだというもので、この主張は、宗教的理念から商業的理念への移行を示している点で斬新かつ画期的である。このヴェネツィア人の狙いは、コンスタンティノープルがギリシア人の手に奪還された〔訳注・ヴェネツィア人たちは十字軍を利用して一二〇四年にコンスタンティノープルを攻略したが、ビザンティン帝国が一二六一年に復活した〕ことによって失ったヴェネツィアの東地中海における優位を取り戻すことであった。そのため、彼はまず、エルサレム征服が聖書によってキリスト教徒に命じられた使命であることを確認し、次に、聖地はあらゆる種類の香料、香辛料の倉庫であるとして、胡椒やショウガ、また教会で焚く香など商品ごとに品質と価格をリストアップする。輸送費についても、驚くべき明快さで算出している。

こうして、一つの大規模な、しかも、まったく新しいジャンルの十字軍が世界に向かって起こされる。それは、聖なる槍や聖杯、トレビゾンド帝国を探しにゆくような詩的なものではない。もし海上をゆく船を停めて調べるなら、そこに乗っているのは、征服すべき王国を求めているフランス貴族の次男坊ではなく、砂糖とかシナモンを商うジェノヴァかヴェネツィアの商人である。だが、これが近世の英雄なのだ。しかも、彼らは、かつての英雄たちにも劣らない英雄である。リチャード獅子心王が聖墳墓教会のために命を賭けたように、彼らは一枚のゼッキーノ金貨〔ヴェネツィア金貨〕を手に入れるために自分の命を賭ける。この商人の十字軍士がめざす《エルサレム》は、いたるところにある。

彼らを動かしている《富への信仰》にも、「巡礼者」や「修道士」もいれば、「殉教者」までおり、苦難に立ち向かう勇敢さは、キリスト教の殉教者に引けをとらない。キリスト教の修道士と同じく彼らも、夜は眠りを断ち欲望を制御し断食にさえ耐える。彼らは、その「素晴らしき年月」を危険に満ちた旅に明け暮れ、ティルスだろうとロンドンだろうとノヴゴロドだろうと、遙かな異郷の地にある支店に単身で駐在する。掠奪され虐殺される危険に常に身を晒しながら、防備を固め、ときには大きな番犬を従え武装したまま売り台の上で仮眠する。

当時の商業は生やさしいものではなかった。アレクサンドリア＝ヴェネツィア間の航海などは、商人にとって大したことではなかった。もっと有利な商売のためには、北ヨーロッパ方面へ進出することが必要であった。ティロルの峠を越え、ひなびたダニューブ川流域を経て、アウクスブルクやウィーンへ向かい、鬱蒼たる森や陰気な城を見上げながらライン川をくだり、聖なる都市、ケルンにまで行かなければならなかった。ここがヴェネツィア商人とハンザ都市の商人、いわば南北ヨーロッパの出会いの場であった。

そこからさらに、ラインの左岸から内陸に方向を転じてフランス王国に入り、シャンパーニュ伯領に向かう。そこでは、トロワ、ラニー、バール＝シュル＝オーブ、プロヴァンなどの大市が開かれ、やはり南北ヨーロッパの商人たちの出会いの中心になっていた。さらに何日か西方へ旅をすると、ブリュージュに着く。ここは低地諸国の十七もの民族が集まってくる重要な宿駅であった。

しかし、フィリップ美男王がその妻（ナヴァールの女王でありシャンパーニュの女領主であった）を通じてシャンパーニュの主となり、ロンバルディア人たちに対して規制を強化し、通貨を改鋳したため大市で使われる通貨に混乱を招くにいたって、この《フランス・ルート》は維持不能となる。しかも、そのあとのルイ十世（ル・ユタン）はすべての売買に税をかけることによってトロワの商業を窒息させた。彼はさらに、フランドル人、ジェノヴァ人、イタリア人、プロヴァンス人との取引を禁じたが、そんなことは、もう不要であった。

王は、あとになって、金の卵を生む鶏を殺してしまう愚をおかしたことに気づき、税を引き下げて商人を呼び戻そうとしたが、そのときには、商人たちはフランドルへ行くのにドイツを経由するか大西洋を通るようになっていたため、ふたたびフランスに繁栄が戻ることはなかった。ヴェネツィアにとっては、大西洋航路の開拓がフランドル人やイギリス人と結びつくチャンスとなった。

このため、フランス王国の内陸部は、商業経済から取り残された僻地となる。しかも、この内陸部を通る道は、危険に満ちているうえ、封建領主たちが設けた無数の関所で通行税を取られたから見向きもされなくなる。そうした領主たちによる掠奪は、王権の強化とともに減ったが、それを上回る簒奪が王政府の役人たちによって行われた。いうなれば王政府がすべてを掌握したが、その王政府の手は、徴税役人たちの貪欲な爪を装備していた。たしかに秩序は樹立されたが、それは万人から満遍なく徴収するためであり、川も森も渡し場も隘路も、税役人の眼を逃れられる隙間はなかった。そこから、「商人のように剝ぎ取られる Pillé comme un marchand」が一つの常套句になったほどである。

フランスでは地方によって度量衡がまちまちであったうえ、通貨も無限に多様化した。それに対し、イングランドでは、王の憲章によって度量衡が明確化され、ドイツ人・フランス人・スペイン人・ポルトガル人・ナヴァール人・ロンバルディア人・トスカーナ人・プロヴァンス人・カタルーニャ人・ガスコーニュ人・トゥールーズ人・カオール人・フランドル人・ブラバント人その他いずれの国の人であっても、イングランドを訪れたときや、あるいはイングランドに住んで商売をしようとする場合、寛大かつ公平に扱われ、保護された。裁判も公正に行われ、商人に対して不公平な裁きをくだした裁判官は、与えた損失を賠償させられたうえに、処罰を受けた。ロンドンには外国人専用の裁判官がいて、利害が絡みあっている事案については、イングランド人とその外国人同胞で構成される陪審団が編成された。

もとより、イングランドには、この憲章より以前から、たくさんの外国人たちがやってきていた。十三世紀以後のイングランド商業の発展を見るならば、十四世紀の一人のイングランド商人が五人の王を招待し、もてなしたという話を聞いても、驚くにはあたらないだろう。中世の歴史家たちが語っているイングランドの商業の実情は、まるで今日のそれを思わせるものがある。

「おお、イングランドよ。聖書のなかで賛嘆されているタルシシ〔訳注・現在のスペインのアンダルシア。タルテソスともいった〕の船団も、汝のそれと肩を並べうるだろうか? 香辛料は、世界の四つの地方から汝のもとへやってくる。楽園の川に転がっているサファイアとエメラルドは、ピサやジェノヴァ、ヴェネツィアの商人たちによってもたらされる。アジアは緋色の染料を、アフリカはバルサムを、イスパニアは黄金を、アレマニアは銀を献上する侍女であり、フランドルは汝のために羊毛を紡いで高価な衣服を作ってくれる。ガスコーニュはワインを汝に注ぐ。――というように、すべての島々が汝に奉仕する。しかしながら、もっとすばらしいことは、汝がたくさん産する雌羊たちの毛皮によって腹を温めてもらった諸国民が汝に感謝していることである。」(ウェストミンスターのマシュー)

もともとイングランドとその人民を作り上げたのが羊毛と肉であったといっても過言ではない。イングランドの人々は太古の昔から牧畜を営みその肉を食べてきたのであって、彼らの顔の涼やかさと美しさ、その身体の強靭さはそこに由来している。彼らのなかで最も偉大な劇作家シェイクスピアも、肉屋〔訳注・父ジョンは牛や羊の皮をなめして商っていた〕であった。この島は、いまは世界の鉄と織物の大工場になっているが、かつては牧畜によって肉を各地に供給する地であった。

ここで、わたしなりの個人的印象を述べることを許していただきたい。

わたしは、かつてロンドンとイングランド、スコットランドの各地を見て歩いたとき、理解というよりむしろ感嘆したことがある。ヨークからマンチェスターへ、このブリテン島を横断したとき、ついに、イングランドのもっている本当の意味を直観することができた。冷たい霧に覆われた朝、イングランドはわたしには、大西洋によってまわりを囲まれているというよりは、大西洋のなかに浸っているように見えた。太陽の光は淡く、風景はかろうじて半分しか色合いを表していなかった。もし霧がそれぞれの色合いを調和させようと配慮していなかったら、家々の赤れんがは緑の芝生とあまりにも激しいコントラストを見せていたであろう。羊の群が草を食んでいる牧場の向こうでは、工場の赤い煙突がもくもくと煙を吐き出していた。牧畜と耕作――産業のすべてが一つの狭い空間のなかに収まり、互いに重なり合い、養い合っていた。牧草は霧によって生長し、羊は牧草によって生き、人間は、その羊の血によって生きているのである。

この精力を吸い取るような気候のもとでは、人間は常に飢えに脅かされ、働かずしては生きていけない。自然が労働を強いるのである。しかし、人間も見事に自然にお返しをする。鉄と火によって自然を屈服させ、自然自身を働かせる。この戦いのためにイングランド全体が息を切らし、人間は、そのために怖じ気づいているかのようである。イングランド人の赤ら顔、奇妙な様子を見ると、酔っぱらっているのではないか？　と思いたくなるだろう。だが、その頭と手つきはしっかりしている。彼は、血と力に酔っているだけであり、蒸気機関のように自らを手当てし、そこから動力と速力を最大限に引き出そうとする。

イングランドは、中世には工業がなかったため、その有り余る力を戦争に注いだ。当時のイングランドは農業国で、工業の原材料は産出したものの、それを利用したのは外国であった。イングランドが羊毛と肉を生産し、海峡を挟んで対岸のフランドルの労働者がその肉を食べ、糸を紡いで布に織った。諸侯たちが争い合うなかで、イングランドの肉屋とフランドルのラシャ業者とは同盟関係を結んでいた。フランスは、それをなんとか断ち切ろうとして、その代償として、百年にわたる戦争の重荷を背負いこんだのであった。この戦争は、王たちにとっては、フランス王位の継承を賭けたものであり、民衆にとっては、商業の自由、とくにイングランドの羊毛取引の自由を賭けたものであった。都市コミューンは、羊毛の袋のまわりに集まって、王の要求に応じるよりも武力を強化することを議決した。

百年戦争の歴史全体に一つの奇妙な様相を与えているのが、この工業主義と騎士道の混交である。

「フランス征服を円卓でアオサギ（héron）に誓った尊大なエドワード三世」も、「偉勲を上げるまでは外すまいと誓って片目を赤い布で覆った狂った騎士」（フロワサールの記述）も、自費で奉仕するほど気違いじみてはいない。十字軍の時代の単純さは、この時代には跡形もなくなっている。これらの騎士たちは、根底においてはロンドンやガン（ヘント）の商人たちにカネで雇われた代理人でありセールスマンである。エドワードは、その高慢な腰を低くしてラシャ商人や織工を喜ばせ、ガン市民でビール醸造業者であるファン・アルテフェルデと手を組んで肉屋の売り台の上から民衆に長広舌を振るう。

十四世紀の高貴な悲劇は、喜劇的な部分をもっている。最も残忍な騎士たちのなかにも、フォルスタッフ〔訳注・シェイクスピアの『ヘンリー四世』で喜劇的な役を演じる肥満の騎士〕のような人々がいる。イギリス人たちは、フランスでも、イタリアやスペインでも、南仏の美しい風土のなかでも、その勇敢さに劣らぬ大食漢ぶりを示す。彼らは「牛食いのヘラクレスHercule bouphage」さながらに、「食い潰す」ためにフランスにやってくる。しかし、逆に彼らは、果物とワインの美味に圧倒され、王子たちは消化不良によって、兵士たちは赤痢によって命を失う。

そのことは、「中世のウォルター・スコット」というべきフロワサールを読むと分かる。そこには、いつの時代にも変わらない練達の戦さびとたちの冒険の物語が記されている。重々しい光を放つ十四世紀の武具を博物館でじっくり御覧になるがよい。武勲詩のヒーロー、ルノーだの英雄ローランがついさっき脱いだばかりのように見えないだろうか？　だが、これらの分厚い鎧は、動く鋼鉄の砦さながらで、これを身に着けた人々が如何に用意周到な人間であったかを想像させる。これらの防具は、戦争が職業化するにつれて重量を増した。カルタゴやパルミュラの商人たちも、戦いにあたってはこれと同じ傾向を示した。〔原注・カルタゴのことについてはプルタルコスの『ティモレオン伝』、パルミュラについては『ゼノビア伝』を見ていただきたい。〕

まさに、戦争と商売とが混然としているところに、この時代の特徴があり、英雄叙事詩『アーサー物語 Roman d'Arthur』と小咄の『パトラン先生』がこの時期の代表的文学であるのはけっして偶然ではない。いかなる時代も両面性をもっていて、さまざまな対照性が支配しているが、とくに重要なのが《散文 prose》と《詩 poésie》で、この両者は互いに否定し合い愚弄し合う。ダンテの夢想とシェイクスピアの夢想の間に横たわっている二世紀は、それ自体、一つの空想の産物であり、『真夏の夜の夢』のように見える。そのなかで詩人は、職人たちと英雄たちを気まぐれに混ぜ合わせ、高貴なテーセウスと織り物職人のボトムを一緒に登場させ、そのロバの耳をもつ頭をティターニアに向き合わせる。〔訳注・ティターニアは妖精たちの女王であるが、妖精の王オベロンに逆らったため、妖精パックによってロバの頭をかぶせられたボトムに恋するはめになる。〕

若いエドワード三世が惨めにもフランス王に臣従礼をとることによってその治世（1327-1377）を始めたのに対し、フィリップ六世（ド・ヴァロワ）の治世（1328-1350）は華やかなファンファーレのなかに開幕した。〔訳注・エドワードはギュイエンヌを領有するためにフランス王を宗主として仰ぐ必要があったからである。」

フィリップ・ド・ヴァロワは封建的な人間のなかでも最も封建制に肩入れしたシャルル・ド・ヴァロワ（フィリップ美男王の弟）の息子で、封建領主たちの支持を頼りとした。これらの領主たちも、シャルル・ド・ヴァロワ自身も、ルイ十世ル・ユタンの死に際しては、その娘の王位継承権を支持した。そうなれば王冠は結婚によって別の家系に移動するし、女領主が引き継いだ封地のようにいつまでも弱体であることが期待されたからであった。しかし彼らも、自分たちの同志であり首領であったシャルル・ド・ヴァロワの息子フィリップが男系優先の法によって王座につくことになったときは、この政策を忘れてしまった。これは、おそらく、それまでの何代かの王の暴政で被った損害をフィリップ・ド・ヴァロワが埋め合わせてくれるのではないか、たとえばフランシュ＝コンテやアルトワを長い間願いながら叶わなかった人間に返却してくれるのではないかと期待したのである。ロベール・ダルトワ（アルトワ伯ロベール）自身、このフィリップを強力に擁立したのは、これで訴訟に勝つことができると考えたからであった。

新しい王は、はじめは封建領主たちに好意的なように見えた。彼は、領主たちの借金を免除し、めでたい即位とよき正義のしるしとして、当時の慣習にしたがって先代王の財務官を真新しい絞首台に吊させた。しかし、真に公正な裁きを行う王は弱者と苦しんでいる人々の庇護者でなくてはならない。フィリップ・ド・ヴァロワは、かつてシャルル四世ル・ベルがイングランドのイザベル王妃を慰めたように、ブリュージュ市民によって邪険にされたフランドル伯（ルイ・ド・ヌヴェール）を迎え入れた。

こうして始まったブリュージュ市民に対する戦いは、新発足の王政のいうなれば「初売り祭」であった。貴族階級は喜んで王に従い出征した。しかし、ブリュージュやイープルの人々は、動揺することなく武備を整え態勢を組んでカッセルまで押し出してきて、八月二十三日には合戦となった。この生意気な連中は、旗の上に雄鶏と次のような嘲りの文句を掲げた。

Quand ce coq icy chantera
Le roy trouvé cy entrera
雄鶏が謳うとき
やっと見つかった王様が登場する

この勇ましい言葉どおりにするために彼らに不足していたのは、勇気ではなく持続力と我慢強さであった。両軍が睨みあっている間に、フランドル人たちは、自分たちの事業が苦況に陥っていること、とくにイープル市民は紡績機が停止していること、ブリュージュの商人は商品が山積みになっていることを気にし始めた。所詮、彼らは売り台から魂を引き離すことのできない商人や職人であった。そして戦火によって自分の町から上がる煙を眼にすると、どれくらいの損失額になるかを計算し、ついには耐えられなくなって、この戦いに一刻もはやく決着をつけたくなった。彼らの首領のザネキンは、魚商人に扮してフランス軍陣地に忍び込み偵察した。フランス側は誰も敵が迫っていることに気がつかなかった。

フランドル軍が襲いかかったとき、フランスの領主たちは互いに食事に招待しあい、ローブに身を包みくつろいでおしゃべりをしていた。王自身も食事中であった。このフランドル軍の急襲はフランス側の意表を突いたが、これによって事態がフランドル側にとって好転したわけではなかった。フランドル人たちは、ある者は力自慢から、ある人は商人らしい慎重さから、ある人は金持ちぶりをみせびらかしたくて、徒歩なのに騎士の重い鎧を身につけていた。これは、身を守るのにはよかったが、立ち上がるのもやっとというほど行動を妨げた。戦い利あらず故郷に向かった彼らの道筋に棄てられた鎧は一万三千を数え、自分の領地に攻め入ったフランドル伯は、三日間で一万人の市民兵を殺した。

当時、フランス王は、まちがいなく《大王》であった。フランドルを支配下に取り戻し、イギリス王からは臣従礼を受けた。ナポリとハンガリーはフランス王の従兄弟たちが治めていたし、スコットランド王はフランス王の庇護を受けていた。彼の宮廷には、ナヴァール、マジョルカ、ボヘミア、ときにはスコットランドの人々が集まっていた。ボヘミア王〔訳注・当時、ボヘミアはルクセンブルク家の世襲領であった〕のヨーハンは、神聖ローマ帝国皇帝カール四世（在位1355-1377）の父であり、彼自身、ヨーロッパじゅうを駆け回ったが、「自分はパリ以外では生きることができない」と言って、つねにパリのフランス大王の宮廷に戻ってきている。そこでは、アーサー王と円卓の騎士の物語を現実化したような華やかな騎馬槍試合のトーナメントが行われていた。

このフランス王権の栄華を想像するには、「ヴァロワ家のウィンザー城」ともいうべきヴァンセンヌ宮殿を見ておくことが必要である。ここは、こんにちでは半ば廃墟と化しているが、かつては四つの塔が並び立ち、跳ね橋を通して色とりどりの旗を翻した領主たちの軍勢が出入りし、柵をめぐらした競技場では、十人の各国の王たちが、キリスト教会の長男というべきフランス王の前で勇壮な槍試合を繰り広げた。この高雅なドラマが演じられた舞台は、樹齢何百年を数え城壁と同じ高さにそびえるコナラの木々に囲まれ、その奥には広大な森が広がり、夜は小塔のすぐ下で鳴き声を響かせていた鹿たちが、夜が明けると角笛の音に追われて森の奥へ姿を隠した。いまでは見る影もなくなったが、それでも、天守閣からは、十一層からなる時計塔を見ることもできる。〔訳注・ヴァンセンヌ城は、フィリップ・オーギュストによって初めて建造されたが、現存の建物はフィリップ六世による。〕

封建領主たちは、この封建的壮麗さに魅了されつつも、自分たちの味方であったシャルル・ド・ヴァロワの息子の統治の仕方がフィリップ美男王の息子たちのそれと違っていないことにすぐに気づいた。この統治方法は、始まりは騎士的であったが、とても高尚とはいえないプロセスを辿った。王宮は文書保管庫となり、事ごとに証書の真贋が問題にされた。そのような裁判は、大貴族の一人でフィリップ・ド・ヴァロワの従兄弟であり義理の弟で、王位継承に最も貢献したロベール三世ダルトワの名誉を傷つけないでは済まなかった。この裁判により、大貴族にとって最も不名誉なことに、文書偽造と魔法に頼ったことが露見したのである。

アルトワ伯ロベール三世は、二十六歳のときから、父の妹でブルゴーニュ伯の妻であるマオー（マティルドとも）によってアルトワの領有を阻まれてきた。フィリップ美男王もマオーとその娘たちに肩入れし、この娘たちを自分の息子たちと結婚させることにより、アルトワとフランシュ＝コンテを婚資として王家のものにしたのだった〔訳注・フィリップ五世ル・ロンの妃ジャンヌはマオーとブルゴーニュ伯オットー四世の娘であり、ルイ十世の妃はマルグリット、シャルル四世の妃はブランシュ・ド・ブルゴーニュである〕。ロベールは、フィリップ美男王の息子の一人であるルイ・ル・ユタンが亡くなったのを機に、封建勢力の巻き返しに便乗してアルトワに襲いかかったのだが、もう一人の息子のフィリップ・ル・ロンに妨害され、惜しいところで、この獲物を手放さなければならなかった。そこで結局、フィリップ美男王の息子たちがみんな死に、シャルル・ド・ヴァロワの息子の一人が王位に就くのを待つ必要があったわけである。ロベールが熱心にこの新王を擁立したのは、このためであった。

フィリップ・ド・ヴァロワは、自分を擁立してくれた恩返しとして、フランドル戦争では前衛軍の指揮をロベールに託し、ボーモン伯領の封地貴族（pairie）の称号を彼に与えた。ところで、ロベールは王妹のジャンヌ・ド・ヴァロワと結婚していたが、ジャンヌは「ボーモン伯夫人」という肩書きでは満足できず、なんとかアルトワを自分の夫のものにしようと努力した。

マオー伯夫人は、危機が迫っていることを知らされると、大急ぎでパリにやってきたものの、到着してまもなく亡くなった。彼女の権利は、フィリップ・ル・ロンの未亡人である娘（ジャンヌ・ド・ブルゴーニュ）に移ったが、彼女も、母の死後三か月で亡くなった（1325）。したがって、ロベールにとって敵は、マオーの孫でフィリップ・ル・ロンの娘ジャンヌの夫、ブルゴーニュ公だけになった。ブルゴーニュ公自身、王妃の兄弟であった。王は、上記伯領の受益権をブルゴーニュ公に委ねるとともに、ロベールにも、言い分を申し立てる権利を保留した。

しかし、ロベールには権利を裏づける文書も証人もいなかった。マオー伯夫人の相談相手はアラス司教であったが、この司教が莫大な遺産を愛人のディヴィオン夫人に託したまま亡くなったので、マオー伯夫人は夫の騎士と一緒に逃れたディヴィオン夫人を追いかけてパリにやってきたのだったが、まもなく亡くなったのである。王妹でロベール・ダルトワの妻ジャンヌ・ド・ヴァロワは、彼女を探し出し、持っているかもしれない書類を渡すよう迫った。ディヴィオン夫人は、このとき公妃から溺死させるの焼き殺させるのと脅されたが、彼女は、そんなものはもっていなかったので、それを偽造。まず、アラス司教がロベール・ダルトワに称号の幾つかを詐取したことで許しを請うている手紙と、アルトワの土地はロベールの父のものであるというロベール家の証書（charte）を偽造した。これらの書類は、ディヴィオンの書記が大急ぎで作り、それに彼女が古い印章を押したもので、彼女はサン＝ドニ大修道院に使いをやって、その時代に使われていた印章を調べさせるという念まで入れている。したがって、《古文書館 Trésor des chartes》に今もあるこれらの文書は明らかに偽造されたものである。

ロベールはロベールで、五十五人の証人を揃えて、彼らにアンゲラン・ド・マリニーが絞首台に向かう途中、称号の剽窃に関してアラス司教と共謀したと白状したと証言させた。しかし、ロベールは、この作り話を巧く使えなかった。彼は、国王の臨席のもと検事から、これらの偽造書類を利用するつもりだったかと訊かれ、はじめは肯定し、あとで否定した。

ディヴィオン夫人は全てを白状した。証人たちも白状した。その内容は、きわめて明白かつ詳細である。なかでも、彼女は、印章を複製することができるかを裁判所（Palais de Justice）に訊きに行ったこと、ある市民から印章を登記した証書を百エキュで買ったこと、その文書はボードワイエ広場に面した彼女の家で一人の書記によって書かれたこと、この書記はひどく怖がって自分の筆跡をごまかすために青銅のペンを使ったことなどを白状した。この不幸な女は、自分はジャンヌ・ド・ヴァロワに無理矢理やらされたのだと言い張ったが、結局、サントノレ門の傍らの豚市場で焼き殺された。

ロベールは、マオー夫人とその娘を毒殺したとの罪で告発されたため、ブリュッセルに逃亡し、そのあとロンドンへ行きイングランド王のもとに身を寄せた。彼の妻の王妹ジャンヌ・ド・ヴァロワはノルマンディーに流刑同然で追いやられた。その妹のフォワ伯夫人は淫蕩の罪で告発されたが、その息子のガストンが彼女をオルテス城に閉じこめることを申し出て許された。国王は、この一家は全員、用心しなければならないと考えた。事実、ロベールはブルゴーニュ公や国璽尚書、財務長官そのほか自分に都合の悪い人々を抹殺するために暗殺者を送っていた。しかし、暗殺に対しては防ぎようがあったが、王妃とその息子を人形を使って呪い殺そうとした魔術に対しては、どうしたらよかったろうか？

このように、国王が王国貴族の大物の一人を汚辱にまみれさせようとして執拗に追及したことは、その汚辱が封建貴族みんなに跳ね返る危険性を秘めていただけに、王国の結束にとって深刻な障害となった。都市住民や商人たちは、それ以上に様々な不満を抱えていた。というのは、国王は、国庫収入を増やそうとして、代官たちに対し、市場の商品価格と人々の給与に税をかけるよう命じていたからである。

フランス王フィリップ・ド・ヴァロワの臣下の一人で、最も王に苦しめられたのは法王であった。フランス王は法王を、臣下というよりも奴隷扱いしたうえ、ヨハネス二十二世（在位1316-1334）に対しては、パリ大学を使って《異端》として追及させると脅した。彼は、ドイツ神聖ローマ帝国皇帝に対してもマキアヴェリ的策謀をめぐらし、法王を攻撃する勅令を出させている。おそらく彼自身が皇帝になりたかったのであろう。ベネディクトゥス十二世（在位1334-1342）は、皇帝の使節に会ったとき、もしも自分が皇帝を赦すならボニファティウス八世よりも辛い思いをさせるとフランス王から脅されたことを涙ながらに語っている。

この法王は、フィリップ・ド・ヴァロワの絶え間ない理不尽な要求に苦しめられつづけた。フィリップは法王に対し、フランスの教会禄付聖職者の配置権を三年以内にすべて譲るよう、また、キリスト教世界全体から十字軍のための十分の一税を徴収する権利を十年間、自分に与えるよう迫っている。この徴収権を盾にしてキリスト教世界全体に自分の配下を派遣し、全ヨーロッパをフランスの管轄下に組み込もうとしたのであった。

こうしてフィリップ・ド・ヴァロワは、何年も経たないうちにあらゆる人に不満を抱かせてしまった。封建領主たちにはロベール・ダルトワ事件で、ブルジョワと商人たちには通貨と価格政策で、法王には数々の脅しで、そして、キリスト教世界全体に対しては、皇帝に対する欺瞞と法王に対する十分の一税徴収権の要求によって反感を抱かせたのである。

その結果、フランス王の巨大な力は必然的に弱体化し、その一方で、イングランドが台頭していった。若いエドワード三世は母イザベルの愛人モーティマーを死に至らしめ、母親を閉じこめて父親の復讐をした。ロベール・ダルトワを迎え入れて、フランス王からの引き渡し要求をはねつけたうえに、フランス王に対して行った臣従礼に何かと文句をつけた。この二つの強国は、まずスコットランドでぶつかり合った。フィリップ・ド・ヴァロワはスコットランドに支援の手をさしのべたが、スコットランド人は敗北を免れなかった。ギュイエンヌでは、衝突はもっと直接的で、この地にいたイギリス人たちは、フランス王が派遣した代官によって放逐されている。

しかし、大規模な動きがあったのはフランドルのガン（ヘント）においてである。当時、フランドル人たちはフランス人のルイ・ド・ヌヴェール伯のもとに置かれていた。この人物はカッセルの戦いでフランドル人たちを破った功績で伯になったのだが、その後はパリのフィリップの宮廷にいて、現地の臣下に指示し、フランドルにいるイギリス人を片っ端から捕らえさせた。これに対抗して、エドワード三世はイングランドにいるフランドル人たちを捕らえさせた。相互の通商なくしては生きていくことのできない両国が、突如、その絆を断ち切ったのである。

こうしたギュイエンヌとフランドルを通しての攻撃は、イギリス人からラシャとワインを取り上げて彼らの最も感じやすい脇腹を傷つけることとなった。イギリスは織物の原料である羊毛をブリュージュ（ブルッヘ）で売り、そのカネをもってボルドーでワインを買っていたからである。他方、フランドル人も、イングランド産羊毛が入ってこなくなると、織物産業が立ち行かず、お手上げ状態になった。エドワードはフランドル向けの羊毛の輸出を禁じたがそれは、それによってフランドルを絶望の淵に投げ込み、フランドル人のほうから自分の腕のなかに飛び込んでくるように仕向けるためであった。

まず一群のフランドル人がイングランドに移住した。彼らには、あらゆる手厚い待遇が与えられた。高慢なイギリス国民が、すでにこの時代から、利益のためには腰を低くしているのをみると、奇妙な気持ちになる。フランドルの人々について、あるイギリス人は「彼らは美しい衣装を着ており、彼らがベッドを共にする連れ合いはさらに美しい」と書いている。十四世紀いっぱい続いたこの移住によって、イギリスは原毛の生産国から織物産業国になり、イギリス人の生活は見違えるほど変わった。それ以前のイギリス人には見られなかった産業人としての忍耐強さを身につけたのである。結局、フランス王は、フランドルとイングランドを引き離そうとして、フランドル人の移住とイギリス産業の樹立を招いてしまったのだった。

しかしながら、フランドル自身も諦めていなかった。都市が産業を独占していることに対してフランドル伯が長期策で田園を支援し、また、フランス人のフランドル商業への参入を認めたことへの憎しみから、諸都市が立ち上がった。おそらく、あのカッセルの戦いでイープルやブリュージュ市民を支援しなかったことを後悔したガン市民は、一三三七年、首長にビール醸造業者のジャックマール（ヤコブ・ファン）・アルテフェルデを選んだ。アルテフェルデは、幾つかのギルド、とくに縮絨工とラシャ職人のギルドの支持を得て、強力な圧制を布いた。彼は上記三大都市の代表をガンに集めて、「イングランド王なくして我々は生きていけない。なぜなら、フランドルを支えているのはラシャ産業であり、ラシャ製造は羊毛がなくてはならず、そのためには、イングランド王と友好を保っていくことが必要だからである」と演説した。

エドワードはフィリップ・ド・ヴァロワの巨大な力に対抗するには非力であったが、彼にはフランドル人の切実な願いとイングランド人の結束という後押しがあった。羊毛を輸出していたイングランドの領主たちも、それを取り引きしている商人たちも、事態の打開を望んでいた。彼は、一般民衆のなかに理解を広げるために、小教区ごとに、フランス王に対する不満と、これまで平和のためにさまざま努力したけれども無駄であったことを縷々述べた回状を読み聞かせた。

この戦争を開始するにあたって二人の王の採ったやり方を比較すると興味深い。

イングランド王は次々と勅令を発し、細かい点にまで配慮を示している。フランス艦船とスコットランド人の侵攻から国を守るために、十六歳から六十歳までの全ての男子に武器を執るよう命じ、全ての海岸に信号所を設置し、ウェールズ人を雇って制服（uniforme）を着させて配備した。大砲〔訳注・十四世紀初めには樽のように鋳鉄の棒を束ね、石などを砲弾に使う初歩的な大砲が考案されていた〕を入手し、この恐るべき発明を真っ先に利用した。海軍を整備し、艦隊に食糧を供給する体制を整えた。伯たちに対しては、その領内を軍勢に通過させるための準備をするよう命じ、カンタベリー大司教には、「これまで、わが王国の民は、様々な重荷、城塞用の石の切り出しやそれを組み上げる労苦を味わってきた。これから直面する事業にあっては、それを軽減することが必要である。したがって、大司教の慈悲によって、わが民が穏和さと恭順さと忍耐強さを保つよう支えていただきたい」と書き送っている。

それに対して、フランス王は、イングランド王のように細かい点に目を配らなかった。それどころか、フランス王にとって戦争は封建領主たちの仕事であった。とくに南フランスの領主たちには、それまで禁じていた私的戦争の権利も、領主裁判の権限も返していた。しかし、同時に、貴族たちは、王に仕えることによって経済的補償をもらえることに期待し、一ソルドのカネを求めて手を差し出すようになっていた。《バナレット騎士chevalier bannaret》〔訳注・何人かの臣下を従えて出陣する騎士〕は一日二〇ソルド、単独の騎士は一〇ソルドを支給された。これは、封建的であるとともに傭兵制的な、いわば水と油を混ぜたような最悪の制度であった。

さらにいえば、イギリス王が商業に関する憲章を出して、外国人商人に商売の自由を保証したのに対し、フランス王はロンバルディア人たちの活動をシャンパーニュ大市に限定し、その際に通過するルートにまで制約をつけている。

イギリス人たちは、キリスト教世界全体が自分たちの勝利を期待しているとの思いから希望に燃えて出陣した（一三三八年）。低地諸国は友人として、強力に支援することを約束していた。フランドルの領主たちはイギリスに対して好意的で、三大都市についてはアルテフェルデが保証した。万事カネがものをいうことを知っていたイギリス人たちは、フランドルに到着するや、気前のよさを見せつけた。

「彼らは、これから一緒に行動する人々から好感を勝ち取るために金銀を惜しまなかったので、男も女も彼らの虜となり、彼らから直接何かを与えられなかった人々も、彼らが素晴らしい生活をもたらしてくれることを期待した。」（フロワサール）

このような低地諸国の人々の寄せた好意がどうであれ、エドワードは、予想しなかった躊躇いを低地諸国に見出した。まず、領主たちは、自分たちはイギリス王を歓迎するが、最も大事なのはブラバント公が先頭に立ってくれることだと言った。ブラバント公は、猶予を求めたあと、承諾した。

次に彼らは、腹を決めて戦うには、ドイツ皇帝がフランス王に宣戦を布告してくれる必要がある、なぜなら、自分たちはドイツ皇帝の臣下であるし、加えて、皇帝は帝国領のカンブレジ地方を〔訳注・北部フランス。フランドルとパリ盆地を結ぶ地域〕フィリップによって侵略されているのだからだと言った。

皇帝ルートヴィヒ四世〔訳注・バイエルンのルートヴィヒ〕は、もっと別の個人的動機があった。彼は、フランス人法王たちから迫害を受けているので、アヴィニョンへ告解に行くにも軍隊を連れていく以外になかった。エドワードは彼に会いにコブレンツの議会に赴いた。大司教三人、公爵四人、伯爵三十七人、そのほかたくさんの貴族が集まったこの会合で、イギリス王はドイツ皇帝の尊大さと決断ののろさを身をもって知る。皇帝はまず、イギリス王に、自分の足に接吻して礼節を示すよう求めた。イギリス王は、皇帝を至高の裁判官として持ち上げ、自らは、フィリップを告発する検事として振る舞った。ひとりの騎士が抜き身の剣をかざしているあいだに、皇帝は、片手を世界を表す球体の上に、他方の手を帝権を表す笏杖の上に置いて、帝国を守るためにフランス王と戦って死にいたらしめることを宣言し、エドワードに対して、ライン左岸を皇帝の代理として統治するよう託する委任状を与えた。

しかし、イギリス王が皇帝から引き出すことができたのは、これが全てであった。皇帝は、イギリス王が提示したようにフランスとのこの危険な戦争に参画せず、イタリアへ向かった。しかし、アルプスの峠で、フィリップ・ド・ヴァロワの命を受けたボヘミア王の息子によって捕らえられた。

……皇帝はエドワードに対して、ライン左岸を皇帝の代理として統治するよう託する委任状を与えた

イギリス王は、先の委任状を持ってフランドルに帰ってくると、ブラバント公に、これを低地諸国の領主たちに見せるには、どこがよいか訊ねた。公はブラバントとの国境の小都市、ヘルクを指名した。

「みんながやってきたとき、この町は領主たちや騎士、従士、そのほかあらゆる種類の人々で溢れた。パンや肉を売っている市場は、イギリス王の宮殿広間のように様々な美しい布で覆われた。イギリス王は、宝石で豪華に飾られた王冠を戴いて、まわりより五フィートほど高くなった肉屋の売り台の上に坐った。このような市場にとって、これほど素晴らしく名誉なことは、かつてなかったことである。」（フロワサール）

領主たちが、この肉屋の売り台で新しい皇帝代理に臣従を誓っている間に、ブラバント公はフランス王のもとに家臣を送り、「自分について、どのような悪口を耳にされたとしても、信じないでいただきたい」と言わせている。エドワードが領主たちの先頭に立ってフィリップに挑戦しようとしているとき、ブラバント公は、自分は、この戦いには無関係であると示そうとしたのである。彼は、これから攻めるカンブレの前まで同行するようエドワードから頼まれたときも、イギリスと結託していると見られるのを避けるために、自分は千二百騎の騎兵を連れて、できるだけ速く、カンブレへ向かい、そこで合流すると約束している。

冬の間に、フランスのカネは低地諸国とドイツの領主たちに効き目を現し、エドワードの呼びかけにも動こうとしなかった。カンブレの防備が予想以上に堅固なので、エドワードは攻囲を解いてフランスに入ることにした。しかし、国境まで来たとき、エノー伯が「わたしは、ドイツ帝国とフランス王国の両方に領土をもっており、帝国領土では喜んでイギリス王に従うことができるが、フランス領では、宗主であるフランス王に従わなければならない。したがって、境界線を越えれば、自分はフランス王のもとに合流し、イギリス王とは敵味方になる」と言い出した。

こうしたさまざまな苦難の間も、エドワードは、いたるところで掠奪を行い、同盟者たちが不満から離反するのを辛うじて食いとめながら、オワーズ川に向かっていった。一つの見事な勝利をものにすれば、多額の出費を余儀なくされてうんざりしている彼らの気持ちを癒せるし、そうすれば、しばらくは、この戦いを支えられると考えた。そこへ、フランス王自身が大軍を率いて、カペル〔訳注・エーヌ県の町〕の近くに現れた。フロワサールは、次のように書いている。

「この軍勢には、二百二十七本の領主旗と五百六十本の三角旗が翻り、加わった王は四人（フランス、ボヘミア、ナヴァール、スコットランド）、大公四人、伯三十六人、騎士四千人以上、そしてフランスのコミューン兵は六万以上を数えた。」

この戦いを主導したのはフランス王で、エドワードがこの十月二日のために選ぶことができたのは、場所だけであった。そこはどちらか一方に有利なような、たとえば兵を伏せておける森も湿地も川もない、だだっぴろい原であった。

サン＝ドニの年代記によると、指定された日、エドワードが小型の儀仗馬で陣営のなかを駆け回り、兵士たちを激励したのに対し、フランス人たちは、考えも行動もまちまちであった。フロワサールによると、「彼らは、それぞれが自分の考えに固執したため、意見が一致しなかった。敵が間近に迫り、しかも、自分たちの国土に侵入して陣列を整えているときに、王が戦わないならば大変な恥であると言う者もいれば、このようにみんな意見がばらばらで、何を考えているか分からない状態で戦うのは間違いだという者もいた。後者にいわせると、フランス王は、運が悪ければ王国を失う危険性があるのに対し、イギリス王もその同盟者であるドイツ帝国の諸侯たちも、自分の国土を失う恐れはないというのである。このように議論している間に、太陽は中天を過ぎ、小九時課petit nonne〔訳注・午後三時〕になるころ、一匹の野ウサギが現れて、両方の陣営の間を横切り、フランス軍陣地に迷い込んだ。それを見た兵士たちが、捕まえようとして騒いだため、後方にいた人々は、前衛で戦闘が始まったと勘違いし、大急ぎで兜をかぶり、武器を手に執るなど周章狼狽した。こうした後衛の人々のなかには十四歳になったばかりのエノー伯のような新米の騎士が多かった。そのため、臆病風に吹かれる新米騎士を『野ウサギ騎士 chevaliers du Lièvre』と呼ぶようになったのである。——すぐれた占星術師であったシチリア王ロベルトの陣中記録には、こうしたこと全てと占星術と経験とに基づいて英仏両王が遭う危険の予見が記されている。フランス王については、もしイギリスと真正面から戦ったら完敗するだろうと書かれている。――彼は、ずっと早くから、エドワードが指揮するイギリス軍に戦いをしかけてはならないという内容の手紙をフィリップ王に書き送っていた。」

（フロワサール）

しかし、この遠征で、エドワードも財政が涸渇した。彼の同盟者たちは、財政的援助はドイツ帝国によりもむしろフランドルの都市コミューンに求めるべきだと助言した。この要請に対してフランドル人たちは、長い間考えた末、自分たちにとってフランス王は《宗主》であり、良心の上から言ってフランス王に宣戦することはできない、と返事した。彼らの尻込みは、法王に対しても、自分たちはフランス王に直接武器を向けるよりも二〇〇万フローリンを法王に納める方を選ぶ約束をしていただけに当然でもあった。こうした都市コミューンの良心の咎めをなくすためにアルテフェルデが考えついたのが、イギリス王に、すでに手に入れていた「皇帝代理」という称号に加えて「フランス王」の称号を名乗ってもらうことであった。

〔訳注・エドワード三世の母方の祖父はカペー王朝のフィリップ美男王であったから、カペーの直系が途絶えたために美男王の弟のシャルル・ド・ヴァロワの息子フィリップがフランス王位を継承していることに対して、美男王直系の孫である自分のほうが正統な継承者であると主張しても、まったくの筋違いということにはならなかった。〕

また、フィリップ・ド・ヴァロワが法王に働きかけてフランドルのコミューンにおける司祭たちの聖務を停止させたのに対抗して、エドワードは、フランドル人の告解や贖罪のためにイギリス人司祭を送った。

戦いのために双方とも大船団を編成した。フランス側はジェノヴァのガレー船隊で強化し、大型艦百四十隻を揃えた。これで四万の兵力を海峡の向こうに送ることができるはずであった。全軍の指揮は財務長官で「カネ勘定しかできない」バユシェに託された。海が怖いというこの奇妙な提督は、エクリューズ〔訳注・フランドルでは「スロイスSluis」といい、ブリュージュの外港〕の港に全艦を繫留した。ジェノヴァ人バルバヴァラは、艦船同士が密着状態のままでは身動きできず危険だとして、互いの間にゆとりをもたせるよう進言したが無駄であった。イギリス軍は、フランスの艦隊が身動きできないのを見て襲いかかった。

したがって、この「スロイスの海戦」（1340）は、海戦というより一種の陸上戦で、六時間にわたる戦いののち、イギリス軍の弓兵の活躍がエドワードに勝利をもたらした。フランドル軍が沿岸を占拠すると、敗者からはすべての希望が失われた。危険を察知して、まわりの船との間にゆとりを作っていたバルバヴァラは、いちはやく逃れることができたが、三万の兵員が失われた。捕らえられたバユシェは自分の艦のマストに吊るされた。「フランス王」を自称していたエドワードは、彼を《反逆者》として扱ったのである。フランスはこのときの兵力三万の喪失を、まもなく埋め合わせることができるが、士気の低下を招いたという点では、ルイ十四世のとき（一六九二年）のラ・オーグやナポレオンのときのトラファルガーの敗北にも劣らないものがあり、フランスは、その後何世紀にもわたって、海上戦について臆病になり、イギリス人の好き放題に任せることとなる。

結局、すべてがエドワードに有利なように働いた。アルテフェルデは、六万のフランドル軍を率いて、同盟軍のエノー伯救援に向かった。この大軍は、彼に、エドワードと英軍に頼らなくても何かができるという希望を与えた。彼は、トゥルネ〔訳注・フランスとの国境に近いエノーの町〕の攻略戦では、イギリス人・フランドル人・ブラバント人から成る大軍を指揮した。トゥルネは一度ならずフランス王制の守りになった重要な町で、のちにシャルル七世も何度となくこの町の献身的働きに感謝し、フランス軍をこの町の守備に配置している。

フィリップ・ド・ヴァロワも援軍に来て、町は防衛に努め、攻囲戦は長引いた。この間、暇をもてあましたフランドル兵たちは、サントメールの近くのアルクへ劫掠に出かけたが、守備隊の手強い反撃に遭って、仲間を千八百人ほど失った。この失敗は、激しい恐怖を全軍にもたらした。

これはフランス側に予想外の効果をもたらした。というのは、フランドル人たちが逃げ帰ったのは真夜中で、ぐっすり寝込んでいた兵士たちは敵が襲撃してきたと勘違いし、大慌てで逃げ出したのである。アルトワ伯ロベールとフランドル伯アンリが立ちふさがり、「何をそんなに怖れて逃げようとしているのだ?」と止めようとしたが、兵士たちは一刻も早く我が町へ帰ろうとした。ロベールもアンリも、どうしようもなくなり、自分の武具や荷物をまとめ、車に載せてトゥルネを包囲している本軍のところへ戻った。逃げ帰った連中の話を聞いた人々は、「彼らは幻に惑わされたのだ」と結論した。

イギリス王は、このフランドル戦争でフランスを負かしたと思ったが、得たものは何もなかった。フランドル人たちは生来穏やかで、激しい怒りに囚われたとき以外は戦おうとはしなかった。彼らにとって願いは、なにも損をしないことであった。低地諸国の領主たちは、イギリス王についた人もいればフランス王についた人もいるが、要は、できるだけ多くのカネを手に入れることを期待してそうしたのであった。

エドワードに幸いしたのは、フランドルで人々の激情が消えたまさにそのとき、ブルターニュで新たな炎上が起きたことであった。ブルターニュ人は気性が激しく、中世を通じて、彼らが平穏であることは滅多になかった。お互い同士で戦うか、そうでないときは、どこかで雇われて戦った。フィリップ美男王がフランドルに戦いをしかけたときも、ブルターニュ人たちは給料と掠奪による豊かな実入りを当てにしてフランス王の軍隊に参加したのだったが、フランスが劣勢になり、従軍してもカネにならなくなると、こんどは自分の土地で互いに戦い合った。

この戦争はスコットランド戦争と対になっている。かつてフィリップ美男王がスコットランドのウォーレスやロバート・ブルースをけしかけてエドワード一世を背後から苦しめたと同じように、こんどはエドワード三世が、モンフォールを支援してフィリップ・ド・ヴァロワを脅かした。ここには、歴史的類似性だけではなく、周知のように、スコットランドとブルターニュの間の民族的・言語的類縁関係と地理的類似性がある。どちらの場合も、最も辺鄙な部分を占めているのはケルト系の人々で、境界地域は混合地帯になっていた。

スコットランドとイングランドの物悲しい《国境地帯 border》に対応しているのが、フランスの場合、メーヌやアンジュー、そしてイル＝エ＝ヴィレーヌ〔訳注・レンヌの北〕の森である。しかし、侘びしさではイギリスの《ボーダー border》のほうが上である。こんにち急行列車で旅をしても、ゆけどもゆけども木一本、家一軒なく、かろうじてノーサンバーランドの小型の羊が餌になる草を根気よく探している幾つかの土地の起伏が見られるぐらいである。すべてがホットスパー〔訳注・ウィリアム征服王とともにブリテン島に渡った名門パーシーの末裔で、ノーサンバーランド伯。スコットランド人ダグラスの抵抗を鎮圧したが、自身もヘンリー四世に反逆した〕の馬蹄に痛めつけられ焼かれたようにみえる。この「バラード」の国を通過する人はこうした「バラード」を作った、あるいは歌った人のことを思わずにいられないであろう。詩を作るにはユーロタス Eurotas〔訳注・ギリシアのスパルタの東を流れる川〕の月桂樹といった大袈裟なものは不要である。ブルターニュの少しばかりのヒースか、または、スコットランドの農民、ロバート・バーンズもその前で犂を停めたアザミ〔原注・ウォルター・スコットがボーダー地方のバラード集に書いた序文を見よ〕があれば充分である。

イングランドは、この人口稀薄で好戦的な民族のなかに、容易に屈服しないアウトロー、いわば「永遠のロビン・フッド」を見た。ボーダー地方の人々は、近隣の人々の資産によって貴族のように暮らしていた。このあいだの遠征の獲物がそろそろ尽きるころ、家の女主人は夫に一対の拍車を皿に載せて出す。すると彼は、喜々として出かけるのである。――

これは、奇妙な戦争であった。双方にとっての困難は、相手を見つけることであった。エドワード二世は、スコットランドに遠征したとき、茨が茂る野を雨のなか幾日も進軍したが、遭遇したのは鹿の群だけであった。敵の居場所を聞き出すためには、多額の褒賞を約束しなければならなかった。スコットランド軍は、自在に集結したり分散したりしながら、好きなときにイングランドに侵入した。騎兵はわずかしかおらず、携行している荷物は、各人で穀類の粉とそれをパンに焼く炉を作るための煉瓦だけで、それ以外は何も持たなかった。

彼らにとって戦いの場は、イングランドだけでは足りず、海を渡って、はるか遠い地へも喜んで出かけた。臨終のスコットランド王から「わしの心臓をエルサレムに埋めてほしい」と頼まれたダグラスが、スペイン経由で聖地に赴く途中、ムーア人との戦争に巻き込まれ、この心臓をムーア人に投げつけたエピソードは有名である。しかし、彼らの多くがめざしたのはフランスで、それは、フランスに加勢してイングランドに最も痛手を与えるための遠征であった。その結果、ある一人のダグラスはトゥレーヌの伯になっているし、ブルゴーニュ地方のブレスにもダグラス姓の人々が見られる。

スコットランドと同じく、フランスのブルターニュにも、「ボーダー地方」と「バラード」がある。ブルターニュ人の「バラード」の詩的天分は、中世の長い間の傭兵生活によって窒息させられてしまったようであるが、ブルターニュは、その歴史自体が一つの詩である。この民族は、自分よりしぶとい相手を見つけようとしている牡羊のようにつねに動き回る。彼らは、フランスに突っかかっていくかと思えば、フランスと敵対している者に立ち向かうこともあった。あるときは、ノメノエ〔訳注・シャルルマーニュのもとにブルターニュ公に任じられ、シャルル禿頭王のとき戦いによって独立を獲得〕のもとで、あるときはモンフォールのもとでフランス王の敵にまわるかと思えば、あるときは、アラン・バルブトルトのもとにノルマン人を、デュゲクラン〔訳注・百年戦争前半のフランスの将軍〕のもとにイギリス人を追いつめた。

ロベール・ル・フォール〔訳注・カペー王朝を実現したユーグ=カペーの曾祖父〕がノルマン人に殺されたのも、カペー家が王笏を手に入れたのも、ブルターニュの《ボーダー地帯》であるアンジューの荒れ地においてであった。未来のイギリス王たちも、そこでは、まだ「プラント・ジュネPlante-Genêts」の名を手に入れただけであった。そのヒースの野は、マクベスのそれのように、二つの王権に敬意を示した。

〔訳注・「プランタジュネット」は「エニシダ」のことで、アンジュー伯は、これを家名とした。アンジュー伯ジョフロワがイングランド征服王ウィリアムの孫娘マティルダと結婚し、その間に生まれた男児がイングランド王ヘンリー二世になったのがプランタジュネット朝の始まりである。〕

フロワサールの『年代記Chronique』を彩っているブルターニュ戦争の長い物語には、あらゆる種類の冒険物語やロマネスクなエピソードが挿入されていて、貧相で岩だらけの風景が、悲しげな花が咲くと、一変するブルターニュの野を思い起こさせる。しかし、この優雅な騎士道を好む年代記者は、その歴史のかなりの部分を占めている野蛮な恐怖に満ちた側面を明らかにはしていない。ブルターニュのほんとうの歴史を肌で感じるのは、オレーの岩山〔訳注・ブルターニュ半島の南面、モルビアン地方にある〕とかキベロン〔訳注・同じくモルビアン地方〕の浜やサン＝ミシェル＝アン＝グレーヴの、まさに兄弟殺しのブルターニュ公が黒い修道士に遇った同じ歴史の舞台に立ったときである。

フロワサールが好んで取り上げる美しい《女戦士たち amazones》の冒険物語、たとえば「男の勇気と獅子の心をもつ」ジャンヌ・ド・モンフォールだのジャンヌ・クリソン、ジャンヌ・ド・ブロワなどの物語がブルターニュ戦争のすべてを語っているわけではない。この戦争は、《殺し屋クリソン Clisson le boucher》や信心深さから残虐さを増したシャルル・ド・ブロワの歴史でもある。

ブルターニュ公のジャン三世は、子供がなく、姪一人と弟一人を遺して亡くなった。姪は、公の兄の娘で、シャルル・ド・ブロワ〔訳注・Charles de Châtillon-Blois（1319-1364）〕に嫁ぎ、国王もブルターニュの貴族たちも、彼女に対して好意的であった。他方、弟のモンフォールは、ブルターニュ地方のブリトン人を味方につけ、イギリス人を援軍に呼んだ。イギリス王は、フランスでは女性の権利を支持し、ブルターニュでは男の権利を支持した。フランス王は、軽率にも、その反対の立場を採った。

モンフォール一族が辿った数奇な運命については、すでに述べた。モンフォール家の一人はフランスのコミューンの武装化をルイ肥満王（六世。在位1108-1137）に助言し、あるモンフォールはアルビジョワ十字軍を指揮して南仏諸都市の自由を滅ぼした。そして、今度の十四世紀のモンフォールは、ブリトン人を結束させて、フランスに対して決起させたのである。

モンフォールのライバルのシャルル・ド・ブロワは信心深く、フランス王家が出した第二の聖人といってよかった。彼は、朝夕二回告解をし、日に四回も五回もミサを聴いた。旅をするときも、パンとワイン、水を携えた布施係りの家臣を同行させた。僧侶と行き交うと、道がぬかるんでいても、自分が馬から飛び降りた。ブリトン人の偉大な聖人、聖イヴォを崇め、雪道を裸足で何度も巡礼した。靴のなかには小石を入れ、苦行衣をまとって、肉に食い込むよう結び目をいくつも作った荒縄を三重に締め、ノミやシラミが湧いても取り除かせなかった。ある証言者は、こうした小さな生き物をも憐れんでのことであったと言っている。神に祈るときは、自分の胸を激しく打ったので、そのあたりが緑色に変色していた。

あるときなど、敵がすぐ近くに迫っているのにミサを聴くために動こうとせず、重大な危険に晒された。カンペールの攻囲戦では、兵士たちが満ち潮に浚われそうになったが、彼は、「これが神の御心であるなら、われわれが害に遭うことはないであろう」といって慌てることはなかった。事実、カンペールの町は潮のために流されたうえ、多くの住民が虐殺された。シャルル・ド・ブロワは、真っ先に大聖堂へ行って神に感謝し、それから市民の虐殺を制止した。

この恐るべき聖人は、自分にも他人にも容赦しなかった。彼は、敵を異教徒として罰することが自らの義務であると信じていた。一三四二年、モンフォールを倒すためナント包囲戦を始めたとき、三十人の敵軍騎士の頭を斬り取って町のなかに投げ込ませている。モンフォールは捕らえられ国王のもとへ送られたが、降伏しようとしなかったのでルーヴルの塔に幽閉された。

「モンフォール女伯は男の勇気と獅子の心をもつ女性で、彼女は弟が捕らえられたことを聞いたとき、レンヌの町にいた。もし、彼女がそのことで悲しみ憤ったとしても、こうしたことは覚悟していたはずである。彼女は、君主たるものは牢獄に入れられるよりも死を選ぶべきだと考えていたからである。なぜなら彼女は、自分の父親と同じジャンと名付けた孫を味方の人々に示して、『ああ皆さん、主君が亡くなったからといって落胆したり驚くことはありません。亡くなったあの人も一介の男でしかなかったのです。わたしの孫はまだ小さいが、神様の思し召しがあれば、きっと復讐を成し遂げ、あなた方に富をもたらすでしょう』と励ました。しかし、それにしても、内心の嘆きはいかばかりだったであろう。シャルル・ド・ブロワによってエンヌボンで包囲されたとき、彼女は手勢を引き連れて一つの門から出撃し、フランス軍のテントを焼き払った。しかし、町に帰還することができなかったので、オレー城へ行き、五百人ほどの兵士を集めると、フランス軍陣地を突破してエンヌボンに帰り着いた。エンヌボン市民は大喜びして太鼓とラッパで、これを迎えた。市の議員たちが彼女を迎えた直後、長い間待っていたイングランドからの応援部隊が到着するのが見えた。女伯が館から宴会場（grand'chere）に降りてきてゴーティエ・ド・モニーとその仲間の一人一人に、二度、三度とキスするのを見た人々は、なんと雄々しい貴婦人であろうと賞嘆の声を禁

わたしの孫はまだ小さいが、神様の思し召しがあれば、きっと復讐を成し遂げてくれるでしょう……

じ得なかった。」

（フロワサール）

この年の暮れにはイギリス王自身がブルターニュに到着し、まもなくして、フランス王も一軍を率いてやってきた。きっと大きな合戦になると思われたが、双方とも経済的に逼迫していたこともあって、両者の間に休戦が成立し、それぞれの同盟者たちもこれに同調したので、ブリトン人だけが戦いつづける結果となった。

モンフォールが捕縛されたことで、モンフォール一党は結束を固めた。フィリップ六世ド・ヴァロワは、イギリス贔屓と見られたブルターニュの領主十五人を殺させることによって、相手方の敵意を再燃させた。殺された十五人のなかには、イギリスに捕虜になっていたが、そこで厚遇されていたクリソンのような人もいる。この事件は、ソールズベリー伯が自分の美しい妻を誘惑したエドワードへの報復のために、エドワードとクリソンとの密約をフィリップに告げ口したのがきっかけで起きたと言われている。このブリトン人たちは騎馬試合に招かれ、捕らえられて、裁判もなしに処刑されたのだった。その少し後、フランス王はノルマンディーの領主三人も、やはり裁判なしで殺させている。このとき、アルクール伯も捕らえられそうになったが、あやうく逃れた。

それまでは、領主たちは、独自で外国の君主と交渉できる一種の君主であった。英仏両国の貴族たちは、互いに親類関係にあり、言葉も共通であったことが、こうした接触を助けていた。クリソンの死は、そうした二つの王国の間に一つの障壁を設けることとなった。

イギリス王は、同じ年に大陸における同志であるモンフォールとアルテフェルデの両方を失った。アルテフェルデは全くのイギリス人になっていて、フランドルが自分から離れていくのを感知し、イギリスの王太子（黒太子）にフランドルを献上しようと考えたのだった。エドワード三世が、すでにエクリューズ（スロイス）にいて、ガン、ブリュージュ、イープルの市長たちに自分の息子（王太子）を紹介しているとき、アルテフェルデは殺されていた。

この「フランドルの王」（アルテフェルデ）は、人望はあったが、根底的には大都市を束ねる首長であり、羊毛産業を独占している大都市に不満を抱いた小都市が反乱を起こしたときは、これを押しつぶそうとして、ひとりの男を自らの手で殺しさえしている。ガンの市内では、二つのラシャ組合が争い合っていたうえ、ラシャ業者から給料増額要求を拒絶された縮絨工たちの激しい実力行使が始まり、収拾不能な事態になった。司祭たちは仲裁のためにキリスト像を広場に持ち出したが、それでも事態は収まらず、ラシャ業者の要請でアルテフェルデはイギリス軍に依頼して、一三四五年、ようやく縮絨工たちの鎮圧に成功したのであった。アルテフェルデは、この措置に対する反発を和らげるために、ブリュージュとイープルを説得してまわったが、その間に彼はガンから見切りをつけられていた。

彼がガンに入ったとき、すでに市民の間では、彼はフランドルのカネをイングランドに流しているという噂が飛び交っていて、誰も彼に挨拶さえしようとしなかった。彼は館のなかに避難し、十字窓から群衆をなだめようとしたが無駄であった。扉は力づくで破られ、彼は群衆の手で殺された

(1345)。ローマでも、この二年後には、護民官リエンツィ〔リエンツォとも〕が同じように殺されている。〔訳注・正しくは、リエンツィが殺されるのは一三五四年で、一三四七年は護民官になった年である。〕

エドワード三世は、ブルターニュで失敗したのと同様、フランドルでも挫折した。フランスの両翼を攻める作戦は不発に終わり、今度は中央のノルマンディーを狙う。これを指揮したのがノルマン人ジェフリー・オブ・ハーコート〔訳注・フランス名はゴドフロワ・ダルクール Godefroi d'Harcourt〕で、成功していれば、フランスにとって遙かに致命的なものになったであろう。というのは、このころ、フィリップ・ド・ヴァロワは、南フランスをイギリス支配から奪還するために総力を傾注していた。そして一〇万人から成る大軍をもってアングレームの奪還には成功したが、エギヨンの小さな要塞を攻めあぐねた。イギリス軍は、ほかのところでフランスの王子が指揮する軍勢によって皆殺しにされていただけに、ここでは頑強に防戦した。

フロワサールの話を信じるならば、イギリス王はギュイエンヌ支援に向かおうとしたが、逆風のため中止し、ジェフリー・オブ・ハーコートの進言を容れて、防備の薄いノルマンディー攻略に切り替えたのであった。このジェフリーの進言は妥当であった。ノルマンディーは、歴代フランス王による私的戦争禁止策の結果、きわめて防備が手薄であった。住民たちは平和的で、耕作や様々な製造業に専念し、豊かな繁栄を謳歌していた。もとより、イギリス人たちが実際にここで見出した繁栄は、歴史家たちが十四世紀の王政府の業績を誇張して述べている栄華からは相当割り引いて考える必要があるが、それにしても、フロワサールが述べているように、豊かで平和な地方が突如吹き荒れた戦争によって蒙った被害の深刻さは、その影響がその後何世紀にもわたって続いたことを思うと、胸が痛む。野原では羊たちが草をはみ、家々の納屋には穀物が詰まっており、都市は開放的で何の防衛手段ももたなかった。そんな平和そのものの国の住民たちに、ウェールズ人やアイルランド人から成るエドワードの傭兵軍が襲いかかったのだ。カンの町で彼らが奪った物資は何隻もの船を充てても積みきれないほどであった。サン＝ローとルーヴィエには高級なラシャが溢れていた。

エドワードは、カンで見つかったという一通の文書を書き写させている。それは、ノルマン人たちがフィリップ・ド・ヴァロワに上奏したとされるもので、内容は、自分たちは、かつてウィリアム征服王が成し遂げたように、自費でイングランドを征服し、これを仲間内で分け合うつもりだ、というのである。これがイングランドに送られ、各地で読み上げられて戦意昂揚と戦費の提供を促すのに利用されたのだが、よく読むと、これは当時イングランドの宮廷で話されていた下手なフランス語で書かれており、偽造されたものであることは明白である。

また、エドワードは出発する前に、民衆への説教で優れていたドミニコ会士たちに、戦争をする理由を含めて戦意昂揚の説教を託していたが、さらに、その後少しして（一三六一年）、フランス人およびフランス語を公務から排除する旨を宣言している。こうして彼は、ブリテン島に根深く遺っていた、かつての征服者ノルマン人の子孫と被征服民サクソン人の確執を、この「新しいノルマン人」への憎しみのなかで解消させようとしたのであった。
フランスに侵入したイギリス人たちは、ルーアンの橋が壊されているのを見て、ヴェルノン、ヴェルヌイユ、ポン＝ド＝ラルシュといった町々を焼き払いながらセーヌの左岸を遡った。エドワードはポワシーに留まり、ここに橋をかけて聖母被昇天祭（八月十五日）を祝った。その間も彼の部下たちは、パリにすぐ隣接したサン＝ジェルマン＝アン＝レ、ブール＝ラ＝レーヌ、サン＝クルー、さらにはブーローニュまでも焼き払った。〔訳注・いずれも、パリの西から南にある町。〕
このとき、フランス王がノルマンディー救援のためにやったことは、軍司令官のタンカルヴィル伯をカンに派遣することであったが、伯の軍勢は百五十里《リュー》も離れた南フランスにあった。彼は、ボヘミア王の息子の若いカール四世を皇帝に擁立した功労者であったことから、ドイツ皇帝に頼んでドイツとフランドルの同盟軍を寄越してくれることを期待した。しかし、この皇帝はドイツからボヘミアへ逐われていたし、イギリス側も、フランス贔屓のカールやボヘミア王、ロレーヌ（ロートリンゲン）公などがやってくるであろうことは想定していたことであった。
いずれにせよ、イギリス軍のこのノルマンディー侵入は、かなり大胆な挑戦であった。彼らは、自分たちがフランスという大国の中心部におり、自分たちが焼き払った町々や絶望した住民たちのなかにあって、フランス王の軍隊は日を追って大きくなっていることに気づいた。フランス王にしてみれば、自分の都のすぐ近くまで厚かましくやってきたこのイギリス人どもを一刻も早く罰しなければならなかった。それまでは従順であったパリ市民たちが、王政府に対して急に文句を言いはじめた。とくに、防御のために、城壁にくっつけて建てられた家々を撤去しようとしたことは、暴動を起こしかねない不穏な情勢を招いた。

他方、エドワードはピカルディーを通ってベチューヌを包囲していたフランドル人と合流し、母イザベルの遺産であるポンテュー地方を横切る計画を立てたが、それにはソンム川を渡らなければならなかった。フィリップの命で、あらゆる橋が壊されていたし、英軍の動きは間近かに追跡され、監視されていた。たとえば、エレーヌ〔訳注・アブヴィルの東南〕でエドワードが夕食に何を食べたかまで報告されているほどである。

エドワードは、徒渉可能な地点を探したが見つからず、ブランシュ＝タシュで一人の少年が浅瀬に案内すると請け負ってくれたときは、ひどく考え込んだ。そこには、フィリップが何千かの兵力を配置している可能性があったからである。しかし、川を越えなければ自分たちの先はないと感じていたので、大変な努力をして渡河した。フィリップが着いたのはその直後で、しかも、海から潮が上ってきたため、追跡する手だてはなかった。イギリス軍は、ここでも海に守られたのである。

かといって、エドワードにとって、情勢はけっしてよくなかった。軍隊は飢え、雨でずぶぬれになり、疲れ果てていた。あれほど多くの獲物に飽いてきた兵士たちが、このときは乞食同然になっていた。このままでは、戦闘で敗北を喫するのと変わらない悲惨な結果になってしまう。――エドワードは戦うことに賭けることにした。

多少とも活力を取り戻すことができたのはポンティユーに入ってからであった。この伯領は、彼に対して、まだしも好意的であった。彼は「わたしは、この地に留まって敵を待ち受けよう。ここは、わたしの母が結婚に際して譲られた領地だ。なんとしても、この地は我が敵フィリップから守るつもりだ」と言った。

記録によると、彼は礼拝堂に入って祈りを捧げ、翌日もミサを聴いた。そして軍勢を三つの戦闘部隊に分け、徒歩で戦うよう指示した。兵士たちは腹ごしらえすると、武器を各自の前に置き、地面に坐って敵を待ち受けた。そうするうちにフランスの大軍が大仰に到着した。フランス王は、戦闘に入る前に軍勢を一休みさせるよう進言されていたし、彼もそのつもりであった。しかし、大貴族たちは、封建領主としての功名心から、先陣を争って前進を続けた。王自身、戦場に着き、イギリス軍を目にしたときは彼らに対する憎しみから頭に血が上り、「ジェノヴァ兵たちを先頭に、神と聖ドニの名において戦え！」と将軍たちに檄を飛ばした。

フィリップが、イギリスの弓兵に対抗するにはジェノヴァの弓兵隊が不可欠と考えたのは無理もないことであったが、傭兵を使うのは大変な負担になった。しかも、エクリューズ（スロイス）の戦いでバルバヴァラが早々に退却したことは、こうした《外人部隊》に対する不信感を増大していた。イタリア人傭兵たちのなかには、そうした不安が的中したかのように、いざ開戦というときに弓の弦が水に濡れて使えないといったり、頭巾のなかに隠す者までいた。

アランソン伯は「この穴を埋めるには民兵を使うべきだ」と主張した。ジェノヴァ人には余り活躍を期待できなかった。イギリス側は、矢と鉄球の砲弾でジェノヴァ人部隊を圧倒した。鉄の砲弾が戦争で使われたのは、これが最初で、その威力を、ある同時代人は「神が雷を落とされたかと思われたほどである」と述べている。フランス王は、我を忘れて「理不尽にも我らの行く手を阻んでおるこの民兵どもを急いで全員殺せ！」と叫んだ。しかし、そのためには、フランス騎士軍はジェノヴァ兵たちを踏み越えていかなければならず、列が乱れてしまった。イギリス軍は、一本の矢も打ち損じる心配ないほど充分に狙いを定めて敵軍に矢を射かけることができた。馬たちは怖じ気づいて暴れ、混乱はますますひどくなった。

ボヘミア王ヨーハンは齢も老い盲目であったが、部下の騎士たちとともに馬に跨っていた。戦況を騎士たちから聞いて、この戦いが敗北であることを悟った。資産をフランスに持ち、一生をフランス王家に仕えたこの勇敢な大公は、騎士としての手本を示した。傍らの人々に「敵どもに剣の一撃を食らわせることのできるところまでわしを誘導してくれ」と頼んだ。お供の騎士たちは、命じられたとおりに、彼の馬と自らの馬を繋ぎ合わせると、遮二無二、戦闘のなかに突入した。翌日、彼らは主君を中心に互いを繋ぎ合わせたまま横たわっているのが見出された。

フランスの大貴族たちも立派な戦いぶりを見せた。王弟のアランソン伯、ブロワ、アルクール、オマール、オーセール、サンセール、サン＝ポルの伯たちなど全員が、威風堂々と敵の陣列を突破していった。彼らは、徒士の兵士など鼻もひっかけないふうで弓兵たちの戦列を突破し、イギリス騎士部隊をめがけて前進していった。そこには、十三歳になるエドワードの息子（のちのブラック・プリンス）が配置されていたので、彼の身が危ないと見た第二分隊が駆けつけ、さらに、王子の身を心配したウォリック伯は第三分隊の投入を要請した。それに対しエドワードは「自分は、息子に初陣の勲功をあげさせて、この日が彼にとって記念の日になるようにしてやりたいのだ」と答えている。

イギリス王は、風車のある小高い丘の上から指揮を執りながら、フランス軍が劣勢に追い込まれていく様を見ていた。ある者はジェノヴァ兵たちに起きた混乱に巻き込まれ、ある騎士たちはイギリス軍の中心部に突入したものの、まわりを敵に囲まれてしまっていた。当時、騎士たちが着用しはじめた重い鎧のため、ひとたび落馬し倒れると起きあがることができず、ウェールズやコーンウォルの短剣兵（coutilliers）たちに情け容赦なく殺されていった。こうして無惨に殺されたフランス騎士たちのなかには、大貴族も何人か含まれていた。フィリップ・ド・ヴァロワ自身、乗っていた馬が倒れ、手勢六十人余りと共に戦場から脱出できないでいた。イギリス軍が彼を捕らえることができなかったのは、自軍の予想外の優勢に驚いてしまったからであった。結局、ジャン・ド・エノーがフィリップの馬の手綱を摑み、彼を乱戦の場から連れ出した。

戦いが終わって、イギリス人たちは戦場を見て回り、死者の数を調べた。王族十一人、家来を従えた貴族が八十人、騎士千二百、兵卒三万を数えた。彼らが数えている間に、フランス軍応援のためにルーアンとボーヴェのコミューンやルーアン大司教などフランスの高位聖職者のもとにあった部隊が到着したが、これらの貧しい人々は戦闘の方法も知らず、死者の数を増やしただけであった。

〔一三四六年〕

フランスにとっては、このクレシーの戦いの大きな不幸も、より大きなそれの序曲でしかなかっ

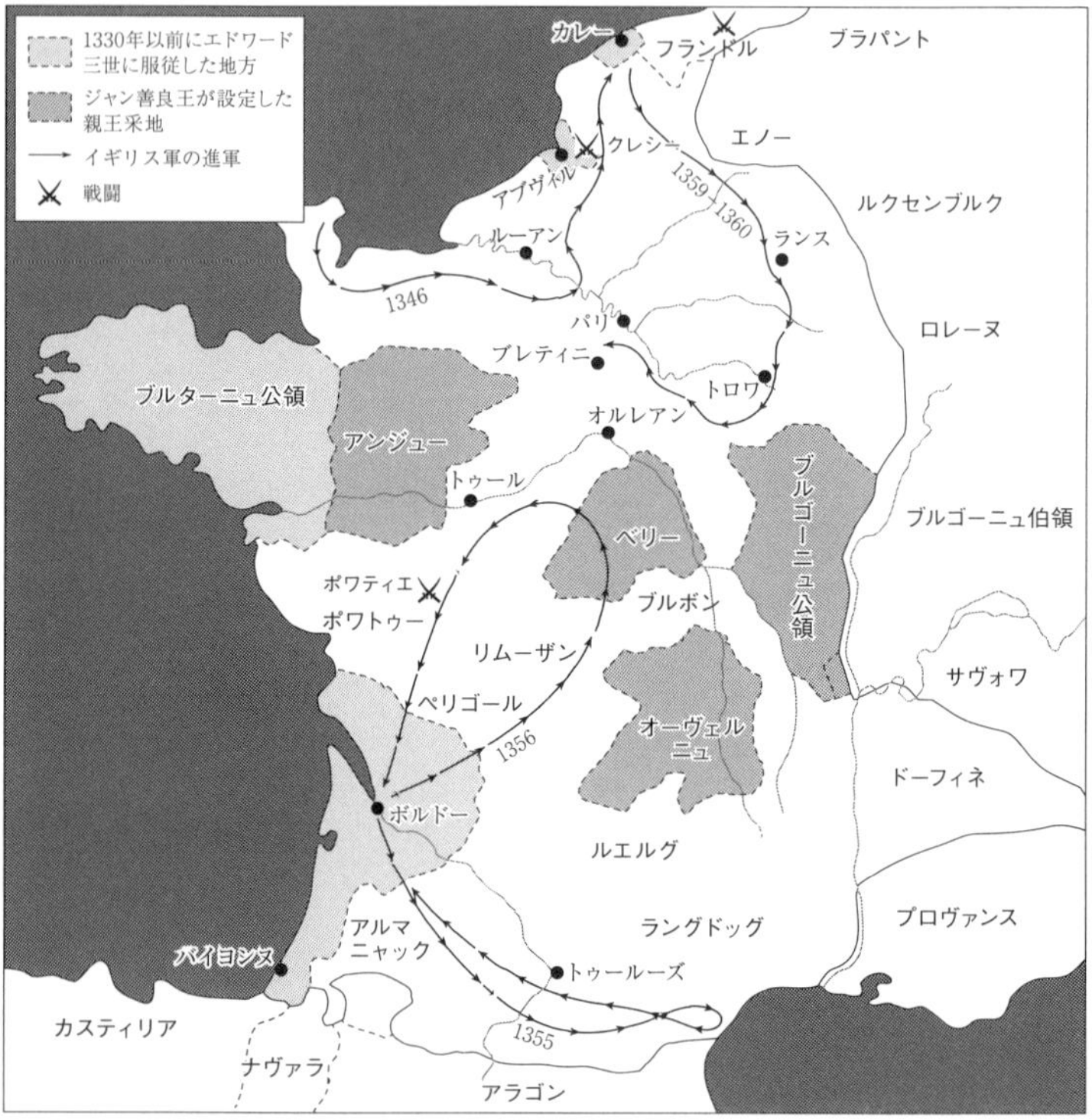

百年戦争初期（1337～1380）のフランス

た。エドワード三世はフランス征服の野望のもと、カレーを手に入れようと、その眼前に新しい都市を建設し始めた。これにはイングランドの海辺諸都市が協力した。

「この新しい都市には、軍隊に必要なものは全て調えられたうえ、広場では水曜日と土曜日に市場が開かれ、小間物や布、肉やパン、そのほかあらゆる生活必需品が取引された。ここには、毎日、海を経てイングランドやフランドルから、物資が持ち込まれ、カネで買える物はなんでも揃っていた。」

（フロワサール）

商売については、イギリス人も外国人も差別なく自由が許されていたが、武器を執って争うことは禁じられ、違反者は、町の外に放り出され、町と軍の宿営地の間で飢え死にさせられた。イギリスの歴史家は、そのようにして飢えと寒さで死んだ老若男女の数が、少なくとも五百人にのぼったと記している。

エドワードはカレー市を前に、まるで根を下ろしたように動かなかった。法王の仲裁も彼を動かすことはできなかった。イングランドをスコットランド人が侵略したとの報せにも動かなかった。こうした堅忍不抜の努力は報われ、王妃（フィリッパ・ド・エノー）の督励を受けた部隊がスコットランド王を捕らえたという報せが届いた。その翌年には、ロシュ・デリアン〔訳注・コート＝デュ＝ノール県の北西部にある〕を攻囲していたシャルル・ド・ブロワも捕らえられた。エドワードは、幸運の女神の働きに感謝した。

フランス王にとってはこの英軍に攻囲されたカレーを救うことが緊急の大事であった。しかし、甚だしく窮乏し気力を失って混乱していたこの封建的な王朝がようやく行動を開始したのは、カレーの包囲戦が始まって十か月も経ってからであった。この間にイギリス軍は包囲陣の背後に塹壕を掘り、柵をめぐらして、すっかり防御を固めていた。フランス王は、通貨の改鋳、塩税、聖職者の十分の一税、ロンバルディア商人の財産没収などによってカネを集め、クレシーで戦ったのと同じような大仰で大規模な軍隊を編成してカレーに向かった。しかし、カレーまで行くには、幾つもの沼地や砂丘を越えなければならなかった。沼地では、道の多くは行き止まりになっていて、これを通過することは命の危険を伴った。それでも、トゥルネの人々は、機械もなく自分たちの力で攻城用の櫓を運んでいった。

ブーローニュ海岸の砂丘はイギリス艦隊の監視下にあり、グラヴリーヌの海岸〔訳注・ダンケルクの西南西〕はフランドル人の監視下にあって、フランス王には両方とも手が出せなかった。そこで彼は、モンドールからリール、ベチューヌ、ドゥエを通る道を選んだ。これらの都市にカネを落とすとともに、その若い子弟たちを騎士や領主に取り立てるつもりだったのである。しかし、彼らは、そんなことには関心がなかった。彼らが恐れたのは、自分たちのところから逃げ出していた伯が帰ってくることであった。

フィリップは何もできなかった。彼は、交渉し決闘を申し込んだが、エドワードは応じなかった。包囲されたカレーの町は、飢えに苦しめられ、しかもフランスの領主たちからも見捨てられたのを見て、恐るべき絶望に陥った。残された道は降伏することだけであったが、カレーの町自体、同じ海に生きるイギリス人たちから不倶戴天の敵として憎まれていた。海峡を挟んだ両岸の人々が互いに投げ合うこの視線のなかにある敵意と憎しみがいかほどであったかを知るには、その後のルイ十四世の戦争、ジャン・バールの勲功〔訳注・ルイ十四世のもとで海将として英蘭軍によるダンケルク封鎖を突破するなど活躍した〕、ダンケルク港の破壊、アントワープの係船池の封鎖などを見る必要がある。

カレー市を前に丸一年足止めを喰い、当時のフランスの通貨でいえば一〇〇〇万リーヴルという大金を使わせられたイギリス王が、腹癒せのためとイギリス商人たちを喜ばせるためにカレー市民の虐殺を考えていたというのは、充分にありうることである。しかし、敗者に対するそのような扱いは、いつかは仕返しに自分たちもひどい扱いを受けるにちがいないという不安を味方に呼び起こすだろうと戒める人々があり、エドワードもこれに譲歩して、市民の主要な何人かが慣例どおり裸足で裸になり首に縄をつけて、市門の鍵を渡しにくればよいということにした。

カレー市民の代表としてこの使節になる人は、当然、死を覚悟しなければならなかった。しかし、日々、荒海の怒りに敢然と立ち向かっている沿岸地方の人々にとっては、人間の怒りなど大したことではなかった。飢饉のために人口も少なくなったこの小さな都市で、六人の善意の人が他のみんなを救うために名乗りをあげた。そうした行為は、彼らにあっては、嵐に見舞われて沈みかけた船を救うために日常的に見られたことであって、この崇高な行動は、フロワサールが想像しているように長い演説と涙を伴ってではなく、淡々と行われたとわたしは確信している。

エドワードがこの勇気ある人々を吊し首にしないよう自制した陰には、王妃〔フィリッパ・ド・エノー〕や心ある騎士たちの祈りと、おそらく、彼らが降伏してきたのは、フランス王とフランス王国のためではなく、自分たちの町のためであるとの説得があった。こうして降伏は受け入れられ、寂れていた町はイギリス人と、いまやイギリス人となったカレー市民によって再建されることになった。後者のなかには、市門の鍵をもってきたユスタシュ・ド・サン＝ピエールもいた。〔訳注・このカレーの六人の代表がエドワードの前に姿を現した場面はロダンの彫刻『カレーの市民』で有名である。〕

カレー市の鍵は、フランスの門を開く鍵でもあった。カレーは、これ以後二百年間にわたって外に向かって開かれた港になり、イギリスはここを通して大陸に接合され、海峡は、もはや存在しないも同然となった。

さて、この悲しい出来事に立ち返って、その真実の意味を探ってみよう。わたしたちは、そこに幾つかの慰めを見出す。

クレシーの戦い（1346）は単に一つの戦いではなく、カレーの奪取（1347）も単に一つの都市の奪取ではない。この二つの出来事は、一つの大きな社会的変革を包含している。最も騎士的な国民の騎士階層全体が、一つの小さな歩兵集団によって息の根を止められたのである。そこにはモルガルテンやラウペンにおけるオーストリア騎士軍に対するスイス人の勝利〔訳注・モルガルテンはチューリヒからシュヴィッツにいたる隘路で、一三一五年、スイスの独立を阻もうとしたオーストリア軍がここで敗れた〕と共通するものがあるが、それがキリスト教世界全体に呼んだ反響の大きさは同じではない。

一人の天才が考えて編み出したのではない新しい用兵術（tactique）が、新しい社会状況のなかから生まれたのである。エドワード三世はグスタフ＝アドルフ〔訳注・デンマーク、ロシア、ポーランド、ドイツと戦ってスウェーデンの隆盛をもたらし『北方の獅子』と渾名された国王。在位1611-1632〕でもなければ、フリードリヒ〔訳注・この場合は軍隊の強化によってプロイセン王国の基盤を築いたフリードリヒ一世。在位1701-1713〕でもなかった。彼が歩兵を用いたのは騎士が足りなかったからで、初期の遠征においては、彼の軍隊は貴族とその召使いといった人々によって構成されていたが、封建領主である貴族たちは長期間にわたる戦いにはついていけなかった。イギリス人は動き回ることが嫌いではなかったが、「マイ・ホーム my home」に深い愛着をもっていた。郷士たちは何か月かすると、領主館（baroniall hall）、わが森、自分の犬たちのもとへ帰って、狐狩りをしなければならなかった。それに対して、エドワードの軍勢のなかでもカネで雇われた、靴もなければ靴下も穿かないアイルランド人やウェールズ人は、その帰るべき我が家がすでにアングロ・サクソン人やノルマン人といった敵のものになっていた。彼らにとって戦争は、カネにはならなくても、食べ物と衣服を与えてくれさえすれば、充分に「よい戦争」であった。イギリス軍が次第に傭兵の歩兵隊を増やしていった理由が、ここにある。

クレシーの戦いは、それまで唯一の軍事的プロとして誰も疑わなかった封建領主たちがいかに軍事的に無能であるかを暴露した。これは、中世の原初的孤立のなかで行われてきた領主同士や郷と郷の間の私的戦争では学ぶことのできなかったものであった。それまで、封建領主の戦争の仕方は、二百年間に数次にわたって行われた十字軍遠征によっても変わることはなかった。そこでは、キリスト教世界全体が異教徒の優勢を認めまいと懸命になったし、戦争が行われたのが余りにも遠い土地だったので、失敗についても反省のしようがなかった。失敗はあっても、ゴドフロワやリチャードの英雄主義が、その残りの全てを贖った。

十三世紀、領主旗は国王の旗のうしろに従うのが当たり前になり、騎士物語のフィクションによって王の宮廷だけが唯一光り輝く存在になった。しかし、貴族たちは、力は衰え価値が低落しても、王の懐に包まれることによって、かえって自分が大きくなったように錯覚し、高慢さを増しさえした。彼らは王の祭典にどれだけ関わっているかで自分の価値を評価するようになり、人からも、王の前で行われる騎馬槍試合で最大の拍手喝采を浴びた者が戦争でも勇敢であると信じられた。自分のためにファンファーレが鳴り渡り、王の視線が注がれ、貴婦人たちのウィンクが投げかけられることは、ほんものの勝利以上に彼らを有頂天にさせた。

かつて貴族たちが、みずからの血を分けた兄弟であるテンプル騎士を唯々諾々とフィリップ美男王に委ねてしまったのは、この陶酔のためであった。貴族階層は、この喜びへの幻惑から、騎士修道士を他の修道士や司祭たちと同じように安売りし、王が法王と対立したときも喜んで王に加担し、王が十字軍のためとかそのほかの口実のもとに聖職者から取り上げた十分の一税の分け前に与った。ところが、その国王が、こんどは自分たちを食い荒らそうとして牙を剝いてきたのである。

クルトレー（1302）では、貴族たちは英雄的軽率さで突撃し、フランドル人たちが掘って逆茂木を植え込んだ濠のなかに飛び込んでいった。モンザン＝ピュエル（1304）とカッセル（1328）では、安易な虐殺にうつつをぬかし名を挙げた。彼らは、何年もの間、王のために自分たちの勝利が阻まれてきたと言って非難した。クレシー（1346）では、彼らは直接に戦いに関わり、騎士階層の全員があらゆる領主旗を風になびかせ、獅子、鷲、塔、金銀の小円文様（besans）を描いた旗など、自分たちの力と功績を表した紋章を掲げて集まった。これに対してイギリス方は、騎士三百人のほかは浮浪者、都市住民、ウェールズの山岳民、アイルランドの豚飼いなど、フランス語も英語もしゃべれず、騎士道の礼節など全く知らない野蛮な連中であった。談判のためにも祈りのためにも通じる言葉をもたなかった彼らは、フランス貴族の旗をめざして襲いかかり、この貴族を捕虜にすれば金持ちになれるなどと考えもしなかったし、組み敷いた相手が何を言ってこようと、彼らの返事はナイフの一突きであった。

ボヘミア王ヨーハンなど生粋の騎士たちの武勲物語にもかかわらず、かつては輝いていた領主旗も、このころには、すっかり汚辱にまみれていた。それを持ち運ぶのも、領主の高貴な手ではなく、下賤な男たちのタコのできた手に変わっていた。貴族の《宗教》からは神への信仰が消え失せ、紋章の表象も、高貴な威力を示そうとした本来の効果を失って、ライオンは獰猛さ、ドラゴンは邪悪さの象徴のようになり、むしろ、スイスやウェールズの牝牛などのほうが、その善良さの印象から好感を寄せられた。

だが、そうしたこと全てに民衆が気づくには時間と数々の失敗が必要であった。クレシーとポワティエ（1356）では足りず、大胆に声があがるのはアザンクールの戦い（1415）のあとで、ポワティエのときは、フィリップ・ド・ヴァロワへの遠慮もあって、明確に貴族を排除する動きにはならず、あがったのは、度重なる不幸のもとでの苦痛の声でしかなかった。この世での希望も、あの世でのそれもなく、教会への信仰心は揺らぎ、もう一つの拠りどころであった封建制度は、それ以上に動揺していた。中世を支えてきた《皇帝》と《法王》の二つの理念のうち、一方の《帝国》はフランス王に仕える人間の手に落ち、他方の《法王》はローマからアヴィニョンへ移されて、一人の国王の召使いの身分に落とされていた。この王（フランス王）が敗れ、彼を支えた貴族が汚辱にまみれたのである。

こうしたことは誰も口にしなかったし、理解さえも明確にはされなかった。人間の思考力は骨抜きにされ挫かれ打ち倒されて消えてしまった。人々は世界の終わりを待望し、ある人々はその期限を一三六五年と区切った。事実、死以外の何が残っていただろうか？

道徳的衰退期は、死者が増大する時代である。それは当然であり、そうであることが人間の栄光である。生命の偉大さと神聖さが見えなくなるや、彼は生命が去ることに無頓着になる。

「Vitamque perosi projecere animas…
（光を忌み嫌って命を投げ捨てた）」
（ウェルギリウス『アエネイス』第六歌）

フィリップ六世（ド・ヴァロワ）の治世の晩年は、急速に人口が減少した。これは、貧困と物質的苦況だけでは説明できない。というのは、この点では、もっとあとの時代のほうが苛酷だからである。しかしながら、一つだけ例をあげると、ナルボンヌ一都市だけで人口は、一三三九年以後数年で五百家族減っている。

このように早くから進行していた人口減少に加えてやってきたのが、『黒死病 peste noire』というキリスト教世界全体に死骸を積み重ねた災厄であった。それは一三四七年の万聖節〔訳注・十一月一日〕、プロヴァンスで始まった。ここでは十六か月間に住民の三分の二が亡くなった。モンペリエでは十二人の行政官のうち十人が亡くなった。ナルボンヌでは市民三万人が死んだ。住民の十分の一しか生き残らなかったところも少なくない。呑気なフロワサールは、この恐ろしい災厄については「この時代、一つの病が世界じゅうに禍をひろげ、そのため三分の一を超える人々が死んだ」と書いているだけである。

ペストが北フランスに伝播したのは一三四八年八月以降で、まず、パリとサン＝ドニで犠牲者が出はじめた。それから猛威を振るい、パリでは毎日、死者が八百人（別の説では五百人）出た。ギヨーム・ド・ナンジの跡を引き継いだ年代記者は次のように述べている。

「死者は男女を問わず、恐ろしいほどの数にのぼったが、概して、年配者よりも若い人々が犠牲になった。きのうまで元気だったのに、これに罹ると二日か三日で死んだ。腋の下か股のつけねに痼《しこ》りができると、それは間違いなく死に至るしるしとなった。——この病気は感染によって伝播する。病人のところを訪ねた人は、多くが死を免れなかった。大小問わず多くの都市で、司祭たちは病人の世話を信者たちに任せて、自分は逃げ出した。『神の館 Hôtel-Dieu』（病院）の修道女たちは、人間への敬意と優しさから、自らの死への恐怖を乗り越えて病人の身体に触れ世話をした。わたしたちは、彼女たちが、死によって次々と入れ替わりながらも、キリストの平和のなかに休らっているのだと敬虔に信じるべきである。」

「当時は飢饉は起きておらず、むしろ、食料は有り余るほどであった。このため、ペストの原因は空気と水が汚されたからだ、その元凶はユダヤ人だという噂がひろまった。とくにドイツでは、何千というユダヤ人が無差別に虐殺され焼かれた。」

ペストを機にドイツでは、最も陰気な形の神秘主義が瀰漫した。ドイツの貧しい民衆の大部分は、長い間、ローマ教会による秘蹟を受けることができないでいた。アヴィニョンの法王は、フランス

修道女たちは、人間への敬意と優しさから、自らの死への恐怖を乗り越えて病人の身体に触れ世話をした

王に媚び、冷酷な喜びをもってドイツの民衆を絶望の淵に沈めた。バイエルンのルートヴィヒを皇帝に推挙した全ての地方が聖務を停止された。多くの都市、とりわけシュトラスブルクが、この皇帝への忠誠を守ったため、法王の教勅がもたらした結果（すなわちミサが停止され、臨終の聖体拝領も受けられないこと）によって苦しめられた。シュトラスブルクではペストによって一万六千人が死に、これが罰であると考えられた。ドミニコ会士のなかには、しばらくは聖務を続けた人もいたが、多くは去っていき、法王の命令を無視してがんばったのは、ドミニコ会のタウラー、アウグスティヌス会のトマス、カルトゥージオ会のルドルフスの三人だけであった。

この人々は神秘主義思想の提唱者で、ルドルフスは『キリストの生涯』、タウラーは『イエスの貧しき生涯に倣う』、ゾイゼは『永遠の知恵の小冊子』を著した。タウラー自身、ルーヴァンの近くのソワーニュの森に「法悦博士Docteur extatique」と称されたルイスブロック（レイズブルークとも）を訪ね、教えを求めた。

だが、民衆にあっては「法悦extasie」とは《狂乱fureur》であった。ローマ教会からは見捨てられ、司祭たちからは軽視されるなかで、民衆は、秘蹟を受けることができない代わりに、血みどろの苦行や狂ったような行進を行った。一つの村あるいは街区の住民全部が、あたかも神の怒りの風に吹かれたかのごとく、どこともも知れず出かけた。彼らは赤い十字の印を付け、人々が聞いたこともない讃歌を歌いながら、広場で裸になって自分の身体を鉄鈎のついた鞭で打った。一つの町に一昼夜とどまり、日に二度、そのような苦行を行った。それを三十三日半続ければ、洗礼を受けた日のように浄められると信じたのだった。

この鞭打ち苦行者たち（flagellants）は、ドイツからまず低地諸国へ向かい、ついでフランドル、ピカルディーを通ってフランスに入っていったが、さすがにランスは通らなかった。法王は非難し、国王は追放するよう命じた。しかし、そのために数が減ることはなく、一三四九年のクリスマスには、その数は八〇万人近くに達した。しかも、庶民だけでなく、貴族や領主のなかにも、さらには貴婦人のなかからさえ、これに加わる人々が見受けられた。

イタリアでは、この種の苦行者は出なかった。自分の肉体を痛めつけるこうした陰鬱な狂熱はドイツなど北方に独特のもので、ボッカッチョ（1313-1375）の著述に見られる同時代のイタリアなど南欧の肉体賛美の風俗とはきわめて対照的である。たとえば『デカメロン Décaméron』のプロローグ〔訳注・正確には「第一話の初め」〕の記述は、一三四八年のペスト大流行に関して証言した第一級の歴史資料である。ボッカッチョは、フィレンツェだけで死者が一〇万人に達したと述べ、その伝染が恐ろしいほどの勢いであったことを次のように、その登場人物に語らせている。

「私は、豚が二匹、路上で死者のボロ布を鼻面で振り回していたのが、しばらくしてくるくる回ったかと思うと、死んでしまったのを、この眼で見ました。——死体を教会へ運んでいくのは友人たちではなく、みじめな隠坊たちでした。——多くの人が路上で息絶え、また、自分の家でひとりぽっちで死んでいる人も数え切れないほどでした。家族みんなが家のなかで死んでいることもあり、夫と妻、父と子が同じ担架にのせられて運ばれていきました。死体は、大きな穴を掘って、次々と放り込まれ、それは、ちょうど一隻の船のなかに商品が積み込まれるようでした。死臭を抑えるために強い匂いの薬草が死体に添えられましたが、死体の匂いが、そうした薬草の匂いと混じり合って辺り一面に漂っていました。――ああ、いまでは、なんと多くの美しい家々が空っぽになっていることでしょう！　なんと莫大な資産が相続する人もなく放置されたままになっていることでしょう！　朝は愛らしい子供たちや親しい友人たちと一緒に食事していた美しい婦人が、夕方には父祖たちのもとへ旅立ってしまったのです。」（柏熊達生訳）

ボッカッチョの語る話のなかには、死よりももっと悲しい何かがある。それは氷のように冷たいエゴイズムである。

「ペストの話を聞きたくなくて、多くの人が家に閉じこもって最も美味な御馳走を食べ、最高のワインを味わいながら、音楽などを楽しんだ。逆に、自分の家を飛び出して、友人・知人の家々を泊まり歩いた人たちもいました。これは、それぞれが生きる希望を失って、財産も自分自身をさえも放り出してしまい家々が共有の家のようになっていただけに、容易なことでした。――多くの人は、おそらく、より慎重な考えから、唯一助かる道は逃げ出すことだといい、自分たちの町も家も遺して、まるで神の怒りが先回りしているこ となどあり得ないかのように、田園へ向かいました。

田園の人々も、死を待つなかで、未来のことは忘れて、持っている物をすべて消費してしまおうと工夫をこらしました。牛やロバ、山羊、犬さえも、人間に捨てられて畑や野原をさまよいました。そこには、作物が収穫もしないまま放置されていますので、彼らは好き放題に食べ、夕方になると、自分で小屋に帰ってくるありさまでした。——町では恐怖と不安がかくも強くなったため、親類同士でも互いに訪問し合うことはなくなり、姉は弟を、妻は夫を、親は子供を世話することもしなくなりました。このため、病人たちは、友人の思いやり（そのような友人は滅多にいませんでしたが）に頼るか、さもなければ貪欲な召使いたちに身を委ねる以外にありませんでした。こうした召使いは本来粗雑な人間で、病人の世話には慣れていないうえ、病人が亡くなったときには良心など見失い、ふつうなら呆れ返られるようなことが生じました。身分の高い、美しく優雅な婦人が、病気になると、平気で男に世話をしてもらうようになり、女にしか見せないものも、相手が若い男であっても、平気でさらけだすようになったのです。後日、病気から治った人々が貞操観念をなくした原因は、ここにあるといってよいでしょう。」

（柏熊達生訳）

ボッカッチョは、気の利いた抜け目なさと無頓着さではフロワサールの兄弟であるが、語り手としてはずっと優れている。『デカメロン』は、その形式においても、悲劇から愉快な物語への移行のなかでも、この大きな災厄が引き起こしたエゴイストたちの姿をみごとに描き出している。そのプロローグは、わたしたちをペストに襲われたフィレンツェの陰惨な空間からパンピネア

（Pampinea）〔訳注・「ぶどうの生い茂る園」の意〕の楽しい園へと導いてくれる。そこでは、美しい女主人たちを囲んで、語り手たちが当時の未熟な衛生学の知識の中で計画的に考えられた《無為》と《忘却》そして《笑い》の生活が営まれている。

マキアヴェリは一五二七年のペストに関して書いているが、この『君主論』の著者は、言われるほど冷酷で残忍なようにはわたしには見えない。彼は葬送の教会のなかで交わされる愛と艶っぽい言葉に注目している。九死に一生を得て生還した人々は、驚きをもって互いを見合い、生きるよろこびを知り、互いを好きになるのである。その仲介をしたのが死である。

ギヨーム・ド・ナンジを継承した年代記者によると、「生き残った男女は集団で結婚した。女たちはすぐ妊娠した。不妊の女はおらず、一度に二人も三人も子供を産んだ」。こうしたことは、あらゆる大きな災厄のあとでは共通して見られる現象で、マルセイユのペストのあとも、フランス革命のときの《恐怖政治》のあとも同様であった。そこには、野蛮なまでの生の喜びが見られる。

寡夫で自由の身になった王〔フィリップ・ド・ヴァロワ〕は、息子の妻にブランシュ・ド・ナヴァールを迎えようと考えた。ところが、この娘を見るや、息子の嫁にするのはもったいないとばかり、自分の妻にしている。このとき彼は五十八歳、ブランシュは十八歳であった。息子のジャン〔訳注・次のフランス王ジャン二世。在位1350-1364〕には二十四歳の寡婦〔ボンヌ・ド・リュクサンブール 1315-1349〕をあてがったが、彼女はブーローニュとオーヴェルニュの相続人で、加えて、幼い息子の後見権とともに両ブルゴーニュ〔訳注・ブルゴーニュはフランス王国内とドイツ帝国領内とに広がっていた）の管理権をもたらした。フランス王国は苦しみのなかにあったが、このようにしてその資産を周辺にひろげていった。フィリップ六世はモンペリエとドーフィネを買い取ったばかりであった。彼の孫シャルル（五世ル・サージュ 1338-1380）はブルボン公の娘ジャンヌ（1338-1377）と結婚し、フランドル伯はブラバント公の娘と結婚するなど、婚儀のラッシュが続いた。

これらの祭から新しい流行の奇妙な爆発が生じる。それらは何年か前からフランスとイングランドの宮廷に入ってきていたもので、長いローブをまとった《法律の騎士 chevaliers ès lois》に対する貴族の優越性を誇示するために、身体にぴっちり合ったツートン・カラーの衣服を採用した。髪はうしろで結んで尻尾のようにし、髭を伸ばし、靴は、長い爪先をサソリの尾のように上へ反らせ悪魔を思わせる奇妙な形をしていた。腰には短剣を二本差し、おとなしい儀仗馬ではなく血気盛んな軍馬に乗った。婦人たちは、髪を、あたかもマストが炎をあげているように、上に高く伸ばし、何本ものリボンを翻した帽子をかぶった。――ローマ教会は、これを高慢ちきで破廉恥な風俗と非難してやめさせようとしたが、効き目はなかった。前記の年代記者は、この新しい風俗について辛辣な批評を加えている。

「彼らは髭を長く伸ばしたが、上着を短くした。臀部を丸出しにしたようなこの衣装は、庶民の間に嘲笑を巻き起こした。事実、それは、尻をまくって敵前から逃亡する姿を思い起こさせた。」

これらの変化は、そのほかの変化の予兆になった。衣装の変化とともに演じる役者も代わった。数々の不幸のなかで生まれたこれらの狂熱、ペストの災禍のあと大急ぎで行われた婚礼も、これまた、死を迎えざるをえなかった。老いたフィリップ・ド・ヴァロワは、若い王妃の傍らで、まもなく精気を失い、息子に王冠を遺して世を去った（一三五〇年）。

第二章　ジャン二世とポワティエの戦い

一三四八年のペストでは、著名人もたくさん犠牲になったが、なかでも有名なのが歴史家のジョバンニ・ヴィラーニと美しいラウラであろう。後者は、生きているときも死後も、ペトラルカ（1304-1374）のカンツォニエーレの主題になった。

ラウラはノーヴ〔訳注・アヴィニョンの南東十三キロにある町〕の町長であったオーディベール殿の娘で、同じ町の名家、サド家のユーグと結婚し、十二人の子を産み、アヴィニョンで立派な家庭を営んでいた。おそらくペトラルカの心を惹きつけたのは、風俗の紊乱で悪評の高かったこの町で、彼女が築いたこのように純粋で誠実な夫婦の結合と美しい家庭の姿であった。フィレンツェ生まれのこの若い詩人が初めてラウラを見たのは一三二七年四月六日、聖週間の金曜日、彼女が夫や子供たちに囲まれて詣でた教会堂（聖クララ教会）でのことであった。それ以後、この気高い婦人は、彼にとって忘れられない存在となった。

〔訳注・ペトラルカはイタリアのアレッツォの生まれだが、教皇庁に奉職した父についてアヴィニョンに移り住み、モンペリエとボローニャで大学を修了し、父が亡くなったのでアヴィニョンに戻ったばかりであった。」

当時の最も偉大な詩人にあのように長きにわたる情熱を吹き込んだ一人のフランス人女性について少しばかり触れるからといって「脱線だ」などと非難しないでいただきたい。というのは、風俗・風紀の歴史は、とりわけ女性の歴史だからである。わたしたちはすでにエロイーズとベアトリーチェについて語った。ラウラは、エロイーズのように愛と自己犠牲に生きた女性ではない。また、詩人のなかで永遠の美と一体化されたダンテのベアトリーチェともまったく異なる。ラウラは、若くして死んだわけでもなく、死によって輝かしい《変容》を遂げたわけでもない。彼女は、妻であり母であり、老いてなお敬愛されつつ、この世の人生を全うした。彼女は、かくも荒々しい官能性の時代にあって、それとは無関係な誠実さを貫いた一生であったればこそ、十四世紀についての最も感動的な記憶のなかに遺されたのであり、人々がそこに見ようとするのは、死の影に覆われたこの時代のなかで三十年間にもわたって一人の詩人にインスピレーションを与え続けた、その生き生きした魂、真実で純粋な愛である。

彼女は、その不死の魂の美しさと若さから、若い女性であったように想像されがちであるが、ペトラルカが彼女を最後に見たのは一三四七年九月、女性たちのあるサークルのなかにおいてで、このとき彼女は、物思いに耽り、真珠の飾りも花飾りも身に付けてはいなかった。詩人は感動し、泣かないために身を翻した。——彼が彼女の死の報せを受け取ったのは、その翌年、ヴェローナに滞在しているときである。このとき彼が記した感動的なノートは、彼が愛読したウェルギリウスの写本の余白に読むことができる。そこには、彼女の死が、三十年前、初めて彼女を見たのと同じ月の同じ日、同じ時刻であったことが記されている。

詩人は、この数年間、彼の希望、人生の夢のすべてが失われるのを目にしていた。若いころの彼は、キリスト教世界が互いに和解し、異教徒との戦いに力を振り向けることを期待した。それを彼は、有名なカンツォーネのなかで、「O aspettata in ciel beata e bella…（幸多き美しき天に待つ）」と歌っている。だが、いずれの法王が十字軍を勧説したろうか？ ヨハネス二十二世はカオールの靴職人の息子で、法王になる前は法律顧問（avocat）であり、純粋な愛や清貧を説く人を焼き殺す一方で、高利貸しをして大金を貯め込んでいた。

ペトラルカが次に希望を託したイタリアも、彼の期待には応えなかった。君侯たちはペトラルカにお世辞を言い、友人であると吹聴したが、彼の主張には誰一人耳を貸さなかった。残忍で狡猾なミラノのヴィスコンティのような人間が、どうして彼の友人であったわけがあろうか？ ナポリのほうがまだましだった。ナポリの賢明王ロベルトは桂冠詩人の称号をペトラルカに自ら授与するつもりであった。しかし、ペトラルカがナポリに行ったときは、ロベルトは、もう、この世にはなく、ロベルトの孫娘、ジョヴァンナが跡を継いでいた。詩人は、到着早々、流血好みのこの貴婦人によって復活されたばかりの剣闘士の試合を見せられ、恐怖に囚われる。ペトラルカはジョヴァンナの若い夫の破滅を予感していたが、はたして、彼は妻の愛人たちによって扼殺されるのである。――彼は、このナポリについて、こう書いている。

Heu! fuge crudeles terras, fuge litus avarum!
この残忍な土地から逃げよ。貪欲な岸から逃げ出せ

その間、ローマでは、護民官リエンツィにより自由が回復されるということが人々の口に語られた。ペトラルカも、イタリアと世界の統一が「よき政府」のもとで実現される日の近いことを信じ、そうした解放者の美徳と新しいローマの栄光を歌っていた。しかしながら、そのリエンツィが、ペトラルカの友人であるコロンナ家の人々の命を脅かした。ペトラルカは、その話を聞いても、当初は信じようとせず、この護民官に手紙をしたため、そのような悪い噂を払拭するよう懇請している。

しかし、まもなく、この護民官も失脚し、イタリアの自立について希望を見失ったペトラルカは、このころ騎士たちを伴ってアルプスを越えイタリアに入ってきた皇帝カール四世に、その情熱を注ぐ対象を移した。この皇帝は、ドイツにおいて『金印勅書』を発布する前に、まずイタリアで帝国の諸権利を買わせるためにやってきたのであった。

〔訳注・『金印勅書』はカール四世が一三五六年にニュルンベルクおよびメッツで発布したもので、神聖ローマ帝国皇帝の選出法を定め、法王の承認を不要とすることを宣言している。〕

ペトラルカは皇帝を待ち受け、トラヤヌスとアウグストゥスの黄金のメダルを示して、これらの偉大な皇帝たちを思い起こし倣うよう勧めた。しかし、この皇帝は、二、三百人の騎士しか随行させず平和的だが締まり屋で、イタリア人たちから「大市に出かけた移動商人」と揶揄される始末であった。

何度も裏切られ、悲しみに囚われたペトラルカは、これまで以上に、遙かな古代のなかに逃避していった。すでに老いた彼は、ホメロスの言葉を学び、『イリアス Iliade』を四苦八苦しながら読みはじめた。この貴重な写本に初めて接したときの彼の興奮がどれほど大きかったかを見る必要がある。

こうして彼は、ダンテと同じく、晩年の何年かを、自分が愛したものを求めてさまよい歩いた。常にウェルギリウスに導かれて、古代の詩を一つの《エリュシオン Elysée》〔訳注・古代ギリシア人が想像した楽土〕になぞらえたのは、ダンテではなく、むしろもっと蒼白く優しいペトラルカのほうであった。彼は、どこへ行くにも携えていたホメロスとウェルギリウスの貴重な写本を、最晩年になってヴェネツィア共和国に譲った。それらは、サン＝マルコ寺院と有名なコリントスの馬の像のうしろにある図書館に納められ、約三百年後、埃にまみれているのを再発見されることになる。まわりを海にかこまれたヴェネツィアこそ、この詩人が死に際して、その敬虔な手をもって、古代のさまよえる神々を託すことのできた唯一、安全な場所であった。

彼は、この義務を果たすと、老いた身体を暫しアルクァ〔訳注・パドヴァの近郊〕の太陽で暖めに行き、そこの書庫のなかで本を枕に亡くなった。

このように、この詩人は、過ぎた時代への哀惜と根強い忠誠心を保ち、古代の幻影を追い求めるあまり、護民官だの皇帝だのに次々期待を寄せた末に、失望のうちに生涯を終えたのであったが、これは、ペトラルカだけでなく、彼の時代全体の問題であった。テンプル騎士団とボニファティウス八世を生け贄にすることによって《中世》と手厳しく絶縁したようにみえるフランスでさえ、そのあとは再び《中世》にもどり、そのなかに冬眠する。封建領主たちの軍勢に惨めな敗北を味わせたクレシーの戦いの教訓は、フランスに、まったく別の世界が始まったことを理解させたはずであったが、実際には騎士道への哀惜という効果しかもたらさなかった。イギリス軍の弓もフランスをめざめさせはしなかった。このクレシーでフランスはエドワードの大弓隊の威力に驚きはしたものの、それが表していた近代的戦争の特質というものは一向に理解しなかった。

フィリップ六世の息子のジャン二世（在位1350-1364）は、貴族たちの王であり、父親に劣らず騎士道に傾倒し、クレシーで一緒に戦った盲目のボヘミア王ヨーハンを手本と仰いだ。しかも、ポワティエの戦いでは、馬を降りて騎馬軍を待ち受けるというように、その手本としたボヘミア王に勝る盲目ぶりを示した。しかし、彼には、ボヘミア王のように、騎士として壮絶な死を遂げるという幸運はやってこなかった。〔訳注・ジャン二世ル・ボンは捕虜になってしまったのである。〕

ジャン二世は、即位するや、貴族たちを喜ばせるために、借金返済の猶予を命じ、さらに、貴族たちのために《エトワール勲爵士団Ordre de l'Etoile》〔訳注・イギリスでエドワード四世が設立した《ガーター勲爵士団》に対抗して一三五一年に設立したもので、「Ordre de Notre-Dame de la Noble maison」が正式の呼称。白いダマスカス織りのマントに星をつけたことから《エトワール勲爵士団》と通称された〕を設立し、メンバーに、のちの「廃兵院Invalides」に通じる隠退所を保証した。すでに、こうした目的のためにサン＝ドニの平野に豪華な館が建てられ始めていたが、未完成のままになっていた。この勲爵士団のメンバーは、「殺されるか捕らえられるかしないかぎり、一歩たりとも後退しない」ことを誓ったが、実際には、捕虜になるほうを選んだ。

騎士道を重んじたこの君主が最初にやったことは、父王の顧問であった軍司令官ウーをある嫌疑をかけて殺すことであった。それから、一人の寵臣にすべてを託した。この男は「イスパニアのシャルルCharles d'Espagne」と呼ばれた貪欲で抜け目のない南仏人で、王の彼に対する寵愛は度外れなものがあった。この寵臣は軍最高司令官になるとともに、若いナヴァール王シャルルがルイ十世（ル・ユタン）の血とともに母〔訳注・ファアナ。フランス王ルイ十世の娘。フランス語ではジャンヌ〕から受け継ぎながらジャン二世によって取り上げられていたシャンパーニュ伯領を自分のものにした。

ナヴァール王シャルルは、母がルイ十世（ル・ユタン）の娘であったことから、イングランドのエドワード三世と同じように、自分がフランス王になれるはずであると考え、シャンパーニュ伯領を手に入れたジャン王の寵臣を暗殺し、ジャン王自身の暗殺をもたくらんだ。ジャン王はシャルルを捕らえたが、跪いて命乞いをするので釈放した。しかし、彼は、その後も、フランスにとって悪魔のような、「シャルル・ル・モーヴェ Charles le Mauvais」と渾名される不吉な存在となる。

ジャン二世は、先に述べた軍司令官ウーをはじめ、さまざまな人間を殺したが、「ジャン・ル・ボン Jean le Bon」と呼ばれた。この場合の「ボン」とは、「人を信じやすく、すぐ乗せられて浪費する人間」という意味合いがあり、事実、彼ほど人民のカネを無駄にばらまいた王はいない。彼は、ラブレーが描いた、熟さないうちに葡萄を食べ、刈り入れ前に麦を食ってしまう輩のように、現在を台無しにしたうえ、未来を抵当にしてカネに換えた。人々は「この王は自分がフランスに長居しないことを予見していたようだ」と言ったほどである。

彼が重要な財源にしたのは、フィリップ美男王などと同じく、貨幣の改鋳であった。しかも、ジャンは、その短い治世〔訳注・一三五〇年から一三六四年まで十四年間であるが、一三五六年、ポワティエの戦いでイギリスに捕虜になって以後、長い間虜囚生活を送った〕の間に、そうした先輩を凌ぎ、その後もけっしてありえないような財政破綻を王室と国民にもたらした。彼が、その間に出した唐突で相矛盾する勅令を読むと、夢を見ているような気がする。一三五〇年の即位当時、銀一マルク〔約二五〇グラム〕が五リーヴル五〇スゥだったのが、その年の終わりには一一リーヴルになっている。一三五二年二月には四リーヴル五〇スゥに下がるが、一年後には一二リーヴルにはねあがっている。一三五四年に四リーヴル四スゥに下がるが、一三五五年には二八リーヴルに暴騰したかと思うと、その後、一時、五リーヴル五スゥに下がり、一三五九年には一〇二リーヴルに値上がりしている。

この王室財政の破綻は、根底的には貴族たちのブルジョワに対する約束不履行であった。というのは、この「お人好しの王」がほかの人々から取り立てたものをすべて奪ったのは貴族と領主たちだったからである。先王フィリップ六世の妃ブランシュ・ド・ナヴァールだけがロンバルディア人たちから没収した財産を手に入れ、さらには、彼らから債務を負っている人々まで王国全体にわたって追跡し、自分のものにした。

貴族階級は、自分の城から遠く離れて王の身近に滞在するようになって、高い出費を強いられたことから、ますます貪欲になり、ただで奉仕しようとはしなくなった。王はイギリス人による掠奪から国を守るためには、この貴族たちにも一緒に戦ってもらわなければならなかったが、それには、軍費を支給しなければならなかった。こうして貴族たちは、自ら進んで戦う誇り高い身分から、王の閲兵式に整列して手当をもらおうと王に手を差し出す浅ましい傭兵の身分に転落したのであった。日当は、騎士の場合、フィリップ六世の時代には一日一〇スゥであったのが、ジャン二世のもとでは二〇スゥ、従士を連れて戦いに参加する《バナレット領主》は四〇スゥに達した。このため、王の出費は膨大な額にのぼり、この予算を捻出するために、ジャン二世はそれまでのどの王よりも頻繁に三部会（les Etats）を召集した。その結果、貴族たちは、間接的かつ知らないうちに、三部会、とりわけカネを出してくれる第三身分に全く新しい重要性を帯びさせることに寄与したのであった。

すでに一三四三年、フィリップ六世は戦費をまかなうために、三部会に対して、商品売買に関し、一リーヴルあたり四ドニエの税を徴収する旨通告している。これはブルジョワたちにすると、単なる増税ではなく商業活動そのものに対する抑圧であった。徴税役人は市場に仮住まいして、ここで行われている商売を見張り、商人や買い手たちのポケットに手を突っ込み、「わずかばかりの草」についてまで分け前を要求した。この税は、そのころスペインでムーア人との戦争を契機に施行された塩税（アルカバラ alcabala。塩を意味するアラブ語「al-qabala」に由来）と同じであった。

フィリップ六世は、商人たちの不満を解消するために、この償いとして「聖ルイ時代のような良質の貨幣」を鋳造することを約束したのをはじめ、その後も、さまざまな新しい要求と約束を繰返した。フィリップ王は、一三四六年の危機〔訳注・クレシーの戦い〕のなかで、北フランスの諸州に対して「わが館と愛する伴侶たる王妃、そして子供たちの必要とするもののための徴発権を制限する」ことを貴族たちに約束し、また財産没収を執行する役人の職責を廃止したり、相互に矛盾する裁判権を整理したり、領主たちの債務支払い猶予の勅令を取り消すなどしている。南フランスの諸州に対しては、各家の炉に十スゥの税をかける代わりに、塩など諸物資の売買税を廃止することを約束している。

ジャン二世も、一三五一年、自分の即位を祝う祭典の費用を調達するための徴税を三部会に求め、その代わりに幾つかの要求を受け入れている。それらには、たとえばピカルディーの貴族たちには私的戦争を大目に見る一方で、ノルマンディーの都市住民たちには私的戦争を禁止するなど相い矛盾するものもある。どちらも、商品の売却に際し一リーヴルあたり六ドニエの納税を承知させるために約束したものであった。トロワの織物業者たちには頭巾用の幅の狭い布の独占的製造権を保証し、パリの職業組合の親方たちには、ペストによる人口減少で法外に上がった労賃を固定する原則を認めている。代議員を通してでなく直接パリ市庁舎に集められたブルジョワたちは、売買税の提案を受けてこれを承諾し、王は、そのお礼として、その後も、王がいなくとも勝手にこの会議室を使えるようにした。

一三四六年には、王（フィリップ・ド・ヴァロワ）は数々の改革を約束し、三部会はそれを素直に信じて可決しているが、すべては一挙に終わる。ジャン二世になってからの一三五一年、ピカルディーの貴族たちは、国王や大公たちの臣下も支払わないかぎり、自分たちの家臣に税を支払わせることを拒絶している。

一三五五年には、フランス王政府は、南フランスがイギリス人たちによって荒らされたため、さらなる出費を強いられ、十一月三十日、北フランスすなわちオイル語圏の三部会を召集した。ここで王は、要求を受け入れさせるために、《徴発権 droit de prise》による直接的収奪や貨幣の改鋳による間接的収奪をやめることを約束しなければならなかった。さらに王は、新しい税制においては、聖職者や貴族、さらには王自身や王妃、王子たちも支払う旨を約束したが、それでも三部会の同意を得ることはできなかった。三部会は、王政府の会計院ももはや信用できないとして、自分たちが選んだ収入係によって徴収することを求め、三月一日に、次いで一年後にサンタンドレに集まることを決めた。

こうして、統治の根幹である議決権と徴税権が三部会に握られようとしたのである。しかし、当時は、この三部会の大胆な要求のもつ意味には、誰ひとり気づいてはいなかった。多分、当事者でありパリの商人たちの頭目として諸都市の代表者たちの先頭に立つことになるマルセル・エティエンヌでさえ、このことには気づいていなかった。三部会は、フランス王権を六〇〇万パリ・リーヴルという金額で買い受け、王室は、そのカネで三万の兵士を雇った。このカネは塩と商品の売買にかけられる税によって集められるはずで、とりわけ貧しい人々に重い負担となる悪税であったが、南フランス全域が敵の餌食になっていて緊急を要するときに、これ以外のどんな方法がありえただろうか？

この三部会には、ノルマンディーもアルトワもピカルディーも代表を送らなかった。ノルマンディーの人々をそそのかしていたナヴァール王、アルクール伯そのほかの領主たちは、自分の領地では塩税は取らないと宣言していた。三部会は後退せざるをえなかった。先の二つの税（塩税と物品税）を撤廃し、その代わりに収入に税をかけた。税率は高額所得者ほど低く、最も貧しい人々は五％、中流の人々は四％、金持ちは二％であった。

王は、ナヴァール王とその仲間の抵抗にひどく傷つき、「彼らが生きている限り、自分は心から喜ぶことはないだろう」と言い、何人かの騎士を連れてオルレアンを出発して三十時間をかけてノルマンディーの歴史的首都であったルーアン城に着き、ちょうど彼らが王太子〔訳注・のちのシャルル五世〕の招待で食事しているところを襲った。このとき彼らは、王太子に、皇帝のもとに身を寄せて父王に戦いをしかけるよう唆していたところであったとされる。アルクール伯と他の三人は直ちに首を斬られ、ナヴァール王は牢獄に放り込まれた。

いずれにせよ、三部会が決議した税制は激しい抵抗を呼び、その国内の混乱がイギリス人による蹂躙を招くこととなる。イギリスの王太子エドワード〔ブラック・プリンス〕は僅かの騎士を引き連れて南フランス諸州を荒らしまわった。彼らは、二度と戻ってくることのない盗賊のように行く先々を焼き払い、痛めつけた。その残虐ぶりは、およそ騎士道とは程遠いものであった。それまで比較的無傷であったラングドックが、一三四六年クレシーの戦い当時のノルマンディーのように荒らされ掠奪された。彼らは約五千台の荷車に略奪品を満載してボルドーに帰還すると、すぐまた、ルエルグ、オーヴェルニュ、リムーザンを、ほとんど何らの抵抗も受けることなく侵略し、果物を飽きるほど食べ、ワインを暴飲した末に、小間物の行商人のように車に荷物を満載し、あとは焼け野原にするという残忍な旅を繰り返した。

ついで彼らは、ベリー地方に矛先を転じ、ロワール川に沿って進んだ。そうした彼らが初めて抵抗に遭ったのがロモランタン〔訳注・ロワール＝エ＝シェール県〕で、相手は何人かの配下を連れた騎士であったが、これまで抵抗らしい抵抗に遭わなかっただけに、それだけで略奪者たちを動転させるに充分であった。イギリス王太子は、このロモランタンを懲らしめるために何日間も費やした。

フランス側もようやく動き、イギリス軍をフランスに引き入れる手引きをしたナヴァール王のノルマンディーにおける拠点を攻めるために国王ジャン二世自ら、大軍を率いて前線に立った。その軍勢は大規模で、斥候だけでも戦場を埋め尽くすほどで、イギリス側は、もはやこれまでと観念したほどであったが、両軍とも相手がどこにいるかさえ、よく把握しておらず、ジャン二世のほうはイギリス軍は前方にいると思っていたのが、実際は後方にいたり、イギリス王太子のほうも、フランス軍の位置を誤解していた。イギリス軍がこの敵国にやみくもに入っていったのは、これが二度目で、しかも最後ではなかった。奇跡でもないかぎりイギリス側が敗北を喫していたはずであるが、それを覆したのは、ジャンの軽率さであった。

ブラック・プリンスが率いるイギリス人とガスコーニュ人から成る軍勢は、騎士二千、弓兵四千、そして南仏で雇われた野武士の軽装兵二千人の総勢八千であったのに対し、ジャン二世の軍勢は、そのほぼ二倍の一万五千で、そのなかにはジャン王の四人の息子たち、公爵または伯爵二十六人、ベナレット領主百四十人が派手派手しく軍旗を連ねていた。キリスト教徒同士が血を流し合うのを止めるため、法王特使の枢機卿も二人いて、その一人はタレイランといった。イギリス王太子は、イギリス側が奪った土地も人間もすべて返却すること、今後七年間はフランスに対して武器を用いないことを条件に休戦を提案した。しかし、ジャン二世は、これを拒絶し、ブラック・プリンスが部下たちを引き連れてイギリスへ帰国することを要求した。フランス王としては、これまで掠奪を放置していたことを恥じて敢えて強腰に出たのであったが、このため両軍の対決は必至となった。

イギリス側はポワティエの近くの、茨の茂みと生け垣を巡らし葡萄の木が植えられたモーペルチュイと呼ばれる丘の上に陣取った。これは、フランス側にすれば、こちらから攻撃をしかけるまでもなく持久作戦を採って、包囲して二日もすれば飢えと渇きで降参してくることが明らかであった。ところが、ジャン二世は、敵の弓兵が矢の雨を降らせるなかを攻め立てることが騎士道にかなった戦法であると考えた。

丘の上のイギリス軍の陣地まで登るには狭い道が一本あるだけだった。フランス王は、この攻撃に騎兵を用いたから、戦闘の様相はモルガルテン〔既出。第一章参照〕のそれに似たものになった。フランス騎士軍は、降り注ぐ矢に人馬ともに次々と倒れ犠牲の山を築き、イギリス軍は、その隙に丘を下った。フランス軍は混乱に陥り、王の息子三人〔訳注・のちにシャルル五世となる長男、アンジュー公となる次男ルイ、ベリー公となる三男ジャン〕は父王の命令で八百人の騎士を護衛に連れて戦場を離れた。

しかしながら、王自身は頑強に踏みとどまった。彼は、丘を攻めるのに騎馬兵を用いたのと同じ的外れの感覚で、こんどは平地で騎馬のイギリス軍と戦うのに馬を捨てて徒歩で迎え撃つよう命じた。このジャン二世の抵抗の仕方は、息子たちを退却させたことと同じくらい、致命的戦法であった。彼と同様、彼が創設した《エトワール勲爵士団》の騎士たちも、自分の立てた誓いに忠実たらんとし、退くことなく、一団となって戦った。フランス軍の大多数はポワティエに逃げ込もうとしたが、「ポワティエの町は、遠くから見てイギリス軍が攻めてきたと思ったので門を閉ざしたばかりか、攻撃を加えたので、城門の前の塁道では多くのフランス軍士が負傷し倒れ、修羅場と化した」。
その間も、戦場での勝敗は、まだつかなかった。腕力に自信のあったジャン王は斧を振るって戦った。傍らには末の息子フィリップがついていて、「豪胆 le Hardi」というその渾名にふさわしく自ら果敢に戦いながら、新手の敵が襲ってくるたびに「父上、右手に気を付けて！」「左に気を付けて！」と声をかけた。しかし、カネになるこの獲物をめざして襲ってくる敵の数は、どんどん膨れ上がっていった。

「イギリス人とガスコーニュ人を問わず、あらゆる方角から押し寄せてきたので、フランス人側はまわりを敵に囲まれ、一人で何人も相手にしなければならなかった。」（フロワサール）

次々と王の近くにまで迫った者は「降伏しなさい。さもないと命を失うことになりますぞ」と声をかけた。そうしたなかにサントメール生まれのドニ・ド・モルベックという騎士がいた。彼は大男の力持ちで、その腕力をふるって王の間近に迫ると、流暢なフランス語で「陛下、どうか降伏なさい」と呼びかけたので、王も、これ以上防戦に努めても無駄であることを悟って、この騎士の顔をみつめながら、「誰に降伏すればよいのじゃ。わが従兄弟の王太子はいずこじゃ？」と問うた。騎士のドニは「太子はここにはおられませんが、陛下がわたしに御身を委ねてくだされば、お連れしましょう」と答えた。「そういう貴殿はどなたか？」と王が訊くと、「わたしはドニ・ド・モルベックといい、アルトワの騎士ですが、フランス王国における所領は全て失い、いまはイングランド王に仕えております」と答えた。それに対し、フランス王は「なるほど。貴殿に我が身を託そう」と言って右手の手袋を彼に与えた。そこへ、ほかの兵士たちが押し寄せ、王を取り囲んだ。それぞれが「おれが王を捕らえた」と言いたかったからである。

イギリス王太子（ブラック・プリンス）は、このような獲物を思いがけず手中にさせてくれた幸運に感謝するとともに、この捕虜を王として丁重に扱うよう配慮した。なぜなら、彼にとって、この人は「ジャン・ド・ヴァロワ」（それまでイギリス人たちは、彼をこう呼んでいた）ではなく「真のフランス王」だったからである。ブラック・プリンスにすると、やがてはフランス王国に自分を王として戴かせるためにも、また、ジャンの身柄を大金で買い戻させるためにも、ジャンは実際に王であることが重要であった。そのようなわけで彼は、戦いのあとジャンに食事を御馳走し、ロンドンに入るときは、彼を大きな白馬に乗せ、自分は黒い小さな雌馬に乗って、そのあとに従ったのであった。

イギリス人たちは、ほかの捕虜に対しても礼儀正しく接した。そして、クリスマスのときに身代金を払いにくることを約束させて、大部分の捕虜を送り返した。捕虜になったフランス人たちも、約束を破るにはあまりにも善良な騎士たちであった。この紳士同士の戦いのなかで敗者が味わった最悪の不幸は、勝者の祭に参加し、一緒に狩りに行ったり、イングランドでの騎馬槍試合に参加したり、イギリス人のこれみよがしの礼節に応えなければならなかったことであろう。この貴族同士の戦争で無惨に押しつぶされたのは百姓たちだけであった。

フランスでは、ポワティエの戦いから逃れた人々が、王太子（のちのシャルル五世）を先頭に帰ってきて「国王も他の貴族たちも皆、殺されるか捕虜になるかした」、「イギリス人たちは獲物を安全なところに移すために一旦は去ったが、必ずまたフランスに戻ってくるだろう、それも、カレーだけでなく、パリとフランス王国そのものを奪うために帰ってくるのだ」と告げたから、パリは激しい恐怖に陥った。

第三章　ジャックリーの乱

（パリ市民たちにすれば）王太子からも、その弟たちからも、大したことは期待できなかった。王太子は身体が弱くて顔色が悪く、年齢もようやく十九歳であった。彼については、ルーアンでナヴァール王の友人たちを不吉な食事に招待したこと、戦いにおいて「われ先に逃げよ sauve-qui-peut」の合図を出したことしか知られていなかった。

パリの町は、王太子を必要とするまでもなく、商人頭（prévôt des marchands）〔訳注・今で言うパリ市長で、セーヌ川水運業の親方代表が就いた。ルイ九世の十字軍からの帰国後設置され、大革命まで約五百年続いた〕のエティエンヌ・マルセル（在位1354-1358）の指揮のもと、防戦態勢を整えた。敵がセーヌ川を使って侵入してくる場合に備えて、河川交通を遮断するための鎖を鍛造し張り巡らした。つぎに城壁上部の狭間を高くし、初歩的な大砲にあたる弩砲などの戦闘用機械を備え付けた。だが、パリの町はフィリップ・オーギュスト時代に建造された古い城壁では囲い込めないほど膨張し、いたるところではみ出していた。そこで、一方の左岸側はパリ大学を囲む城壁、他方の右岸側はアヴェ・マリア修道院、サン＝ドニ門、そしてルーヴルにいたる城壁が築かれた。シテ島などのセーヌの中ノ島も要塞化された。城壁の上に設置された見張り小屋は七百五十にのぼり、工事の完了には四年の歳月を要した。

この事件でパリが演じた役割こそパリをパリたらしめたものであり、この点に触れずしてこれが引き起こした革命を理解することはできない。

パリは戦いの手段として艦船を持っていたが、もともと、パリ自身が一隻の船であり、すでに合流してはいるが混じり合うにはいたらないセーヌ川とマルヌ川の間に浮かんだ一つの島である。

この川の南側には学問の町、北側には商業の町、そして、中央にはカテドラルと王宮という権力の中枢がある。パリを世界でも最も美しい、比類のない都市にしているのが、このように異なる二つの町とその間に漂っている一つの《シテ Cité》を優雅に包んでいる調和である。それに較べると、ローマもロンドンも川の流れのどちらか一方の側だけに造られているため、このような調和は備えていない。

パリのこの形は、美しさだけでなく、その素晴らしい有機的特質を生み出している。パリの元々の個性（individualité）はシテ島にあり、それに学問と商業の普遍性（universalité）がくっついて、その全体が人間的な人付き合いのよさをもつ真の首都を作り出しているのである。

川の中に浮かぶシテ島が権力の中枢であるのに対し、外から避難してくる人々を受け入れる町が二つ、川の両岸に独立して開けているのである。左岸の大学は学生たちのために独自の裁判権をもち、他方、右岸では職人たちのためにテンプル騎士団がやはり独自の裁判権をもっていた。
ギヨーム・ド・シャンポーがノートル＝ダム学校でアベラールによって破れ、サン＝ヴィクトール大修道院に逃げ込んだとき、後者の「無敵の論客」も、彼を追ってサント＝ジュヌヴィエーヴに陣を構えた。この戦いによって、もう一つのアウェンティヌスの丘への分離というべき『山上学派 école de la montagne』の設立がもたらされた。〔訳注・アウェンティヌスの丘はローマの七つの丘の一つで、前四九二年、平民たちが貴族たちと別れて独自の町を作ろうと、この聖なる丘に集まった。〕その言葉によって荒れ地に一つの都市を生み出すだけの力を持っていたアベラールが、パリの南半分の創始者となったわけで、まさに、論争がこの論争好きの都市を生み出したのであった。

この都市は、西方へ向かっては拡がることができなかった。そこにはサン＝ジェルマン＝デ＝プレの不動の壁が立ちはだかっていた。この古い修道院は、パリがまだ小さな集落であったときから見つめつづけ、その成長を助けたのだったが、いまは大きくなったパリに包囲され、これに抵抗しなければならなかった。

セーヌから生まれた都市は、もう一方の岸では拡がっていった。そこには、市場、屠殺場、イノサン墓地が造られた。だが、こちら側でも、東西をルーヴルとタンプルの間で制約され、伸びることができないので、シャトレからサン＝ドニ門にいたる腹部をふくらませた。

ノートル＝ダムとサン＝ジェルマンの聖職裁判権にとっては、フランス王も強力なライバルであった。王妃ブランシュ〔訳注・聖ルイ王の母、ブランシュ・ド・カスティーユ〕が教会参事会の牢獄を自ら押し開けて債務者たちを引きずり出したことはよく知られている。一〇三二年、初代代官〔訳注・「奉行」とも〕（prévôt royal）のエティエンヌなる人物もサン＝ジェルマン修道院に力づくで入っているが、これは、王の要請によってキルデベルトの十字架を取り上げるためであった。〔訳注・サン＝ジェルマン＝デ＝プレはキルデベルトが創設した修道院。〕この当時の代官あるいは奉行（prévôt）は国王に仕えるだけの人であったようである。もう一人のエティエンヌ（エティエンヌ・ボワロー。在位1261-1270）は聖金曜日に泥棒を捕らえるために聖ルイ王の承認を得た。それに対し、シャルル五世の代官〔訳注・一三六七年から一三八一年まで務めたユーグ・オブリオ〕は、ユダヤ人と親しくしているとして、聖職者によって迫害されている。

パリ大学は、ノートル＝ダムやサン＝ジェルマン＝デ＝プレとしばしば抗争を繰り広げた。王は、このような場合に限らず、学生たちがブルジョワと争ったときも、さらには自分が任命した代官と諍いを起こしたときでさえ、大学と学生を支持し、代官に自らの非を認めて謝罪させるなど、ほとんど常に大学を支持した。国王は、大学が自分に逆らってくるかもしれないなどとは疑いもせず、様々な機会にその大きな力を頼りとした。フィリップ美男王は大学教師たちをテンプル騎士団本部に呼んで、騎士団への弾劾文を読ませ、フィリップ五世ル・ロンは、自分の王権が疑義に晒されたとき、大学教師たちを立ち合わせて貴族たちに宣誓させている。歴代の王たちは大学を娘のように可愛がったが、このときは裁判官として振舞わせたわけである。フィリップ・ド・ヴァロワにいたっては、法王をさえ、この娘に裁かせたため、法王は、ずっと昔からこの大学をパリ司教の圧力から守り支えてきたのに、その大学によって有罪を宣告されそうになったのであった。こうしてパリ大学は、ローマ教会の分裂（1378-1417）を機に傲慢ぶりを高め、ローマとアヴィニョンのどちらの法王を選ぶかを決め、パリを統治し、王をも牛耳った。

大学は、それだけで一つの国民（peuple）であった。大学で使う羊皮紙の品定めと買いつけのため、諸学部（facultés）と諸民族（nations）から成る大学人たちは総長（recteur）を先頭に、サン＝ドニとシャペル〔訳注・パリの北端になっていた〕の間の原っぱで開かれるランディ大市〔訳注・羊皮紙の取引で有名であった〕へ行くのが恒例行事であったが、このときは、総長がサン＝ドニの原にすでに到着しているのに、行列の最後尾はマチュラン＝サン＝ジャックあたり〔訳注・現在のオスマン通りとサン＝ジャック通りが交わるあたり〕であったことが、パリのブルジョワたちにとっては自慢の種であった。

しかし、パリは、北半分（すなわち右岸）のほうが人口が多かったことは、十四世紀に行われた大々的な調査によって分かっている。このころの左岸地区は、聖職者（教師）、学生、外国人の複合体で、総合体としての《大学 université》はまだ姿を現していなかった。この人口調査は、フィリップ美男王が、娘婿であるイギリス王（エドワード二世）の鼻をあかすために一三一三年に実施させたもので、騎士二万、徒士の兵員三万という数字は、イギリス人たちを驚かせた。一三八三年、フランドルから帰還するシャルル六世を、パリ市民は、敵方が打ち込んでくる矢から味方を守る大盾持ち（paveschiens）、射手、木槌隊など種々の隊を編成してモンマルトルの丘の先で出迎えたが、木槌隊だけでも二万を数えた。

パリは、たんに人口が多いだけでなく、住民の知的レベルの高さでも、ずば抜けていた。その原因としては、大学との日常的接触があったことはいうまでもないが、商業や金融活動を展開したロンバルディア人が、さまざまな思想や理念をこのパリに持ち込んできていたことも大きい。また、パリ高等法院にはフランスの全ての裁判の上告審が持ち込まれたから、あらゆる訴訟人がパリにやってきたし、納税の時期になると、《財政の大法廷》であり「ガリラヤ帝国 l'empire de Galilée」と呼ばれた会計院（Chambre des Comptes）の用事でたくさんの人々がパリにやってきた。そのなかで、パリのブルジョワたちは重要な役割を果たした。フィリップ美男王のもとで貨幣鋳造の親方を務めたバルベも、ジャン二世の財務官ポワルヴィランも、いずれもパリのブルジョワであった。一三〇六年の貨幣一揆（反国王の反乱）にもかかわらず、王は、テンプル騎士団事件のときには、この「よき町」に全幅の信頼を寄せ、彼らを王宮の庭園に招いている。

この膨大な民衆が当然の首長として支持したのは、国王が任命した総督や代官（彼らは、決まって民衆からは評判が悪かった）ではなく、市参事会を主宰していた商人頭であった。とくにポワティエの戦い（1356）のあと、王国が混乱に陥ったとき、秩序回復の原動力となったのがパリであり、そのパリの指揮を執ったのが商人頭エティエンヌ・マルセルであった。

マルセルは、ポワティエの戦いから一か月後の十月十七日に召集された北フランス三部会において、集まった四百人の諸都市代表の筆頭を務めた。騎士である領主たちは大部分がイギリスで捕虜になっており、三部会に出てきたのは、その代理人たちであった。司教たちも事情は同じであったから、全体の実権は都市の代議員たちが握った。この三部会の成果である一三五七年の《大勅令》には、革命の熱気と同時に、この大都市のコミューンの行政上の天分が感じられる。とくに、この勅令を特徴づけている明晰さと視点の統一性は、これによってしか説明できない。フランスは、パリなしでは何もできなかったであろう。

三部会の議員たちは、まず高等法院〔訳注・シテ島の現在のパレ・ド・ジュスティス〕に集められ、ついでコルドリエ会本部に移り、王国が置かれている状況を掌握するために五十人の委員を指名した。

「彼らは、それまで王政府が十分の一税、特別税、献納金などとして集めた国庫の財政、通貨の鋳造そのほかの手段で蓄えられた金額、傭兵への支払い額、支出された防衛費などを詳しく知りたがったが、誰にも正確なことは分からなかった。」（フロワサール）

経理は乱脈で、公金横領、汚職があったことは明白であった。国王は民衆の困窮をよそに、騎士たちへの支給だけで五万エキュも使っていた。王室に仕える役人で潔白な人は一人としていなかった。委員たちは、これらの問題を公にして不正を追及すること、ナヴァール王を解放すること、三部会の代議員三十六人（各身分十二人）に王国統治の補佐をさせることを王太子に要望した。王太子は、自分は国王ではないので決定することはできないとして、王と皇帝から書簡が来るであろうという口実で会議を延期し、代議員たちに自分の都市に戻って意見をまとめるよう促した。

南フランスの三部会はトゥールーズで開かれたが、危機が迫っていることもあって、ずっと迅速に進行した。財政問題と部隊の件が論議され、その決議には州の三部会も承認を与えた。

この間に王太子は、メッツへ行って叔父のカール四世（皇帝）に会った。しかし、皇帝も、非力な立場であったから、王太子のためには何もできなかった。他方、母の王妃（ジャンヌ・ド・ブーローニュ）は、最初の結婚で儲けた幼い息子のブルゴーニュ公（フィリップ・ド・ルーヴル）をマルグリット・ド・フランドルと結婚させるためディジョンへ行った。これはカネのかかる旅行であったが、フランドルをフランスに結びつけるという遠大な利益をもたらした。〔訳注・マルグリット・ド・フランドルはフィリップ・ド・ルーヴルに先立たれたあと、シャルル五世の弟フィリップと再婚。このフィリップがブルゴーニュの豪胆公《ル・アルディ》となる。〕

こうして、王も王妃も王太子も不在で、見捨てられたようになったパリは、どうなったか？　近郊の農村から家族を連れ小さな荷物を持ってやってくる農民たちや修道士・修道女たちの長い列がパリのあらゆる城門で見られた。これらの群衆は、田園地帯で恐るべき事態が起きていることを物語っていた。ポワティエで捕虜になった領主たちは、身代金を払う約束で釈放されると、自分の領地に帰るや、面子を守るためなんとしても約束のカネをそろえようと掻き集めたので、その重い負担のために農民の多くが破産に追い込まれた。加えて、兵士たちも解雇されて田園に帰ってくると、あちこちで盗みや殺人を働いた。彼らは、すでに無一物になっている人々からも何かを引き出そうとして、拷問にかけた。フランス革命のとき、カネのありかを白状させるために手足を火で焼いたことから「足焼き chauffeur」と呼ばれた強盗団が人々を恐怖に陥れたが、それと同じような恐るべき光景が、このときも田園地帯のあちこちで繰り広げられた。

一三五七年二月五日、ふたたび三部会が開催され、エティエンヌ・マルセルとラン司教ロベール・ル・コックが王太子への陳情書を作成し、その内容を、代議員それぞれが自分の州に伝えることに決した。この伝達は、当時としては、しかも、この季節としてはきわめて迅速に、一か月で行われた。三月三日、陳情書はロベール・ル・コックによって王太子に提出された。ロベール・ル・コックはフィリップ・ド・ヴァロワの法律顧問や高等法院議長といった世俗上の重職を務めるとともにランの司教でもあり、教会の高位聖職者としての独立した立場を維持し、さまざまな権力者の間を繋ぐ役目を果たしたので、大工道具の「ほぞノミ（besaguë, besaigue）」〔訳注・一方がノミ、他方がタガネになっている道具〕に喩えられた。彼が話したあと、貴族を代表してペキニー殿、コミューンを代表して弁護士のド・バヴィルが、そしてパリのブルジョワを代表してエティエンヌ・マルセルが、自分たちはル・コックが提示したことを全て承認すると宣言した。

この三部会の建言は、三部会としての意思表明であると同時に王太子に対するお説教でもあった。それは、王太子に、まず神を畏れるべきこと、大臣たちを尊重し、その仕事を見守るよう勧告し、邪悪な人間を遠ざけ「若くて単純で無知な輩に命令させてはならない」と忠告、各州の意見を代弁している全国八百人の代表をもって構成される三部会こそ王国全体の考えを反映しているのであるから、これを尊重するよう求めている。そして代議員たちが王太子の取り巻きたちを殺させようとしているなどという噂は全く根も葉もないデマであると断じている。

そのほか、この三部会が王太子に提言した内容を列挙すると、以下のようである。

会議の合間の時期には、三部会で選ばれた各身分十二人、計三十六人を補佐として用い、それ以外にも選抜して地方各州に派遣し、制約のない権限をもって統治させること。その権限の内容としては、裁判抜きで懲罰できる権限、王政府に仕える役人を人選し支払う給与を決める権限、また、州の三部会を召集する権限などである。

王太子には、三万の軍隊に支払うに足りる経費が提供されるが、上納金（l'aide）の収支管理は、王太子の臣下ではなく三部会が、それにふさわしい賢明かつ誠実で責任能力のある人物を選んで担当させることとなった。新しい貨幣の鋳造は、パリ商人組合長がそのデザインと発行量を決定し、三部会の同意なしには、いかなる通貨の改変も行ってはならないこと、いかなる休戦も軍勢の召集も、三部会の承認なくしては行わない。フランスの全ての男は武装を義務づけられ、貴族は、いかなる理由であれ、王国を去ることを禁じられるとともに、私的戦争はすべて禁ぜられた。「もし、違反した場合は裁判所が介入し、必要とあれば当事者を逮捕し、財産を没収する」。こうして、貴族たちはコミューンの監視のもとに置かれることとなったのである。

《徴発権 droit de prise》は廃止された。もし領主が代理人を遣わして領民から財産を徴発しようとした場合は、領民・市民は結束して、これに抵抗することが許される。君主が臣下に対して行った領地の贈与は、フィリップ美男王の時代のそれにまで遡って無効とする。王太子側近の人々は贅沢を慎み、いかなる寵臣も、宰相（Grand Conseil）の立ち会わないところで、王あるいは王太子にねだることは何一つできなくなった。

一人の人物が幾つもの職務を兼ねることは禁じられた。裁判官の数は減らされ、裁判官になっても、そのために領地を与えられることはなくなった。《プレヴォ prévôt》〔訳注・中央政府の命令によって赴任する「長官」「代官」といった役職〕の任地は、当人の生地を避けることとなった。

この建言書を起草したル・コックは、自ら法律顧問や高等法院の議長を務めた人物であるが、司法官たちに対しては特に厳しい。司法官や行政官は商売に関与することを禁じられ、互いの裁判権の侵害や談合を厳禁された。とくに怠慢による裁判の遅滞は強く非難され、減給の要因ともなった。

これらは尤もな改革であったが、そこで使われている言葉は粗雑で、語調には敵対的なものがある。この三部会とコミューンの決めたことに高等法院が容易に賛同しないことは明白であった。裁判官や高等法院メンバーが審査を依頼された場合、もらえる手当は一日四〇ソルまでと定められていたからである。

「彼らの多くは、高い給与に慣れ、使う馬車も四頭から五頭立てが当然のようになっていたが、これからは費用は自己負担になり、馬車も二ないし三頭立てを使うよう定められていた。」

国務会議、高等法院、会計院の怠慢は特に厳しく非難された。なかには、「二十年前に始まった裁判が今も結審していない」事例があった。高等法院の評議員たちは、遅く出勤し、昼食に長い時間をかけ、そのあとの時間も、だらだらと過ごしていると非難された。会計院の役人たちは、善良な人々に時間の無駄遣いをさせないで、きちんと仕事をこなすことを聖書にかけて誓わされた。こうして、国務会議、高等法院、会計院とも、日の出とともに職場に集まることを義務づけられ、国務会議のメンバーは、会議の開始に遅れた場合は、その日の手当を支給されず、どんなに高い身分であっても、ブルジョワの業務担当者によって不作法に扱われることも覚悟しなければならなかった。

この一三五七年の《大勅令Grande Ordonnance》は、王太子シャルルのしぶしぶの署名によって施行されたものの、それには、一つの「改革」というレベルを超えて、行政権を全国三部会の手に移し、君主制の代わりに共和制を樹立することに通じるほどの重要な内容が含まれていた。いうなれば、戦争の最中に政府を入れ替え、敵軍の前で戦闘隊形を改変するような極めて危険な作業であり、このためにフランスは国家として滅びる恐れがあった。まさに、この大勅令が打ち砕こうとした「旧来の悪弊」は、王制を支えていた命にほかならなかったからである。

実際問題、フランスは《政治的人格》として存在していただろうか？　一つの共通の意志というものをそこに想定できただろうか？　確かなことは、フランスの「権威」は全面的に王制のなかにあったから、このときフランスが望んだのは、あくまでも部分的改革であったことである。ここでは王国の名で語られているものの、あくまで一つの知的コミューンが作り出したものであり、そのような王政を覆す変革を王国が実行するはずはなかった。

王太子を補佐する貴族たちは、ブルジョワに対して貴族たちが抱く憎しみと、パリに対して地方諸州が抱く嫉妬のなかで、王太子を逆方向へ誘導した。三月、王太子は三部会に示す勅令に署名し、四月六日には三部会が議決した上納金の支払いを停止したが、同八日にはパリ商人頭（エティエンヌ・マルセル）の抗議で、これを撤回している。若い王子は、貴族とブルジョワの二つの圧力の間で、きょうはこちらへ、明日はあちらへと揺れ動いた。この見通しの利かない危機のなかで、みんなが疑心暗鬼に囚われた。王国の民をリードする力は王太子にも三部会にももはやなかった。

王国は、すでにあちこちが腐り、蛆虫がわきはじめていた。わたしが言う「蛆虫」とは、盗賊どもであり、イギリス人やナヴァール人たちである。そして、腐敗した哀れなその身体は、各部がバラバラになっており、「王国」とは名ばかりで、もはや真に全国民的な三部会はなく、各部分を結ぶ道も交通手段もなくなっていた。道という道は強盗の出没する危険な難所となり、いたるところで同時に戦争が起きて全体が戦場と化し、敵味方の見分けさえつかなくなっていた。

こうした王国の崩壊状況のなかで、唯一健在だったのがパリのコミューンであったが、このコミューンも、近隣地方の助けもなくて、どうして、自分だけで生きていけたろうか？　パリは、その苦悩について誰を責めるべきか分からず、三部会を非難した。王太子は「これからは後見人は不要である。わたしが自ら統治する」と宣言し、三部会を解散したが、王太子の行動はますます制約され、彼は、幾つかの役職を売ってカネを作ろうとしたが、カネは来なかった。パリから外へ出てみたものの、田園全体が戦火に覆われ、盗賊どもに襲われないで済んでいる町は一つとしてなかった。王太子は、結局、パリに戻って、十一月七日、三部会を召集した。

八日の夜から九日にかけて、パリ商人頭エティエンヌ・マルセルの友人でピカルディー人のペキニーがシャルル・ル・モーヴェをその幽閉されていた砦を襲って救い出した。マルセルは、王太子が貴族グループに守られているのを見て、こうした「剣の輩」に対抗するには、ブルジョワ側も男系の王族を戴くことが必要だと考えたのだった。騎士が間違った振舞いをしているとき、ブルジョワがその不正を償い、王の過ちを正すことは、騎士道にかなっていると思われた。寛大な気持ちに動かされやすい群衆は、この囚われ人を喜びの涙で迎えた。彼らには、攻撃的だが不幸を味わった人間の帰還が正義そのものの帰還のように思われたのであった。

彼は、アミアンのコミューンの人々によってサン＝ドニまで送られ、そこに出迎えにきていたパリ市民たちに引き継がれてパリに着いたが、まずは、市壁の外にあるサン＝ジェルマン＝デ＝プレ大修道院へ赴き、翌々日、パリ市民に向けて演説をした。修道院の壁の前には説教壇が設けられ、

（大学と修道院という）二つの裁判権の境界領域であるプレ＝オ＝クレールで起きた係争のための《決闘裁判 combats judiciaires》が行われていた。シャルル・ル・モーヴェは、この演壇から語りかけたのである。

王太子も、演説を聴くために来ていた。ナヴァール王は、王太子にパリ入城を求めていたし、王太子も、敢えて拒絶していなかったし、こうして自ら聴きに来たのだったが、それは、ナヴァール王が多弁を弄することはないだろうと期待してであった。ところが、演説は長く、過激であった。彼は、まずラテン語で話し始め、ついで俗語で話した。話し方は見事であった。同時代の人々は、彼が小柄ながら活力に満ち、繊細な精神の持ち主であることに感服した。その演説は、当時の慣習にしたがって聖書の引用から始まり、次第に感情的昂揚を示していった。

Justus Dominus et dilexit justitias; vidit aequitatem vultus ejus

ヱホバは義と公平とをこのみたまふ　その仁慈はあまねく地に満つ　（『詩篇』三十三篇）

ナヴァール王は王太子に向かって油断のならない優しさをもって語りかけながら、人々が彼に対してなした不正を、その証拠として取り上げた。自分は、父からいっても母からいってもフランス人であり、人々から疑惑の眼で見られる理由はない。すでにイングランド王がフランスの王冠を要求しているが、この点では自分のほうがずっと近いところにいるといえるのではないだろうか？

自分の願いは、フランス王国を守るために生き、死んでいくことである……。

この演説は、あまりにも長く、ふつうならパリ市民が夕食を摂り終わっている時間になって、ようやく終わった。ブルジョワたちは食事の時間を狂わせられるのが好きでなかったが、だからといって、この演説者に対して好意を失うことはなく、彼のために資金を提供した。

彼は、パリからルーアンへ行き、そこでも同じ雄弁をもって自らの不幸を開陳した。サンジノサンの日（十二月二十八日）には、あの恐るべき食事会で殺された友人たちの死体を絞首台から下ろさせ、鐘を鳴らし、ろうそくの灯を連ねて大聖堂へ行進し、「穢れなき人々（des Innocents）義《ただ》しき人々は、我と共にある。なぜなら、わたしは、つねにあなた方の味方だからである」との聖書の言葉を引いて話した。

パリでは、王太子が中央市場で、エティエンヌ・マルセルはサン＝ジャック寺院で演説をした。しかし、王太子のほうには、あまり人々が集まらなかった。彼は賢くてセンスもあったが、冷たくて見栄えのよくない顔が好かれなかったのである。ナヴァール王に対するパリ市民の熱狂ぶりは奇妙であった。彼は、王国でも最も活力のあるシャンパーニュと、イギリスとの境界になるノルマンディー、リムーザンの城塞を委ねられた結果、フランスを弱体化させたにもかかわらず、なぜ人々の人気がこの公子に集まったのであろうか？

一つ考えられるのは、「ナヴァール王」を満足させれば、「ナヴァール人」を自称して周辺の田園を荒らし、パリ市民を飢えさせている盗賊団がおとなしくなり、パリをこうした苦しみから解放してくれるのではないかと期待されたことである。しかし、盗賊たちは、根底的には、ナヴァール王にも、ほかの誰にも心など寄せていなかったし、ナヴァール王も、盗賊たちに働きかけようとしたが、何もできなかった。

しかしながら、エティエンヌ・マルセルもブルジョワたちも大学も、この貧しいナヴァール王の正統性を認めるよう王太子を促した。あるドミニコ会士は、大学を代表して、ナヴァール王は要請されたとおりにやっているのだから、王太子はナヴァール王の要請に応じて彼の城塞を返すべきだ、それ以外のことについてはパリ市と大学が考えるであろうと宣言した。この過激派の演説のあと、サン＝ドニのひとりの修道士は「教授。あなたは何もおっしゃらないが、決定されたことにナヴァール王が従わないなら、彼に対し反対せよと言われるのですね」と叫んだ。

これに否をいう理由はなかった。王太子は、指揮官や守備隊長に、「自分たちの砦は王から授けられたものだから、王太子の命令がなければ返すことはできない」と答えさせた。

王太子は、自分に対し敵対的なパリという町のなかでは、貨幣改鋳以外にカネを手に入れる手段がなかった（一月二十二日、二十三日、二月七日）。二月十一日に召集された三部会は、彼に「王国摂政」の称号を名乗らせたが、これは、おそらく、自分たちが彼の名で出す命令に権威をもたせるためであった。エティエンヌ・マルセルの影響のもとに三十四人の委員が選ばれたが、彼がこの委員の大多数を貴族と聖職者から選んだのは、王太子に権限を取り戻させ、ブルジョワに対抗させようと考えたのかもしれない。

一つの悲劇的な出来事があり、それが、パリのブルジョワたちの邪悪な願望を頂点にまで盛り上げた。ペラン・マルクという両替商の徒弟が主人の代理として馬二頭を王太子に売ったが、代金を払ってもらえないので、会計係のジャン・バイエをヌーヴ・サン＝メリ街で捕まえた。ところが、会計係は《徴発権》を盾に支払いを拒絶したので言い争いになり、ペランはバイエを殺してサン＝ジャック＝ラ＝ブーシュリ街区に逃げ込んだ。そこで、王太子の家来であるロベール・ド・クレルモン（ノルマンディーの師団長）とジャン・ド・シャロン、そしてギヨーム・ステーズ（パリ代官）が赴き、隠れ家を襲ってペランを捕らえ、シャトレに連行して、両手を切断したのち絞首台に吊した。司教は、ペランが隠れていた場所が聖域であり、この逮捕は教会の治外法権への侵害であるとして抗議し、ペランの死骸を引き取ってサン＝メリ寺院に丁重に葬った。この葬儀にはマルセルも参列した。他方、王太子は会計係のバイエの葬列に列席している。

大きな衝突が起きた。エティエンヌ・マルセルはブルジョワたちを督励し、その数の多さを目立たせるため、人々にパリ市の色である青と赤の頭巾をかぶらせただけでなく、味方の都市にもこの頭巾を着用してほしいと書簡で要望した。アミアンとランはこれに従ったが、他の都市で、同調したところは少なかった。

しかしながら、パリには荒廃した田園を捨ててたくさんの農民が集まってきていた。食料は不足し値上がりした。パリのブルジョワたちの多くはイル＝ド＝フランスに土地を持ち、そこから卵やバター、チーズ、家禽などを手に入れていたが、それが不可能になり、厳しい生活が続いていた。

二月二十二日、王太子はさらに貨幣改鋳の命令を出した。

その翌日、エティエンヌ・マルセルは、全同業組合員に武装してサンテロワ〔訳注・現在のナシオン広場の近く〕に集まるよう指示した。九時、王太子の顧問であり高等法院の裁判官であったレニョー・ダシーが王宮からサン＝ランドリ近くの自邸に帰るところを、この武装した群衆に見つかり、菓子屋に逃げ込んだものの捕まって殴り殺された。その間、マルセルは武装市民の一隊を連れて王太子の館に入り、彼の居室にまで踏みこんで、いずれ王国は王太子に返すが、いまは自分が掌握して秩序を回復し、この国を痛めつけている様々な集団から守ると宣言した。

王太子は、補佐役のシャンパーニュとノルマンディーの軍司令官を傍らに従えていたが、いつにない断固たる調子で「もし、できることであれば、そうしたいところだ。だが、王国を守るのは、それだけの権限と能力を持っている人間の務めである」と答えた。さらに、幾つかの言葉の応酬があり、マルセルは「殿下。これから御覧になることに驚かないでください。どうしても、必要があって、そうするのですから」と言って、赤い頭巾をかぶった男たちに合図した。男たちは王太子の両側にいた補佐役たちに飛びかかった。シャンパーニュの軍指揮官は王太子のベッドの側で殺され、ノルマンディーの指揮官は小部屋に逃げ込んだが、やはり殺された。王太子は、この惨劇で血しぶきを浴び、自分も殺されると思い、「わたしの命は助けておくれ」とマルセルに言った。マルセルは「怖がることはありません」と言って、自分の頭巾と王太子の頭巾を取り替えたので、その日じゅう、王太子はパリ市の色を、マルセルは大胆にも王太子の頭巾をかぶったのであった。マルセルは、窓からグレーヴ広場で待っている群衆に向かって、謀反人たちは殺されたことを告げ、民衆に支持を求めた。人々は、すべてを彼に任せると叫び、生死を彼と共にすることを誓った。

マルセルは武装した群衆とともに王宮に戻り、悲痛な思いに囚われている王太子に「殿下。悲しまないでください。いま起きていることは、もっと大きな危機を避けるためなのです。最も危険なのは、民衆の意志に逆らうことです」と語り、すべてを受け入れてほしいと懇請した。王太子としても、もっとよい方法がない以上は、これを受け入れざるをえなかった。彼にとって、それよりも必要なことは、ナヴァール王に愛想よくすることであったが、そのナヴァール王は四日後に帰ってきた。マルセルとル・コックは二人を否応なしに和解させ、毎日、食事を共にさせた。

王太子の補佐役たちが殺されて四日後のナヴァール王の帰還は、この悲劇に余りにも明確な意味を与えた。マルセルは、ナヴァール王の敵を死なせることによって、帰ってくる彼のために自由な場を作るとともに、この恐るべき質草を与えることによって、彼を自分のほうへ結びつけようとしたのであった。マルセルと王太子の決裂は明らかであった。この犯罪が恐らくシャルル・ル・モーヴェの指示によるものであったことは、彼が、そのような殺害に関与したのが初めてではなかったことから、容易に察せられる。ナヴァール王は、これによってマルセルが自分にとって役立つ人間かどうかを見きわめようとしたのであった。

マルセルは、これでナヴァール王を自分の味方にしたと思ったが、三部会は彼から離れた。それは、この犯罪行為によって、彼は、永久に合法性から見放されたということであった。貴族の代議員たちは、三部会が閉会する前にパリを去った。三部会の開会中に行政に携わった委員たちの多くも、もはや残りたがらず、マルセルから離れた。マルセルは、こうして生じた空席をパリのブルジョワたちによって埋めた。その結果、フランス統治の任をパリが担うことになったのであるが、これは《フランス》の望んだことではなかった。

ナヴァール王の解放に積極的に関わったピカルディーは、パリにカネを送ることを真っ先に拒絶した。シャンパーニュの三部会が開かれたが、マルセルは王太子がそこへ出かけるのを止める力はなく、これが、彼の失脚の遠因となる。王太子としては、事態を収拾するには王権を掌握する必要があり、そのため、彼はマルセルの部下たちに伴われて諸州の三部会に出かけたのであった。

王太子は、はじめは、パリで起きていることに対して、あえて何も言わなかった。しかし、シャンパーニュの貴族たちは、この機会を逃すまいと話した。ブレーヌ伯は、シャンパーニュとノルマンディーの指揮官たちは死に値する罪があったのかと王太子に訊ねた。王太子は「彼らは常に自分に従い、よく仕えてくれた」と答えた。同様の場面は、コンピエーニュでも、またヴェルマンドワの三部会でも見られた。自信を取り戻した王太子は、五月一日にパリで召集されることになっていたオイル語圏フランスの三部会をコンピエーニュに移すことを決定した。ここに集まった人数は少数であったが、パリに対する王国の反発を如実に表わしていた。

三部会は《大勅令》が打ち出した諸改革を尊重し、その大部分を採用した。間接税の前身である《上納金》は、三部会によって賛同を得るとともに、その徴収は三部会の議員たちが責任をもつことになった。エティエンヌ・マルセルは、王太子が民衆の間では人望があることに脅威を感じ、パリ大学に働きかけて、王太子にパリを寛大に扱うよう進言させた。しかし、和解の道は、もうなかった。王太子は、最も罪の重い者を十人ないし十二人引き渡すよう迫った。マルセルが容易に承諾しないので、その数を五、六人にまで減らし、なにも命を取るわけではないと約束したが、それでも、マルセルは信用しなかった。彼はパリの市壁の建設を急いだ。市壁に接する幾つかの修道院は、そのままにし、ルーヴルの塔も市壁の一部として転用した。《野武士 brigands》を雇うためにアヴィニョンへ人が送られた。

こうして、貴族と市民の戦争がまさに始まろうとしていたそのとき、誰も予想しなかった農民蜂起が起きた。すでに、農民の苦しみは限度を超えていた。荷物の重みにもがいている獣を笞打つように、みんなが農民を打った。その獣が狂ったように起きあがり、嚙みついたのである。農民は、フランスとイギリスの騎士たちがお互いに切っ先を潰した武器で繰り広げている騎士的な戦いの本当の意味での犠牲者であり、ここで立ち上がった農民たちは、双方にとって恐るべき敵となった。

農民たちは、この戦争が始まるよりずっと前から、領主たちの贅沢好みのため、彼らの美々しい武器や甲冑、エナメル塗装を施した盾型紋章、クレシーやポワティエの戦場で虚しく敵方に奪われてしまう豪華絢爛の軍旗を調えるために、さんざん搾取され疲れ切っていた。しかも、それらの戦争のあと、敵の捕虜になった領主たちの身代金を払わされたのも結局は農民たちであった。領主たちは貴族としての面子から、身代金を値切ることもしないで支払いを約束し、解放されて領地に戻ってくると、その巨額のカネを農民たちから集めた。

　農民の財産は、痩せた牛馬とその惨めな牽引具、犂、刃先だけ鉄で作られている幾つかの農具、荷車くらいで、目録を作るのに時間もかからないくらい乏しかった。家具はまったくなかった。蓄えの穀物も、種まき用のほかはなかった。それでもなお、領主たちは、このかわいそうな悪魔から、肉をそぎ、皮まで剝いで何かを引き出そうとし、隠し場所を白状させるために、足を火で焼くなどの残忍な手法を用いた。

　そうした領主の古い城は、その後、リシュリューの法令とフランス革命を経てほとんど姿を消したが、今なお古い城が遺っているタイユブール〔訳注・大西洋に面したシャラント゠マリティム県〕とかタンカルヴィル〔訳注・セーヌの河口地域〕だの、アルデンヌの奥地やモンコルネの峡谷を通るとき、頭上を見上げると、通行人を監視している斜め向きの窓が眼に飛び込んできて、これらの塔の足下で呻吟してきた人々の幾世紀にもわたる苦しみの何ほどかが迫ってきて、胸を締めつけられる思いがする。古い歴史の本を繙くには及ばない。わたしたちの祖先の魂は、今もわたしたちのなかで、ちょうど切断されて失った手足に今も痛みを感じるように、とうの昔に忘れたはずの苦痛のために身体が震えるのである。

　農民たちは、領主によって破産させられても、よその土地に去ればどうにかなるものではなかった。それが、このイギリス人との戦争の残酷さであった。フランス王国そのものが人質に取られ、掠奪されたのである。略奪者たちは、王国のいたるところに「イギリス党」だの「ナヴァール党」

だのといった仲間を形成していた。ウェールズ人のグリフィスは、セーヌ川とロワール川に挟まれた全地域を荒らし回った。イングランド人のノールズは、ノルマンディーを荒らした。グリフィスによって荒廃した都市だけでも、モンタルジ、エタンプ、アルパジョン、モンレリをはじめとして十五都市にのぼった。そのほか、イングランド人オードリー、ドイツ人ではアルブレヒトやフランク・ヘンネキンといった輩がいる。

そうした首領たちの一人、アルノー・ド・セルヴォルは、俗人であるが首席司祭の資格をもっていたことから「アルシプレートル archiprêtre」と呼ばれ、まだ、さほど荒らされていない土地を求めてフランスを横断してプロヴァンスにまで行き、サロン〔訳注・アヴィニョンの南にあるサロン・ド・プロヴァンス〕とサン・マクシマンを劫掠しアヴィニョンを脅かした。震え上がった法王は、この《野武士》を招いて食事を共にし、四万エキュを与えた上に免罪まで与えている。セルヴォルはアヴィニョンを去ると、次はエクスの町を攻略し、さらに北上してブルゴーニュまで蹂躙した。

これらの首領たちは、ふつう考えられるように身分の低い連中ではなく、貴族階級に属し、しばしば領主であった。ナヴァール王の弟も、ほかの連中と同様、各地を掠奪してまわった。彼らは、諸都市に商品を運ぶ商人たちに通行証を買わせて商売を認めたが、貴族向けの品々、「ビーバーの皮の帽子、ダチョウの羽根、剣」などは没収した。

十四世紀の騎士たちは、騎士物語が謳っている騎士たちとは全く違って、平気で「弱きを挫いた」。オーブレシクール殿は「崇める貴婦人、イザベル・ド・ジュリエ（イングランド王妃の姪）の寵愛に適うべく」行き当たりばったりに盗みと殺戮を働いた。「なぜなら、彼は若く、彼女を激しく愛しており、フランス王国を壊せばシャンパーニュの伯になれると考えたから」であった。王国の秩序は崩壊し、砦も城も、乗り込んで奪った人間のものになった。砦の守備隊長たちは、君主に誓った忠誠誓約など無視した。王もなければ信義もなく、彼らは好き勝手に砦や兵士を売ったり交換したりした。

貴族たちにしてみると、王のもとに服従し温和しくしていなければならなかったのが、この混乱のおかげで存分に冒険できるようになったのであった。それは、監督する教師がいなくなって教室から「エスケープ」した生徒たちのようであった。フロワサール自身、彼らの仲間というべき人間で、この「よき歴史」を語らずにいられなかったようである。彼は略奪者たちに関心を寄せるとともに、その幸運の分け前にも与った。「つねに得をしたのは貧しい盗賊たちであった」。彼は、彼らの誠実さを疑うことはしない。彼が疑いを差し挟むのは、せいぜいその救いに関してである。

パリのブルジョワたちは恐怖のあまり、市壁の塔ほどの高さの大ろうそくをノートル＝ダムに奉納した。教会では、市壁の上で見張りしている仲間の市民が、忍び寄る敵の足音を聞き漏らすのを恐れて、消灯の合図以外は、いっさい鐘を鳴らすのをやめた。しかし、恐怖は、田園のほうがはるかに大きかった。守ってくれる城壁がないため、農民たちは眠ることもできなかった。ロワール川沿岸の人々は、夜は中洲や繋留した船のなかで過ごした。ピカルディーでは、住民たちは地面に穴を掘って、そのなかに隠れた。ペロンヌから下流のソンム川流域には、前世紀（十八世紀）になっても、こうした地下生活をしている家族が三十ほど数えられ、そこに、当時の人々の恐怖の名残が現れていた。内部は、七から八フィート幅の通路が走り、その両側に二十から三十の部屋があって、中央には井戸があり、水と空気を確保できるようになっていた。井戸のまわりには、家畜のための大きな部屋もあった。この建造物の入念ぶりと堅牢さは、これがこの時代の哀れな住民たちの実際の住居であったことを示していた。敵が近づいてくると、何家族かがここに身を寄せ合って暮らした。女や子供たちは、何週間も、ときには何か月も閉じこもり、その間、男たちはおずおずと鐘楼にのぼって地平線の彼方まで見渡し、盗賊たちがいなくなったかどうかを確認するのであった。

しかし、いつまでも事態が変わらず、農作業ができないこともあった。地下に隠れていれば敵からは逃れることができても、飢えから逃れることはできなかった。ブリィ〔訳注・パリの東方〕、とりわけボーヴォワジでは、城以外は何もかも破壊され食料も奪われてしまったので、敵が去ったあと、飢えと貧しさに責められた農民たちが城を襲い貴族たちを殺している。

貴族たちにしてみれば、無知で温和な農民がこのような大胆な行動をとるとは信じられないことであった。農民に武器を持たせて戦いの訓練をしようという試みが行われたときも、貴族たちは笑うばかりであった。人々は農民を愚弄して「お人好しのジャック Jacques Bonhomme」と呼んだ。これは、わたしたちが新兵を「ジャンジャン Jeanjeans」と呼んでいるのと同じである。武器の持ち方も知らないこの不器用な連中に誰が恐れを抱くだろうか？「田舎者は、優しくすればつけあがり、手荒くすれば温和しくなる Oignez vilain, il vous poindra; poignez vilain, il vous oindra」というのが、貴族たちの口癖であった。

農民たちは何世紀にもわたる延滞金を自分たちの領主に払わせた。それは、地獄のような絶望のどん底に堕ちた人々による報復であった。世界は、完全に神から見捨てられたかのようであった。――農民たちは、領主だけでなく、その跡継ぎの子供たちも殺し、貴婦人たちを強姦して名誉を蹂躙し、その血に染まった美しい衣服を身にまとった。

しかしながら、それほど野蛮でなく、軍旗を掲げて一人の隊長のもと秩序を保って行動する農民たちも出てきた。その隊長がギヨーム・カレという悪知恵に長けた農民であった。フロワサールは「この集団は、大部分が農民から成っていたが、金持ちのブルジョワやそのほかの人々も加わっていた」と述べ、「彼らは、なぜそんなことをするのかと問われると、そんなことは分からない、みんながやっているから一緒にやっているのだ、ただ、自分たちがやらなければならないことは、この世から貴族を全員なくすことだ、と答えた」と書いている。

権力者や貴族は、属する党派を超えて、この暴動に立ち向かった。シャルル・ル・モーヴェは、彼らに追従を言い、主なリーダーたちを招いて折衝する振りをして、皆殺しにした。そして、この農民一揆の首領を「百姓たちの王 roi des jacques」と呼んで、王冠の代わりに真っ赤に熱した鉄の五徳を頭に載せた。ついで彼は、モンディディエ〔訳注・アミアンの南東〕の近くで農民軍を急襲し、大虐殺を行った。立ち直った貴族たちは、武器を執って田舎に繰り出し、手当たり次第に殺し、焼き払った。犠牲になった農民たちのなかには、反乱と無関係な、なんの罪もない者もたくさんいた。

この農民戦争は、パリでの争乱に有利に作用した。エティエンヌ・マルセルとしては反乱農民を支援したかったが、パリ市のコミューンはためらった。サンリスやモーといった都市は一揆農民を受け入れた。アミアンは何人かを農民たちの支援に送ったが、すぐ引き揚げさせている。マルセルは、パリ周辺の領主たちの砦を破壊するために農民蜂起を利用したので、《モーの市場》を奪取することについても思い切って援軍を送っている。まず、造幣職人の組合長が約五百人を率いて向かい、それにパリの食料品屋が引率する三百人が合流した。

まわりをマルヌ川の流れに囲まれた《モーの市場》には、オルレアン公夫人やノルマンディー公夫人をはじめ多くの令嬢たちや子供たちが逃げ込んできていた。彼女たちは街中が農民で一杯になっているのを目にし彼らの騒ぐ声を聞いて、いまにも踏み込まれて強姦され殺されるのではないかと、恐怖のあまり死にそうになっていた。幸運にも予期しない救援がやってきた。プロイセン十字軍〔訳注・当時の東部ドイツはまだキリスト教化されておらず、西欧世界から布教のための《十字軍》が派遣されていた〕から帰国途中のフォワ伯とビュッシュ隊長〔後者はイギリス軍に仕えていた〕が騎兵隊を連れてシャロン（Châlon-sur-Marne）に到着したところが、上記の貴婦人たちが危機に陥っていることを耳にして、モーへ急行したのだった。

「彼らは市場に着くと、顔は真っ黒で身体が小さく、ろくな武器も持たない農民たちに、剣と槍を振るって襲いかかった。農民たちは片っ端から殺され、その死体は町の外へ放り出された。こうして七千を超える人々が殺され、モーの町に火が付けられた。」（フロワサール。一三五八年六月九日）

貴族たちは、一揆に加わった連中か否かにかかわりなく、農民たちを片っ端から殺した。ギヨーム・ド・ナンジを引き継いだ同時代の年代記者は「こうしてフランス人たちは、イギリス人たちがやってきてフランス王国を破壊するまでもなく、自分の手でこの国をめちゃめちゃにしたのであった」と述べている。

モーのすぐ北西のサンリスも危うく、同じように破壊されるところであった。フォワ伯の家来たちは、摂政殿下の代理でやってきたと言って城門を開けさせ、なかに入るや「町は占領された！」と叫びはじめた。ところが、ここでは、貴族たちも含め市民全員が武器を執って応戦した。侵入者たちは城壁の上からは矢を射かけられ、建物の窓からは熱湯を浴びせられ、中心街路を坂の上から猛スピードで降ってくる荷車によって押し返された。このため、「モーまで逃げ帰った連中はさんざん嘲笑われ、そのままサンリスに残った連中も、サンリスの人々に悪事を働くことはできなかった。」

（ギヨーム・ド・ナンジを引き継いだ記録者）

このようにして田園が荒廃するなかで、パリが飢え死にしなかったのは一つの奇跡というべきであった。これは、パリ商人組合長、エティエンヌ・マルセルの努力の賜であった。もちろん、田園の助けなしでこの巨大で貪欲な都市を養えるものではなく、この組合長の姿勢の外見上の不安定さは、ここから来ている。彼は農民たちと同盟したかと思うと、つぎには、この農民一揆をつぶした。物資輸送の通路を確保するためには、パリを取り巻く一帯を制圧していたナヴァール王と手を結ぶことが不可欠だったからである。しかし、河川交通路は王太子側に押さえられていた。市長（マルセル）はナヴァール王に「パリ守備隊長」の称号を贈った（六月十五日）が、この公子自身、自由ではなかった。貴族の多くは、仲間の貴族たちと対立してまでパリの下層民を助けるつもりはなかった。他方、ブルジョワたちも、ナヴァール王に背を向けた。彼らは、彼が農民たちを弾圧したことで受け入れたのであったが、この指揮官が自分たちを大事にしてくれるとは思えなかったからである。

その間も食糧は値上がりした。セーヌとマルヌの河川交通によって運ばれてくる食糧は、パリ東南のシャラントンに三千人の配下を連れて布陣している王太子によって没収された。パリのブルジョワたちは、ナヴァール王にそれらの物資を守ってくれるよう求めた。そこでナヴァール王は王太子の陣営へ出向いたが、それは交渉するためで、二人の公子は長時間にわたって秘密裡に会談し、よき友として別れた。マルセルは、厚かましくもパリに戻ってきたナヴァール王を問い詰め、「パリ守備隊長」の称号を剝奪した。ナヴァール兵とパリ市民のこの争いで何人かの死者が出た。

マルセルの立場は悪くなった。シャラントン、サン＝モールといったセーヌの上流は王太子によって、下流のサン＝ドニはナヴァール王によって押さえられていた。マルセルは、あらゆる手を尽くしたが、パリはますます窮迫していった。ナヴァール王は、巧みに立ち回って両方から利益を得ようとした。王太子妃や領主、司教たちが両者のあいだを行き来して調停に努めた挙句、パリ市とマルセルを引き渡すなら、四〇万フローリンをナヴァール王に支払うとの申し入れが行われ、その協定が結ばれ、ミサがあげられることになった。このミサには王太子とナヴァール王が同席し、同じ聖餅によって聖体を拝領するはずであったが、ナヴァール王のほうは、そのために欠かせない断食をしていないので、それはできないと断ったため、土壇場で調停は成立しなかった。

マルセルは、シャルル・ル・モーヴェには兵士たちに支払うためのカネを毎週、車二台にのせて送っていたので、期待をかけて、サン＝ドニまで彼に会いに行った。そこで、彼を牢から解放したのがパリの人々であり、彼の敵を倒したのもパリ市民であったことを思い出してくれるよう懇願した。ナヴァール王は、彼に色好い返事を与え、これからも充分な金銀を送ってくれれば、お返しはたっぷりすると言った。

そのようなわけで、彼は、実質的に盗賊団の王であり、配下たちに盗賊行為をやめさせるつもりなどなかったし、おそらく、やめさせることはできなかった。パリのブルジョワたちからすると、自分たちのカネは盗賊どものもとに渡っているはずなのに、食糧の供給事情はよくなっていなかった。そんな彼とマルセルが話し合うというのはおかしい。もしかして、マルセルは、自分たちのところから運んだカネを横領しているのではないか？と疑心を深めていった。すでに、三部会の委員たちが給与を自分たちでお手盛りしていることに対しても、厳しい批判が起きていた。

イギリス人やナヴァール人の傭兵たちは、大部分がナヴァール王に従ってサン＝ドニにいたが、その残りの連中はパリに居座っていた。そんな彼らをパリのブルジョワたちは憎悪の眼で見ていたし、両者の間には、しばしば乱闘が頻発し、ナヴァール兵の犠牲も六十人以上にのぼっていた。ナヴァール王との決裂を何より恐れたマルセルは、パリに居残っている連中を保護するために捕らえ、サン＝ドニへ送った。これが、ブルジョワたちにマルセルの背信を疑わせる決定打となった。

その間も、ナヴァール人たちはパリ市の門のところまでやってきて私掠を働いたので、市民たちの間から、この盗賊どもを討伐しようという動きが始まり、マルセルもこれを許可せざるをえなかった。サン＝クルー方面〔訳注・パリの西方〕へ出かけた一隊は丸一日歩いたが何も見つけることができなかったと、文句を言いながら帰ってきた。そのとき、道の彼方に四百人ほどの集団が現れて襲ってきた。必死で逃げたもののパリ市の門に帰り着くまでに七百人近くが殺された。しかも、翌日、その犠牲者たちの死体の収容に出かけた人々も襲われ、死者が出た。これが市民たちの反マルセル感情に火を付けた。彼らに言わせると、マルセルはわれわれより先に帰ってきてしまったが、これは彼が敵方と示し合わせていたのではないか？　というのである。

窮地に陥ったマルセルにとって唯一の活路は、自身とパリ、そして、できることなら、王国をナヴァール王の手に委ねることであった。シャルル・ル・モーヴェにしてみると、これは、願ったり叶ったりであった。マルセルはパリ市の鍵を渡すことを約束し、自分に敵対している連中の家の戸には印を付けておいて、皆殺しにしてもらおうと考えたともいう。〔原注・こうした風評は、ギヨーム・ド・ナンジを引きついだ記者も伝えてはいるが、真偽については疑っている。）

エティエンヌ・マルセルが、自ら城壁を整備し守り抜いてきたこの都市を敵に渡そうとしたのは七月三十一日の夜から八月一日の明け方にかけてである。それまでの彼は、王太子の二人の軍司令官を殺害することについてさえ、助役たちに相談してきたが、今度は、誰にも相談できなくなっていた。同じ日、彼に喧嘩を売ったのは、彼が最も頼りにし、向こうも彼に協力してきた助役の一人であるジャン・マイヤールであった。マイヤールは、王太子派の首領であるペパン・デ・ゼサール、ジャン・ド・シャルニーと示し合わせ、三人とも部下をつれて、マルセルが敵に鍵を渡そうとしていたサン＝ドニ城塞で会った。

「真夜中少し前にやってきた彼らは、そこに市の鍵を手に、市長がいるのを眼にした。ジャン・マイヤールが『エティエンヌ。あなたは、こんな所で、こんな時間に何をしているのか？』と訊ねると、市長は『ジャン。それを知りたいというのか？　わたしがここに来たのは、自分が責任を持っている町を守るためだよ』と答えた。ジャン・マイヤールは『そんなことはないだろう。こんな時間に、こんな所にいるのは、よくないことだ』というと、仲間のほうを向いて、『彼が市の鍵を持っているかどうか見てみろ。パリを裏切ろうとしている証拠だ』と言ったので、市長は前へ進んで『おまえは嘘をついている』と言った。ジャン・マイヤールは『嘘つきは、おまえのほうだ。裏切り者め！』と言って市長の顔を打つと、『奴こそ裏切り者だ。奴の味方を全員、殺すんだ！』

と叫んだ。激しいもみ合いになり、市長は、もしできることなら、そこから逃げ出していたであろう。しかし、そんな暇はなかった。ジャン・マイヤールが持っていた斧を振り上げ、市長の頭に振り下ろしたからである。ジャン・マイヤールにとってマルセルは仲間であったが、彼は、マルセルの息の根を止めるまで戦い、マルセルについていた手下六人を捕らえて牢獄に入れた。」（フロワサール）

もっと本当らしい話としては、マルセルは五十四人の友人を同行していたが、サン＝タントワーヌ門の番兵たちに打ち殺されたというものである。

ともあれ、殺害者たちは、街中を大声で叫びながら走りまわり、朝、人々が市場に集まってきたところで、ジャン・マイヤールが演説をした。彼は、もし神が彼と友人たちに裏切りのことを報せてくださらなかったならば、この夜、パリは敵に蹂躙され破壊されていたに違いないと語り、群衆は、自分たちの知らないうちに危機に陥っていたことを知らされて心から驚き、いまさら神に感謝の祈りを捧げた。

民衆の多くが、自分たちのために努力してくれたこの人に対して恩知らずであったわけではない。マルセルを支持し、彼の死後も生き延びた教養もあり雄弁な人たちもいて、何か月かののち、マルセルの仇を討つための謀議が行われた。王太子も、マルセルが遺した全ての家具をその未亡人に返したという説もある。（原注・これは、ペランの記しているものによる）

この男（マルセル）の人生は短かったが、それがもっている意味は大きい。一三五六年のポワティエの敗北のとき、彼はパリを救い、防備を強化した。ラン司教ロベール・ル・コックと力を合わせ、一三五七年の『大勅令』の原案を練り上げ、未来への展望を開いた。しかし、一つのコミューンの力で王制を変革するには、暴力的手段にも頼らざるを得ず、次第に無規律な行動へ押しやられた。ナヴァール王（シャルル・ル・モーヴェ）を牢獄から引っぱり出して王太子に対抗させたが、それが、盗賊集団に首領を与える結果になった。ナヴァール王の敵である王太子の身柄を拘束し、その顧問たちを殺し、三部会に対しては、勝手に代議員を増やしたり、貴族の代議員の代わりにブルジョワを入れたりして混乱を招いた。

しかし、パリが全フランスを動かせる時代ではまだなかった。大革命のときのように《恐怖政治》を布くだけの手段ももたず、リヨンを攻囲することもできなかったし、「ジロンド党員」をギロチンにかけることもできなかった。市民生活を維持する物資を確保するためには田園に依存せざるをえなかったから農民と結びつき、農民一揆が挫折すると、ナヴァール王に結びついて市民たちから不信を買い、挙げ句は、身を滅ぼしたのである。

暴君の排除を正当化する《人民の救済》（Salus populi）の古典的ドクトリンは、この世紀の初めには、法王と対決するうえで王（フィリップ美男王）によって確認されていたが、それから半世紀も経たないうちに、マルセルは、それを王権とその奉仕者たちに対して適用したのである。わたしたちは、エティエンヌ・マルセルがつけた血痕から、フランスの古い憲章が一部分は彼の作品であることを忘れるわけにいかない。彼はナヴァール王と結託したが、もしナヴァール王の企みが成功していたら、フランスはバラバラにされ滅ぼされていただろうが、一三五七年の《大勅令》に関しては、彼はいまも生きているし、これからも生きていくだろう。

《ジャックリーの乱》がフランス農民の最初の跳躍であったように、この《大勅令》はフランス最初の《政治指針》であり、このなかに示されている政策は、その後の歴代フランス王によって実現されていった。《ジャックリーの乱》は貴族に対する抵抗として始まったが、その後も、イギリス人に対する抵抗として引き継がれ、国民としての意識と尚武の精神が生まれる苗床となった。ギヨーム・ド・ナンジの継承者の記述のなかで、この新しい精神の最初の兆候が現れてくるのが、おそらく一三五九年以後である。彼は、自分の見聞きしたことを日時を追って記録していることから、この時代の歴史の重大な証人となっており、とくに、普通なら無味乾燥になるところなのに、それを免れさせているのが、イギリス人に対し勇敢に抵抗するようになっていく田園の人々との接触である。この点について彼は率直に「事態はわたしの住む地方の近くで推移した。これを勇敢に展開したのが《お人好しのジャックJacques Bonhomme》である農民たちであった」と述べている。

この農民の台頭のかなり有力な拠点になったのが、コンピエーニュに近いサン＝コルネイユ修道院領の小さな村であった。もしイギリス軍が勝った場合は、自分たちにとって危険な事態になると感じた住民たちは、摂政と修道院長から許可を得て武器と食料をもって立て籠もった。近隣の村からやってきた人々も、命がけで戦うことを誓った。守備隊長はギヨーム・オ・ザルーエットと呼ばれる人望のある好男子であった。〔訳注・アルーエット Allouette は「雲雀」で、フランスではローマ時代のガリア軍団の象徴になっていた。〕彼の家来に、信じられないほどの腕力をもち、剛胆でありながら謙虚な「グラン・フェレ」と呼ばれる大男がいた。〔訳注・「フェレ Ferré」は「鉄で強化された」の意。〕

イギリス人たちは、すぐ近くのクレイユ〔パリの北、約五十キロ〕に陣地を構えていたが、このギヨーム・オ・ザルーエットたちについては、百姓たちのことなので重視していなかった。しかし、その場所が陣を構えるのに好適と思われたので、奪取しようということになった。守る側も、イギリス軍が攻めてくるとは予想もせず、門を開け放していたので、簡単にイギリス軍の侵入を許してしまった。イギリス軍の姿を窓から見て真っ先に飛び出し、立ち向かっていった守備隊長は、敵に囲まれて瀕死の重傷を負った。ただならぬ事態に気づいたグラン・フェレをはじめとする何人かも、「降りて戦おう。殺される前に奴らを痛い目にあわせてやるんだ」と励まし合って、外へ飛び出し、イギリス人たちに襲いかかった。とくにグラン・フェレは、敵味方の誰よりも背が高く、彼が斧を振り回すと、兜を打ち割られ腕を切り落とされない者は一人としてなかったから、彼のまわりは空き地を作ったようになった。怯えて逃げ出し、濠に落ちて溺れ死ぬイギリス人も少なくなかった。イギリス軍の旗持ちも倒された。グラン・フェレは、たくさんのイギリス兵が濠のなかであっぷあっぷしているのを見ると、足元に落ちている旗を拾って仲間のひとりに「これを奴らに返してやってくれ」と言ったが、その男が濠までの間にはまだたくさんの敵がいるから、と躊躇したので、「じゃあ、おれが持っていこう」と言うや、斧を右に左に振り回しながら前進し、水のなかに投げ込むことのできるところまで行った。……この日、彼が殺した敵の数は四十人以上にのぼった。守備隊長のギヨーム・オ・ザルーエットは、受けた傷のために死に、部下たちによって涙ながらに葬られた。彼は、善良で賢明な人物としてみんなから慕われていたからである。

イギリス人たちは、集落の外へ逃げ出してからも、グラン・フェレによって多数の死者を出した。貴族同士の戦いであれば身代金目当てに捕虜にされるのが普通であったが、グラン・フェレたちは農民であったから、身代金のことなど念頭になく、イギリス人どもが二度と悪事を働くことができないようにと、片っ端から殺したのだった。こうして、グラン・フェレは、大仕事のために大汗をかき、冷たい水を大量に飲んで熱を出した。彼は、自分の家に帰ると、ベッドに入った。それでも、普通の人間なら持ち上げるのもやっとの鉄斧を傍から離さなかった。イギリス人たちは、彼が病に倒れたことを知って、彼を殺そうと、十二人が彼の小屋を取り囲んだ。異常な気配にいちはやく気づいた妻の叫び声に目を覚ましたグラン・フェレは、病気も忘れて飛び起きると、斧を手に庭へ出た。「おお、盗賊どもめ。おれの寝首を掻くために来たのか？　まだまだ、そうはいかんぞ！」と叫びながら、壁を背に身を守りながら、あっという間に五人を倒した。残りは、ほうほうの体《てい》で逃げていった。グラン・フェレはベッドに戻ったが、熱はいっそう高くなり、さらに冷たい水を飲ん

グラン・フェレは、病気も忘れて飛び起きると……壁を背に身を守りながら、あっという間に五人を倒した

だ。そのため、さらに熱が上がり、数日後、教会の秘蹟を受けて息を引き取り、村の墓地に埋葬された。仲間だけでなく、国じゅうが彼の死を悼んだ。なぜなら、彼が生きていれば、イギリス人たちは決してやってこなかったであろうからである。

素朴な物語であるが、ここには胸を打つものがある。敵に命乞いすることによってしか身を守れなかった農民たちと、伝説の聖クリストフォロスのように強く謙虚で善良な巨人——これら全てに、《民衆》の美しい理想像が反映されている。この《民衆》は、明らかに単純で、血の気が多く、盲目的で、半ば人間・半ば牡牛を想起させる。彼は自分の家の戸口を守る術も知らなければ、自分の食欲から我が身を守る術も知らない。脱穀場で麦を打つように敵を打ち倒すと、水を飲んで大汗をかいた身体を冷やし、横になって死んで行くのだ。この野蛮な生き物は、戦争の荒々しい試練とイギリス人の鞭のもとに人間となり、さらには、拷問道具などによって残忍に締め付けられると、そこから逃れるためにさらに変容する。「ジャック」は「ジャンヌ」すなわち《オルレアンの乙女 la Pucelle》となるであろう。

「よきフランス人 un bon Français」が始まるのが、このジャックリーとマルセルの時代であり、かの《乙女》が「ひとりのフランス人が血を流すのを見ると、わたしの心臓から血が流れ出る」(Le coeur me saigne quand je vois le sang d'un François) と叫んで立ち上がるのは、それからまもなくである。

この言葉こそ、「フランス」の歴史の本当の始まりを画するに足りるものである。わたしたちが「一つの祖国 une patrie」を持つようになったのがこれ以後で、これらの農民たちこそ「フランス人」であり、すでに「フランス国民」であり、あなたがたこそ「フランス」そのものなのだ。美しかろうと醜くかろうと、マルセルの頭巾をかぶっていようとジャックリーのジャケットを着ていようと、その歴史が示してくれている姿をあなた方が見間違えるはずはない。わたしたちに言わせると、無頓着なフロワサールが貴族たちの槍試合や戦いを楽しんでいる一方で、わたしたちが探し求めてきたのがこの貧しい民衆たちであった。彼らは、これらの乱戦のなかで、騎士たちの拍車の下や馬たちの腹の下に見え隠れしていた。その姿が、どんなに汚され歪められていたとしても、わたしたちは歴史の裁きの日には、ありのままの姿で引き出さなければならない。そのとき、わたしたちは、この十四世紀の古い民衆に次のように言うことができるだろう。

「あなたこそ、わたしの父であり母です。あなた方はわたしを涙のなかに身ごもり、《フランス》へと育てるために血と汗を流してくれた。どうか、墓のなかで祝福されてあれ！　神は、わたしがあなた方を否認することなど断じてお許しにならないでしょう！」

王太子が殺人者にかつがれてパリに入城したとき、このような状況では常にそうであるように、叫び声と歓呼が沸き起こった。朝はエティエンヌ・マルセルのために武器を執った人々が、いまは赤頭巾を隠し、ほかの人々より一層大きな歓声をあげているのだ。

しかし、王太子に信頼を寄せている人はそう多くはなかった。その痩せた長身、蒼白く面長の顔に、民衆は好意を抱かなかった。人々は、彼から、大きな幸せも不幸も期待しなかった。しかしながら、エティエンヌ・マルセルに関しては厳しい処罰と財産没収が行われた。王太子は、彼のことは好きでも嫌いでもなかった。彼は、滅多なことでは心を動かされなかった。パリに入城しようとしたとき、ひとりのブルジョワが前へ進み出て、大胆にも「神にかけて、わたしの考えでは、入城されないほうが御身のためと存じます」と言った。この無礼者をタンカルヴィル伯が殺そうとしたのを王太子は制して、「ありがとう。だが、あなたの予感は誰も信じないだろう」と答えている。

パリの状況は、よくはならなかった。王太子は、ここでも何もできなかった。セーヌ川は上流も下流もナヴァール王に抑えられていた。ブルゴーニュの木材も来なかったし、ルーアンからも何も届かなかった。人々は暖を採るために立木を片っ端から伐った。麦は、通常は一スティエ〔訳注・穀物の量目。一五〇〜二〇〇リットル〕が十二ソルだったのが、いまや三十リーヴル以上の高値になっていた。農民たちはパリに閉じこめられ、春になり気候がよくなっても、自分の畑を耕すこともできなかったし、葡萄の枝を剪定することもできなかった。

イギリス人やナヴァール人が国じゅうを荒らし回っていたので、パリから外へ出る方法はなかった。イギリス人たちはクレイユを本拠にオワーズ川を抑え、いたるところの要衝を占拠していて、休戦に応じる気配もなかった。ピカルディーの住民たちは抵抗を試みたが、トゥレーヌやアンジュー、ポワトゥーの人々は通行許可証をもらうためにカネを支払い、年貢を納めた。

ナヴァール王は、イギリス人たちがフランス王国の中心部に居座っているのを見て、王太子以上に脅威を覚え、王太子と和平を結んだ。だからといって、フランス人たちにとっては、ナヴァール人たちによるセーヌ川での船舶の強奪が少なくなったわけではなかったが、イギリス人たちにとっては、王太子とナヴァール王のこの和解は無視できなかった。それと同時に、ノルマンディー人、ピカルディー人、フランドル人たちがジャン王を解放するためと称してイングランドに遠征隊を派遣した。遠征は一つの町を焼き払うだけで終わったが、少なくとも、イギリス人たちに戦争のもたらす害を思い知らせる効果はあった。

当初、イギリス側がフランスに課そうとした条件は、およそ実行不可能な途方もないものであった。それは、海峡を挟んだフランスの全都市と全ての地方、すなわち、カレー、モントルイユ、ブーローニュ、ポンティユーだけでなく、アクィテーヌ（ギュイエンヌ、ビゴール、アジェノワ、ケルシー、ペリゴール、リムーザン、ポワトゥー、サントンジュ、オニス）、トゥレーヌ、アンジュー、さらにノルマンディーを要求した。すなわち、海峡に臨む全ての地域を占拠するだけでは足りず、ガロンヌ川、ロワール川、セーヌ川も封鎖し、フランス人には、どんな僅かな隙間からも大西洋を見えなくしてしまおうとしたのだった。

ジャン二世はすべてに署名したうえ、四〇〇万エキュを超える身代金を支払う約束をした。王太子は、これでは丸裸になってしまうので、「三部会」と称して幾つかの州の代表を集め、この協定を拒絶させた。

そこでイングランド王エドワード三世は戦争を開始したのだったが、こんどはフランスを征服することが目的で、フランス王としての資格を得るために、まずランスへ行って、そこで聖油を受けようと考えた。カレーに着くと、そこには予期しない人々が待ち受けていた。ドイツとフランドルの領主たちで、彼らは、イギリス王の遠征がフランス征服のためであると聞いて、ちょうど、かつてウィリアム征服王のときイングランドの領主になりたくて各地から集まってきたように、自分たちも、貧しい境遇から脱するためにこの祭の分け前に与ろうとしたのであった。エドワードは、彼らをどのように厄介払いするかで悩んだ末、返済義務をつけないでカネを貸して、それぞれの本国へ帰らせることでけりをつけた。

この遠征にはエドワードの息子（ブラック・プリンス）と二人の弟そのほかの王族、大領主たち、鉄の鎧に身を固めた六千人の騎士が従っていた。あたかもイギリス人全部がフランスに移住するかのような有様で、この遠征を快適にするため、荷車六千台にパン焼き竈、粉ひき道具そのほかあらゆる種類の移動式の作業場を伴っていた。狩りをするための猟犬や四旬節のための魚を捕る革製の篭まで用意するという周到さであった。だが、彼らがめざす土地は、ここ三年間種蒔きもされていない荒れ地で、何一つ期待できなかった。都市はしっかり防備を固めていて、イギリス人に何かを分け与えてくれることなどありえなかった。

彼らは（一三五九年）十月二十八日から十一月三十日まで、雨と泥のなかをカレーからランスへと行軍した。ワインだけは当てにしていたが、これも、悪天候でぶどうの不作のため、見込みが外れた。しかも、ランスを目前にして七週間も足止めを食った。この間、周辺の地方を荒らし回ったが、ランスの攻略は諦め、そこからシャロン、バール＝ル＝デュック、トロワへと転じ、ブルゴーニュに入った。ブルゴーニュ公は自領の安全のために金貨二〇万エキュをイギリス軍に提供した。イギリス軍は、このあとは、この大げさな遠征から何一つ引き出すことができなかったから、この二〇万エキュが唯一の成果になった。

ブルゴーニュから引き返したイギリス軍は、パリの近くに陣を構え、シャントルーで復活祭を祝い、ブール＝ラ＝レーヌに近づいた。ある目撃証人は次のように記している。

「セーヌ川からエタンプ〔訳注・パリの南四十五キロ〕まで人影は絶えた。みんな、サン＝ジェルマン、サン＝マルセル、ノートルダム＝デシャンの三つの郊外地に逃げていったのである。――モンレリとロンジュモーは炎上している。村々は、いずれも火を付けられ、立ちのぼる煙で、すぐ見分けられる。――復活祭の聖なる日、わたしはカルメル会修道院〔訳注・一三〇九三年までパリの右岸にあったが、その後、左岸のサン＝ジェルマンとサント＝ジュヌヴィエーヴの間に移された〕でコミューンの十人の司祭がおつとめをしているのを見た。――その翌日、三つの郊外地を焼き払うよう命令が出され、その際、何でも運べる物は奪ってよいとの許可が付加されたので、あらゆる人々

教会堂は炎に包まれ、三百人が焼け死に、窓から逃げ出した人々も、下で待ち受けるイギリス兵たちによって殺された

がこれに手を貸した。そのため、あっという間に終了したが、ある人々は笑い、ある人々は泣いた。――シャントルーの近くでは、千二百人ほどの老若男女が教会のなかに閉じこもった。彼らが降伏しようとしないので、隊長が火を付けさせた。教会堂は炎に包まれ、三百人が焼け死んだ。窓から逃げ出した人々も、下で待ち受けるイギリス兵によって殺された。――この痛ましい出来事について語ってくれたのは、なんとか逃げ出すことのできた人で、彼は、自分が無事であったのは神のおかげだと言って感謝の祈りを捧げた。」

（ギヨーム・ド・ナンジの後継記述者）

イングランド王は、あえてパリには攻撃をしかけず、パリにはぶどうの収穫期に戻ると言って部下たちを宥めながらロワール川方面へ向かった。しかし、家来たちは、厳しい冬期の遠征生活に疲れてしまった。シャルトルの近くまで進撃したとき、恐るべき嵐に襲われ、彼らの忍耐は限界に達した。法王の要請もあって、エドワードはフランスとの和平の道を探り始めた。フランスの貴族たちも、すでに何の収入もなくなって久しいので、摂政（シャルル）に和議を結ぶよう懇願した。おそらく、ジャン王も息子に圧力をかけた。

こうして、一三六〇年五月一日に開かれたブレティニーの和平会談でイギリス側は、まず王国全体を要求し、ついでプランタジュネット家が所有してきた領地の全て（アクィテーヌ、ノルマンディー、メーヌ、アンジュー、トゥレーヌ）を要求したが、当然、合意にいたらず、最終的には、ノルマンディー以下の四州については譲歩し、アクィテーヌを、しかも封地としてではなく自由統治領（libre souveraineté）として領有することになった。カレーを取り巻くポンティユー、ギーヌ伯領、モントルイユ従伯領も同じ名目でイギリスのものになった。

フランス王ジャン二世は身代金三〇〇万エキュを、六〇万エキュは四か月以内にカレーを出る前に払い、残りについては、その後六年間、毎年四〇万エキュずつ払うことになった。こうしてイギリスはフランスを殺し、解体したあとも、なお、押しつぶして僅かでも生命と骨の髄が残っているかぎり吸い取ろうとしたのであった。

このようにフランスにとっては嘆かわしい協定であったが、パリでは気違いじみた喜びが巻き起こった。王太子の誓約をもらうためにこの文書を運んだイギリス人たちは、あたかも天使のように歓迎されたうえ、パリが持っている最も貴重なもの、すなわちサント＝シャペルに護持されているキリストの茨の冠の棘を幾つか贈られた。ギヨーム・ド・ナンジを継承した年代記者は、こう記している。

「救世主が天なる父と人類の間に平和をもたらし、大いなる喜びのうちに天に昇られた昇天祭が近づくと、フランスの民衆の苦しみも遂に終わる時が来た。――会議は、教会で『カンタータCantate』を歌うなかで始まった。摂政シャルルとイギリス人たちは『喜びの声をあげよVocem jucundidatis』との歌声に迎えられノートル＝ダム寺院に入った。これは、民衆にとって筆舌に尽くせない喜びであった。ノートル＝ダムで、またあらゆる教会で、あらゆる鐘が敬虔な調べを奏でた。

司祭たちは、満腔の喜びと敬神の思いをこめて『テ・デウム』〔訳注・「Te Deum laudanus　神よ、私たちはあなたを讃える」で始まる祈りの言葉〕を唱えた。みんなが喜んだが、おそらく戦争で莫大な利益を得ていた連中と、裏切り者や盗賊たちは別であった。」

だが、喜びは長くは続かなかった。これほどまでに望まれた平和であったが、その条件項目はフランス全土に悲しみをもたらした。イギリス側に譲渡された諸州〔アクィテーヌ、カレー、ポワトゥー〕は、イギリスのものになることを望まなかった。イギリス人は、その統治の善し悪しにかかわらず、鼻持ちならない傲慢さのため、どこでも嫌われた。ペリゴール、コマンジュ、アルマニャックの伯たち、アルブレ殿などは、「君主たる者、家臣を他者に与える権利は有さず」と言って、この譲渡を批判した。これは正当な言い分であった。

ボルドーがイギリス化した以上にフランス化していたラ・ロシェルは、国王になんとしても自分たちを見捨てないでほしいと懇願している。ラ・ロシェルの人々は、「財産を毎年半分切り取られても、まだましだ。自分たちはイギリス人に口先では服従しても、心は服従しない」と言った。（フロワサール）

フランス側に残った人々も、惨めさでは劣らなかった。フランスはイングランドの農場の一つになり、人々は国王の莫大な身代金を支払うために、より一層働かなければならなかった。古文書館（Trésor des Chartres）には今も、この支払いの領収書が遺されている。その羊皮紙の一枚一枚に人々の汗と呻き声と涙が滲みているといって過言ではない。

最初のは一三六〇年十月二十四日付けで、月一万レアル〔訳注・レアルはスペインの小銀貨で八分の一ペソ〕のジャン王の警護代の領収書である。これは身代金を取る前に牢番代としてエドワードがジャンに払わせたもので、歴史家たちは、貴族的なもてなしぶりを示すものとして褒めそやしてきたが、実際には、牢番たちはすでに「自費独房代 pistole」を取っていた。二枚目は、日付は同じだが、四十万エキュ〔訳注・エキュはルイ九世の時代から使われた金貨〕という巨額の領収書である。そのあと、二十万エキュの領収書（十二月）と十万エキュの領収書（一三六一年の万聖節）、さらに、もう一枚、二十万エキュ、さらに、ブルゴーニュ公が約束した二十万エキュを補完するためのアニュス・デイ金貨〔訳注・「神の子羊」の意で、フィリップ四世が鋳造させた金貨。刻まれていた文句から、こう呼ばれていた〕五万七千枚の領収書（二月二十一日）がある。一三六二年には一九万八千、三万、六万、二十万エキュが支払われている。支払いは一三六八年まで続いたが、領収書が残っているのは、ほんの一部である。貴族たちが支払った身代金も、同じように相当の額だったであろう。

第一回の支払いは、もしジャン王が恥ずべきやりくり算段をしなかったら、とうてい不可能であったろう。彼は幾つかの州と同時に、わが子まで売って、このカネを作ったのだった。というのは、ミラノの支配者、ヴィスコンティ家のガレアッツォは、街へ人狩りに出かけ、司祭十人を捕らえて生きたままオーブンに放り込んで焼いたというエピソードをもつ残忍な暴君であるが、一門の格をあげるためにフランス王家から嫁を迎えることを思いつき、十歳になる息子（ジョヴァンニ・ガレアッツォ）のためにジャン王の十一歳の娘を要求し、持参金を受け取る代わりに三十万フローリンを出し、さらにシャンパーニュの伯領の一つと引き替えに同額を支払うと申し出たのである。マテオ・ヴィラーニに言わせると、フランス王は自分の肉と血をカネに換えたのだった。王女イザベルはサヴォワでカネと引き替えに渡された。ラ・ロシェルがイギリス人に引き渡されたのと、王女がイタリア人に渡されたのとは、意味合いに変わりはなかった。

ジャン王をカレーから解放するために使われたのが、この不幸なカネだったのだ。王は貧しく、無一文でカレーを出た。しかも、十二月六日には二十万エキュ支払っている。それには、落ちぶれた国民に新しい上納金を課さなければならなかった。このとき出された勅令は印象的である。王は、カネを無心することについて赦しを乞い、フィリップ・ド・ヴァロワにまで遡りながら、フランス王と国民を苦しめてきたあらゆる不幸を想起しつつ、自身の命と子供たちを戦争の危機に委ねたこと、ブレティニーの協定は自身の解放のためだけではなく王国と善良な民の破滅を避けるためであったことを述べて、今後は裁判を正し、新しい通行税は設けない、金貨・銀貨の鋳造によって確固たる通貨制度を築き、貧しい人々への施しが容易にできるよう銅貨を鋳造することを約束している。

「われわれは、これまでもオイル語を話す民には、通貨の不安定をもたらす恐れのない限度において、われわれにとって必要なものにかぎり提供するよう求めてきたが、それは今後も変わらない。すなわち、商取引における支払い額一リーヴルあたりにつき一二ドニエの税、塩に関しては五分の一の税、ワインおよびそのほかの飲み物に関しては一三分の一の上納金である。これは、わが民に対する憐れみの情によるもので、われわれは、これで満足するであろうし、この徴収が行われるのは、平和が完全に確認されるまでである。」

しかし、民衆は、この要請に応えて支払えるような状況にはなかった。銀貨はすっかり姿を消しており、高利貸のユダヤ人を当てにする他はなかった。彼らへの条件としては、二十年間一か所に留まることを保証する定住権が提示された。そして、一人の男系の王族が彼らの特権の守護者となり、彼らが借金を取り立てるうえでも後ろ盾になることが約束された。もっとも、フランス王国で彼らがこの特権を獲得するためには、入国に際し二〇フローリン支払う必要があった。ユダヤ人社会を統括していたマナセなる人物は、「骨折り代」として二十人につき二フローリン、毎年、七人につき一フローリンの「税」を取っていた。

フランスにとって、一三六一年から一三六三年までは、対外的には、イギリスに対して出されたこれらの領収書が示しているように、イングランドに取り上げられてしまう悲しく空しい歳月であるとともに、国内にあっても、食料は値上がりし、盗賊団が各地を荒らし回り、彗星が出現して人心を恐怖に陥れ、伝染病で大量の死者が出るなど悲惨な時代であった。この伝染病で犠牲になったのは、年寄りや女性よりもむしろ子供たちと男であった。それは民族の繁殖と存続性に衝撃を与えた。目に映るのは、子を亡くして嘆く母親、夫を失った寡婦、喪服を着た女たちばかりであった。ガスコーニュ人やブリトン人の盗賊が国じゅうに跋扈し、都市への物資の供給は途絶え、たくさんの人が栄養失調に陥った。イギリスによる国土分割のため、パリから比較的近いオルレアンやシャルトルまで行くことさえできなくなった。

イングランドでの人質生活から解放されて帰ってきた貴族たちも、まわりから白い眼で見られていることを感じ、盗賊たちに劣らず残虐になった。たとえば掠奪を目的にペロンヌの町を襲撃したジャン・ダルトワの軍勢には、国王の弟や多くの貴族たちが加わり、あたかも貴族たちの民衆に対する十字軍の様相を呈した。しかも、これには、カネで雇われたイギリス人たちまで加わっていた。ペロンヌは陥落し無惨に焼き払われた。この連中は、そのあとも、ショーニ＝シュル＝オワーズそのほか幾つかの町を襲って焼いている。盗賊たちは、出身地は様々であったが、一様に「イギリス人」を名乗った。フランス王は彼らを攻撃することを禁じ、盗賊団の首領たちに、そのことをエドワード王に報告してくれるよう懇願さえしている。

こうした盗賊たちは「戦争が済んだあとに遅れてやってきた者」という意味で『タール・ヴニュ Tard-Venus』とも名乗ったが、そこには、自分たちも戦争の分け前に与るのだという気持ちが込められていた。その主要な部隊はシャンパーニュとロレーヌで編成され、行動の舞台をブルゴーニュへ移していった。というのは、首領になった「首席司祭 archiprêtre」を名乗るガスコーニュ人は、みんなを法王に会わせると言って、フォレとリヨネ地方を通過し、アヴィニョンをめざしたからである。このとき、ジャック・ド・ブルボンは南フランスにいたが、自分の姉と甥の領地であるフォレを何とか守ろうと考えて軍勢を募ったところ、たちまちたくさんの貴族たちが彼のもとに集まった。そのなかには、自分の盗賊部隊の指揮を放棄した「首席司祭」もいた。リヨンの近くのブリニェで盗賊団と対戦したとき、ジャック・ド・ブルボンがこの男の助言を用いていたら、盗賊団を潰滅させていたであろうが、敵を見くびって、山の上に陣取った敵に無謀な攻撃をしかけたため、逆に、息子と甥、そのほか多くの部下とともに命を落としてしまった（一三六二年四月二日）。

このブルボン家のジャックの死は、かつてカペー家の名を確固たるものにしたロベール・ル・フォール（825-866）のブリセルトでの死と同じく、フランス王国を盗賊どもから守ろうとしたゆえの栄誉ある死と讃えられた。だが、盗賊どもにとっては、これで怖いものはなくなった。首領の一人は、「神の友にして世界の敵 Ami de Dieu, ennemi de tout le monde」を自称してローヌの両岸を荒らしまわった。震え上がったアヴィニョンの法王は、この盗賊どもに対する十字軍派遣を要請する説教を行った。ところが、各地から現れた《十字軍士》たちは、盗賊どもに合流してしまい、ますます危うい事態となった。アヴィニョンにとって幸いなことに、ヴィスコンティ家と争っていたトスカーナ同盟のモンフェラート侯が、この盗賊どもを高い謝礼をもってイタリアに誘導した。このとき、法王は、彼らを出立させるために三万フローリンを出し、罪の赦しまで与えている。

フランス王国じゅうで大量の死者が出て人口が減少したことから、少なくとも相続財産が増えた。若いブルゴーニュ公〔訳注・カペー家の血を引くフィリップ・ド・ルーヴル〕も、その姉妹も死んだため、ブルゴーニュ第一の名家は消滅し、ブルゴーニュ公領とアルトワおよびオーヴェルニュの伯領、ブーローニュ伯領を包含する広大な土地が遺産として遺された。最も近い相続人はナヴァール王で、彼は、ブルゴーニュ公領か、でなければ少なくとも長い間求めていたシャンパーニュ伯領の相続を認めてほしいと国王に要請した。しかし、結局、どちらも手に入れることはできなかった。フランスにしてみれば、この広大な領土を、これまでさんざん害を及ぼしてきた憎むべき公子に託すわけにはいかなかった。国王ジャン二世は、これらの州を自分の領地に併合することを宣言し、「莫大な費用をかけて」ブルゴーニュ公領を都市ごと町ごとに滞在しながら巡幸した。

ジャック・ド・ブルボンの訃報がジャン二世に届いたのは、この巡幸の途中であったが、そのために旅程を速めることはなかった。その年の暮れにはアヴィニョンに南下し、そこでお祭り騒ぎのうちに半年を過ごした。さらに、この際、平和裏に新しい征服を実現しようと考え、最初の夫を殺され二番目の夫にも先立たれていたプロヴァンス伯夫人、ジャンヌ・ド・ナプル〔ナポリ王妃ジョヴァンナ〕の三番目の夫になろうとした。彼自身、寡夫で、まだ四十三歳であった〔訳注・王妃ジャンヌ・ド・ブーローニュは一三六一年に死去〕。彼は彼女に心を奪われたが、見事にふられると、この兵士たる王は、ちょうど十六世紀のフランス王フランソワ一世（在位1515-1547）がパヴィアの戦いのあとそうであるように、キリスト教世界に関心を向けた。というのは、法王は、この三十六歳のナポリ王妃には、廃位されたマヨルカ王の息子、アラゴン王家文枝のヤコボを夫として与え、ジャン二世には、キプロス王が要請してきていた十字軍を興すことを勧めたからである。ジャン二世は十字の印を身につけた。多くの大領主たちも彼に従った。そして十字軍要請のためにキプロス王がドイツへ行ったのと呼応して、ジャンもイングランドへ渡った。ところがイングランドでは、人質になっていたジャンの息子の一人が協定に背いてフランスに帰ってしまったあとで、ジャンがロンドンに戻ってきたのは、名誉を重んじて息子の過ちを償うためだと受け止められた。〔訳注・ジャンには王太子シャルルとルイ、ジャン、フィリップの四人の息子がいるが、ルイは一三六〇年にナポリ王妃ジョヴァンナから領地を譲られてアンジュー公となっている。ジャンも同年、ベリー公に、フィリップは一三六一年ブルゴーニュ公となる。〕しかし、ある人々は、彼がロンドンに戻ってきたのはフランスの惨状に愛想をつかしたからだと言い、ある人々はイングランドの美しい婦人に会うためだと言った。

しかしながら、スコットランドとデンマークの王たちが彼に会いにきて、彼は、フランス王すなわちキリスト教世界の盟主として、この王たちの集まりを主宰した。イギリス人たちによって実践化された新しい戦争システムのためにすっかり面目を失ったフランス王が、この十字軍では中世の古臭い旗のもとにキリスト教世界の先頭に立とうというのである。もっとも、この軍勢を率いていけば、その勢いでフランスを解放できるかもしれなかった。イギリス王エドワード三世は、寄る年波を口実に不参加を表明した〔五十二歳であった〕が、イギリス人とガスコーニュ人たちはキプロス王に「これは良心と名誉を重んじるすべての人々が参加する旅であり、神の思召しに叶って道は開かれたのだから、キプロスが見捨てられることは断じてない」と声高に話した。

だが、この希望はジャン二世自身の死〔享年四十五〕によって打ち砕かれた。彼は、ロンドンの冬をお祭り騒ぎと宴会の連続で過ごしたことから病に倒れたのだった。彼も長い人質生活のなかでイギリス人に愛着を抱いていたし、イギリス人たちも、けれんみのない彼を惜しんだ。エドワード三世は、彼のためにロンドンのセント・ポール寺院で盛大な葬儀を営んだ。目撃証人によると、長さ十二フィートの大きな松明が四千本、重さ十リーヴル〔訳注・ほぼ五キロ〕のろうそく四千本が灯された。

フランスはバラバラに寸断されてはいたが、まだ敵対し合う国々にとっては頼りになるキリスト教世界の頭目であった。逆に、妬み深い勢力からは、折に触れて破滅をたくらまれるのが、フランスの運命である。彼らは、フランスをやっつけては、その血塗れの身体を分解し、競りにかけた。しかし、フランスは生き続けた。一三六一年には、内側では貴族たちに裏切られ外からは攻め込まれ、一七〇九年には太陽王（ルイ十四世）の老齢化とともに国も老いさらばえ、一八一五年には、まわりじゅうから襲いかかられながら、なおもフランスは生き延びた。

このように、周辺の国々が執拗にフランスに対抗し、結束したこと自体、フランスの優越性を証明している。優越性を認めているからこそ、結束して対抗しようとしたのである。

第四章　シャルル五世とイギリス人の駆逐（一三六四～一三八〇年）

若い王は生まれながらに老いていた。彼は、早くから大勢の人の目にさらされ、多くの苦しみに遭った。生来、虚弱で病気勝ちであった。王国自体がひどい状況にあったし、国王の境遇も悲惨であった。噂では、シャルル・ル・モーヴェ（ナヴァール王）によって毒を盛られたために顔色が悪く、片腕は腫れあがり、槍を持つこともできなかったという。馬に乗ることもままならなかったので、ヴァンセンヌとサン＝ポールの館とルーヴルの王室図書館を行き来する以外、遠出することはなかった。〔訳注・サン＝ポールの館とは、シャルル五世が一三五七年から一三六五年までかけて、セーヌ川と今のサンタントワーヌ街、サン＝ポール街、プティ＝ミューズ街に挟まれた土地に建てた住居。〕

彼は、自らもよく本を読み、老練で有能な人々の言葉に耳を傾け、冷静に判断して指示を下したことから「ル・サージュ le Sage」（賢王）と渾名された。学識豊かで思慮分別があり、狡猾でさえあった。彼こそ、玉璽に刻まれた肖像のように、玉座にでんと構えている最初の近代的な王である。それまでは、王といえば、馬にまたがり、国じゅうを絶えず動いているものと決まっていた。フィリップ美男王は、宰相のピエール・フロートを伴って、クルトレーへ自ら戦いに出かけた。それと違って、シャルル五世は、すべての戦いをその玉座から指揮した。みずからはユダヤ人銀行家や占星術師を傍らに従えて王宮にあって、そこから指示して有名な騎士たちや、もっと恐るべき《戦争屋たちCompagnies》を打ち負かした。イギリス人たちを倒す条約に署名したのと同じペンで、法王を負かして教会財産を王に引き渡させる文書に署名した。

この王国の病める医者が癒さなければならない病が三つあった。イギリス王によるものと、ナヴァール王によるもの、そして《戦争屋たち》によるものである。最も軽いものでも命にかかわるように見えた。第一のイギリス王によるものについては、すでに見たように、たっぷり黄金をあてがいながら、自分が充分に力をつけるまで待ったうえで、厄介払いした。ナヴァール王のそれについては、負かしたうえで払うべきものは支払い、モンペリエに遠ざけた。《戦争屋たち》については、その矛先をスペインへ転じさせた。

はじめ、シャルル五世は弟たちの助けを借りた。自らは王国の中心部だけを押さえ、遠隔地の諸州は弟たちに委ねた。ラングドックはアンジュー公ルイに、ブルゴーニュはフィリップ豪胆公（ル・アルディle Hardi）に託した。しかし、それでも、腕力すなわち「剣」が必要であった。当時、軍人魂をもっていたのはブリトン人とガスコーニュ人だけで、ブリトン人はいわゆる『三十人戦争combat des Trente』〔訳注・ブルターニュ継承戦争のなかで、一三五一年三月二十七日に行われた戦闘で、フランス人とイギリス人それぞれが三十人ずつで戦ってフランス側が勝った〕で勇名を馳せていた。王は、ディナンの勇敢なブリトン人、ベルトラン・デュゲクランをムランの攻囲戦で自ら見出してから重用するようになり、ベルトランのほうも、一三五七年以後、フランスのために尽くすこととなる。〔訳注・それまではブロワ伯シャルルに仕えていた。このシャルルはフィリップ六世の私生児で、シャルル五世の叔父にあたる。〕

フランスをイギリス人と《戦争屋》から解放したこの有名な《戦争屋の頭領》は、おそらく貴族の軍事的精神を昂揚するために作られた一種の騎士道叙事詩のなかで謳われてきた。それは、いいかえると「歪曲されてきた」ということであるが、彼についてわたしたちが持っている歴史的資料は、この叙事詩の翻案の域をさほど出ていない。この詩とロマン自体、ブリトン人の周知の性格に近づけたもの、さらにいえば、彼らが自分たちの英雄に捧げた思いを反映したもので、そこから歴史的事実だけを抽出することは容易な作業ではない。

そこには、彼が「背丈は並、鼻は低く、顔は褐色、眼は緑色、肩幅は広く、腕が長くて手は小さい」と、容姿は醜かったことが述べられている。子供のころは乱暴者で、「仲間を集め徒党を組んで他の集団と喧嘩をして怪我を負わせ」「よく父親を怒らせ閉じ込められた」悪童であったが、彼を知るある修道女は、早くから「この子はきっと騎士として名を挙げるだろう」と予言していたという。また、魔術に長けていることでブリトン人の間で有名であったティフェーヌという女も、彼についていては数々の予言をしていて、彼は、それによって元気づけられたし、のちには、この女性と結婚している。

しかし、彼は盗みにおいては貪欲、戦いにあっては荒々しく、情け容赦のない戦争屋であったが、味方のためにはブリトン人らしく気前のよい男で、自分の持っているものを何でも与えたので、何度も金持ちになったり貧乏になったりした。この時代の他の隊長たちと同様、勝つためには手段を選ばず、自分の信条にも約束事にも拘らなかった。彼は、戦いを前にすると、先を見通し、作戦を練り、勝つために必要なあらゆる手段を考え、戦闘用の器械や武器を工夫することに専念した。ひとたび戦いが始まると、ブリトン魂に駆られて、混戦のなかに真っ先に飛び込んで突き進み、後戻りできなくなるほどであった。そのため、彼は、二度捕らえられ、身代金を払わされている。

新王シャルル五世の最初の仕事は、セーヌ川交通を奪還することであった。ブシコーとデュゲクランは、ナヴァール王の領域に入っていたマント〔パリの西方〕とムーラン〔パリの東南〕を騙し討ちで奪取した。この両市に対しパリのブルジョワたちは、その中心的な人々二十八人を吊るし首にすることによって、それまでナヴァール人たちに苦しめられたことへの報復をしたのだった。

ナヴァール人たちは、ビュッシュ隊長指揮下のイギリス人とガスコーニュ人たちと連携して、フランス王がランスへ塗油を受けに行くのを妨げようと考えた。そこへ、デュゲクランがフランス人とブリトン人、ガスコーニュ人から成る一隊を率いて襲いかかった。ビュッシュ隊長はエヴルー方面へ撤退し、コシュレル〔セーヌ＝エ＝マルヌ県〕のある丘の上に布陣した。デュゲクランは、退却の鐘を鳴らして逃げるように見せかけた。ビュッシュは、配下のイギリス兵たちが、フォワ伯家に仕えるガスコーニュ人将軍の言葉に踊らされて、デュゲクラン軍を追うため丘を降り始めたので、自分もついていかざるを得ず、平地に降りた。そのとき、デュゲクランは部隊を反転させた。ナヴァール人隊長たちは殺され、ビュッシュは三十人一団になって襲いかかってきたガスコーニュ人たちによって捕らえられて、戦いはデュゲクランの勝利に終わった。

勝敗が決したのが五月十六日、それがランスに伝えられたのは十八日、まさに王の塗油式が行われる前日のことで、新しい王権の門出へのすばらしい贈り物になった。シャルル五世は、それまで与えたことのない褒美をデュゲクランに与えた。ナヴァール王の弟の遺産であるロングヴィル伯領を与えたのである。王は同時に、ナヴァール王の顧問であったサカンヴィルの首を斬らせた。これは、《戦争屋》に与する者はフランス人だからといって容赦しないとの態度を示したもので、強奪は罪であることを人々の肝に銘じさせるきっかけとなった。

ブルターニュ戦争は、翌年終結した。シャルル・ド・ブロワはブルターニュを分割することで折り合った。しかし、彼の妻は承知しなかった。フランス王は、シャルルにデュゲクランと騎士千人を貸した。イギリスの王太子〔ブラック・プリンス〕はモンフォールにチャンドス〔訳注・カンブレ以来の歴戦の勇士で、ポワティエの戦いでは、ブラック・プリンスの命を助けた〕と騎兵二百、同数の弓兵を送った。これにさらに、多くのイギリスの騎士たちが合流し、この両軍の対決となったのである。

モンフォールとイギリス人たちは、ポワティエの戦いのときブラック・プリンスがそうしたように、丘の上に布陣した。シャルル・ド・ブロワは、そのことを気に懸けなかった。この信心深い王子は、カンペールの攻囲にあたり潮が満ちてきても、「もし、それが神の御心であるならば、潮が我らに不幸をもたらすことはないはずだ」と言って後退を拒んだが、オーレで山を前にしたときも、カンペールのときと同様、動じなかった。

シャルル・ド・ブロワは最強であった。多くのブリトン人が彼のもとに合流した。そのなかには、ブルターニュ語しか話せないブリトン人たちもたくさんいた。これは、おそらくイングランド人への憎しみからであった。デュゲクランは、これを素晴らしい軍隊に編成した。フロワサールの言葉によると、兵士たちはそれぞれに長さ五フィートの槍を前に構え、柄は短いが、よく焼きを入れた鋼鉄の刃をつけた斧を持っていた。そして、「投げられたボールも地面に落とさないほど密集して、歩調を合わせて」前進した。ジョン・チャンドスは、このフランス軍の整然たる姿に見とれ、思わず「ああ神よ。お力を貸してください。これこそ、まことに騎士道の華というべきである」と嘆声をあげたという。

チャンドスは各大隊が弱体化したとき支援するための予備部隊を用意していた。しかし、この予備隊を指揮するために後方に残ってくれる騎士を確保することは簡単ではなかった。というのは、封建的観念では、戦いにおいては一番乗りして名を挙げることが騎士たちの夢だったからである。

二人の権利主張者〔訳注・デュゲクランが支えるシャルル・ド・ブロワとジョン・チャンドスが支えるモンフォール〕は、いずれも先頭に立って戦った。それは情け容赦のない決闘になった。この戦いでブリトン人たちは疲れ切り、どちらかが死んで、戦いが終わることを期待した。予備軍のおかげでチャンドス側が優勢になった。デュゲクランは落馬して捕らえられた。シャルル・ド・ブロワは一挙に劣勢になり、旗を奪われ、彼自身も殺された。ブルターニュの最も有力な大領主たちも、多くが命を落とした。

モンフォールは、イギリス兵たちがシャルル・ド・ブロワの遺骸を大喜びで見せにきたとき、おそらくフランス人の血が体内でめざめ、涙を流した。そして、この死者が鎧の下に苦行衣をまとっているのを見たとき、その慈愛深さや優れた資質が思い起こされた。彼（シャルル・ド・ブロワ）が戦争を再開したのは、ブルターニュの相続権を持つ妻への敬意からであった。彼は、聖人であったが、戦いの合間には「レー lais」〔訳注・短詩〕を作った多情多感な男で、庶出の息子の一人は、彼のために報復しようとして殺され、彼のすぐ傍らに横たわっていた。

モンフォールは、わずかの間に、この地方の最も強力な要塞を手に入れた。シャルル・ド・ブロワの子供たちは捕虜となり、イングランドに連行された。戦争になんらの情熱も覚えなかったフランス王（シャルル五世）は、和平を講じると、シャルル・ド・ブロワの未亡人にパンティエーヴル伯領とリモージュ従伯領、そして一万リーヴルの恩給を与えることを決めた。王のこの措置は賢明であった。大事なのは、ブルターニュがイギリス王に就くのを阻止することであったが、ブルターニュがイギリスの保護下に置かれていることにいずれ耐えられなくなるのは間違いなかった。

ブルターニュ戦争とナヴァール王の戦争を終わらせたことは、それなりに意義があった。しかし、フランスが立ち直るには、時間が必要であった。フランスが戦争によって被った傷がいかに恐るべきものであったかは、シャルル五世が出した勅令によって明らかである。その大部分は、いずれのコミューンも、人口減少のために税を払いきれなくなっている問題について述べており、それ以外は、都市や修道院、施療院、教会参事会が王の庇護を求めてきたことに対する返事になっている。当時は公的保護がきわめて薄弱だったので、なんとか特別の配慮をしてほしいと王に求めたのであった。都市、同業組合、大学などはそれぞれに特権を求め、多くの都市が王権と不可分の関係にあることを宣言してもらおうとした。ニームではイタリア商人、アルフルールとカンではカスティリヤ人とポルトガル人が特権を獲得した。ここには、全般的に適用されうる規範はない。すべてが特別であり個別的であって、フランス王国がいかに統一体とは程遠い状態であったかが窺われる。その王制は弱体で、病から癒えていなかった。

フランスに不幸をもたらした最大のものが《コンパニー Compagnies》つまり「戦争屋」による掠奪行為であった。これらは、イギリス軍から解雇された兵士たちが野盗化したもので、イル＝ド＝フランスやノルマンディー、ブルターニュ、アクィテーヌなどから駆逐されたのが中央フランスに流れ、ベリー、リムーザンなどを徘徊していた。彼らは我が物顔で住民の物を強奪したばかりか、その家まで占拠し、飲み食いした。出身地はさまざまで、ガスコーニュ人やブリトン人も混じっていたが大部分はイギリス人だったので、「戦争屋」といえばイギリス人と思われたし、それがフランス人のイギリス人に対する反感を助長した。

この厄介者たちを十字軍に振り向けようとの試みも行われた。神聖ローマ皇帝は、彼らの遠征ルートとしてハンガリーを通る道を確保し、ドイツが費用を支給することを提示した。しかし、戦争屋たちの大部分は、そんな遠く離れた地へ出かける気はなかった。エルサレム遠征に加わった連中も、掠奪行為を働くことが主目的であったから、目的地にまで到達した者はほとんどいなかった。ドイツを経由する一群は「首席司祭archiprêtre」を名乗る男に引率されてアルザスまで進んだが、住民たちの襲撃を受けて、ほとんどが殺された。

しかし、《戦争屋たち》の向かった主要な戦場はスペインのカスティリヤであった。この地は「残虐王le Cruel」の渾名をもつドン・ペドロが支配しており、それに対して異母兄弟のエンリケ・デ・トラスタマラが戦いを起こしていた。当時のスペインの王たちはみんな「残虐王」と呼ばれてよいくらいで、これまでしばしば登場したナヴァラ（ナヴァール）王のシャルル・ル・モーヴェは、毒を暗殺に用いたことで有名であった。ポルトガルでは、前述のカスティリヤ王と同じ名前だが「審判王Justicier」の渾名を持つドン・ペドロがイネシュ・デ・カストロの死をめぐって残忍な裁きを下している。〔訳注・ペドロは愛人のイネシュが先王アフォンソ四世の命令で殺されたので、即位するとアフォンソに仕えた大臣に対し報復した。〕アラゴンでは、「儀式王Cérémonieux」と渾名されたこれまたドン・ペドロが、彼の破門の通知をもってきた法王特使を逆さ吊りにして殺させている。カスティリヤのドン・ペドロも、彼が兄弟によって殺されると予言した修道士を生きながら焼き殺させている。

イベリア半島では、ムーア人はさほど恐れる必要がなくなっていたものの、スペイン自体がムーア人の影響を受けて、キリスト教的というよりむしろムーア的、ユダヤ的になっていた。このことは、スペインの『アヤラ年代記Chronique d'Ayala』〔訳注・ロペス・デ・アヤラ(1332-1407)が著した『Chronique des rois de Castille』〕を繙くと明らかである。そこに見られる非情さは、異教徒に対する情け容赦のない戦争によって培われたもので、ユダヤ人による苛酷な収税のやり方がそれに輪をかけた。

このカスティリヤのペドロの残忍さは、一種の粗暴な狂気によるもので、スペインの秘めている二つの不調和な要素が相克し、彼を怪物化させた。彼は、あらゆるカスティリヤ人と同様、騎士道に熱中すると同時に、統治においてはユダヤ人かサラセン人しか信用せず、とくにユダヤ人に依存したので、噂では彼の母親はユダヤ人だとも言われていた。彼が残忍であったのは貴族たちに対してで、もし、あれほどユダヤ人に肩入れしなかったら、都市コミューンは満足していたであろう。

この流血好きの男も、マリア・デ・パディーラという女性に格別の思いを寄せていた。彼女は「小柄で精神的な美しさを湛えた美人」で、彼は彼女を喜ばせるために、妻であるシャルル五世の義姉のブランシュ〔訳注・シャルル五世の妃、ジャンヌ・ド・ブルボンの姉〕を幽閉し、挙げ句は毒殺した(1361)。それまでにも、彼の毒牙にかかって犠牲になった人間は、彼の一族のなかにさえ数え切れなかった。弟のエンリケ・デ・トラスタマラも、身の危険を感じてフランス王のもとに逃れ、王に義姉のために復讐するよう唆すとともに、援助を要請したのであった。

この要請に対しシャルル五世は、当時フランスを荒らしまわり自分にとっても重荷になっていた幾つかの「戦争屋」を彼に与えた。フランスからカスティリヤへの通路になるアラゴンの王も領地の通過を容認した。法王もカスティリヤ侵略の承認を与えた。ドン・ペドロは、ほかにも数え切れないほどの悪事を働いていたが、なかでも教会財産没収の罪まで犯していたからである。

この遠征の指揮官は、名目上は若いブルボン公（ルイ二世。在位1356-1410）であったが、実質上はデュゲクランが務めることになっていた。しかし、彼はまだイギリスで囚われの身になっており、イギリスが一〇万フラン払わなければ引き渡さないと言ってきたので、フランス王と法王とエンリケでカネを出し合った。

こうして指揮官の任についたデュゲクランは、スペインをめざす途中、アヴィニョンに寄って、法王から金貨二〇万フランを引き出すとともに、部下たちのために免罪を獲得してやった。軍勢は、スペインへ向かって進むにつれて大軍になっていった。イギリス王は、臣下のイギリス人や支配下の騎士たちが一介のフランス人の指揮のもとに入ることが不愉快で、イギリス人はもとより支配下のガスコーニュ人に対しても、この戦争に加担しないよう通達したが、彼らは気にもとめなかった。

この事業は、法王をゆすることから始まったが、だからといって、このスペイン遠征（1365）は《十字軍》であるという彼らの自負に変わりはなかった。彼らは、アラゴンまで来たとき、カスティリヤ王に「異教徒どもを討伐して主イエスの受け給うた苦痛を償わせ我らの信仰を鼓舞すべく、グラナダ王国をめざしているこの神の巡礼者に通路と食料を与えられたし」と言い送った。この言葉に、ドン・ペドロ王は、ただ笑うのみで、「このような乞食どもに従う必要はない。自分は何もするつもりはない」と答えたという。

それは、まさしく一つの巡礼のようで、これと戦うわけにはいかなかった。ドン・ペドロは部下たちから見捨てられてアンダルーシアのムーア人の友人のところに避難し、そこからポルトガル、ガリシア、そして、最終的にボルドー〔訳注・イギリスが支配していた〕へ行ってはじめて歓待された。怒りと嫉妬に駆られたイギリス人たちは、この「スペインの死刑執行人」をなんとしても復位させようとした。一見、分別のあるイギリス人たちをして、しばしば正常な判断力を失わせるのが、その悪魔的な傲慢さである。彼らがオルレアンの乙女を焼き殺したのも、ウィリアム・ピット〔訳注・フランス革命からナポレオンの時代にかけて三度にわたり対仏同盟を結成したイギリスの政治家。1759-1806〕のもとでフランスを焦土にしようとしたのも、同じこの思い上がりに由来している。

自分の力に思い上がっていたブラック・プリンスは、ドン・ペドロをカスティリヤに復帰させるだけでは満足できず、マヨルカを奪われた王をアラゴンに連れ戻すことを約束した。これに対し、支配下のガスコーニュ人領主たちは、イギリス人のために遠くまで出かけたくなかったので、「ドン・ペドロなどは復位させるより追い払ったほうがよい」と主張し、「二兎を追うものは一兎を得ず」だとして、「我々が知りたいのは誰が支払ってくれるかです。人に武器を執らせ、自分の土地から遠く離れた土地へ赴かせるにはカネが必要です」と述べた。これに対しドン・ペドロは、自分には隠し財産があり、カネは望み通りに払うと約束し、ブラック・プリンスに対しては、ビスケーをさしあげましょうと言った。ここは、フランスからスペインに入ったばかりのところで、いわばスペインにおけるカレーのような要地であった。

エンリケ軍に志願兵として加わっていたイギリス人たちは全員、ギュイエンヌに戻った。彼らを心変わりさせた最大の要因は、エンリケよりもドン・ペドロのために戦うほうが高い報酬を得られるという情報であった。それが、当時の「忠誠心」の実態であり、ピレネーの峠を擁するナヴァールの王も、双方と協定を結んで、両方からカネをせしめている。

ブラック・プリンスのもとには、予想以上の数の戦士が集まったので、まず、彼らをどのようにして養うかが問題になった。スペインに入ってエブロ川に着いたときには、風と雨、さらには雪といった悪天候が続き、土地も痩せているため、食料は底をつき、ほんの小さなパンを手に入れるにも一フローリンも払わなければならないほどであった。

このような状態であったから、エンリケ軍にも、ブラック・プリンス軍とまともに戦うより、勝手に通過させて飢え死にさせるほうがよいと助言する人々がいた。しかし、エンリケもスペイン人らしい意固地から、堂々と戦うことに固執した。その軍勢は、鉄の鎧を着た騎士が三千、軽装の兵士六千、弓兵一万、短い槍や投石器を装備した市民兵六万を数えた。しかし、所詮は烏合の衆に過ぎなかった。カスティリヤの投石隊よりイギリスの弓兵のほうがずっと優れていたし、剣と短剣を好んで使ったフランス人やアラゴン人に対して、槍を好んで使ったイギリス軍のほうが優勢を占めた。しかも、イギリス側の指揮官は、すでにポワティエとオレーでイギリス軍に勝利をもたらしてきたジョン・チャンドスであった。エンリケの努力にもかかわらず、スペイン人たちは逃げ出し、冒険を求めて参戦した志願兵だけが戦いつづけ、全員が殺されるか捕虜になるかした。デュゲクランも捕虜になっている。

これは、イギリス軍にとっては、クレシーの戦いから二十年、ポワティエの戦いから十年という節目であり、ブラック・プリンスにとって、まさによき日となった。彼は、ブルゴスの野（スペイン北部）で裁判を行い、数々の戦利品とともに、この戦場を手に入れた。人々は、いつかはスペイン全体が彼のものになるだろうと噂した。

フランス王は、この敗北の報せに衝撃を受け、これ以上エンリケを支援するのをやめた。ブラック・プリンスの夫人が書いた手紙によると、フランス王は、この逃亡者（エンリケ）のギュイエンヌ攻撃を中止させるとともに、あくまでエンリケ支援を主張する若いオーセール伯を牢に入れさせている。

勝者たちはスペインに残ってドン・ペドロが報酬を払ってくれるのを待った。彼らは、スペイン式の簡素なもてなしでは、とうてい満足できかねた。毎日が退屈で、ひどい暑さを凌ぐために多量の果物を食べ、赤痢にかかって死亡する者が続出した。ブラック・プリンスも病気に倒れた。こうしてイギリス軍は、五分の一にまで数を減らしたうえ、報酬も手にできないままピレネーを越えて帰ることを決意したのであった。

ブラック・プリンスは、兵士たちの不満を解消させるために掠奪を許した。その対象はイギリスの支配領域になっていたアクィテーヌだけでなく、フランス王領まで含んでいた。彼らは、ブラック・プリンスが認めてくれた行為であることをおおっぴらに口にしながら掠奪を働いた。

さらにブラック・プリンスの思い上がりが引き起こした間違いに、「師匠であるジョン・チャンドスの考えに背いて」デュゲクランを釈放したことがある。これは《戦争屋ども》に一人の恐るべきリーダーを与え、イギリスのフランス統治に深刻な障碍を招く結果になる。

ブラック・プリンスは、何度か、この囚人を城内で見かけたことがある。あるとき、彼が、上機嫌で「やあ、ベルトラン、気分はどうだい?」と声をかけると、デュゲクランは「上々です。どうして悪いわけがありましょう」と返事して次のように言った。「わたしは自分こそ世界一の騎士だと思っています。殿下がわたしの身代金を定められないのは、わたしを釈放するのが怖いからだと噂しています。巷では、イギリス王太子は、この皮肉にむっとして「ベルトラン殿。我々があなたを留めているのは、あなたの勇敢さのためだと言われるのか? セント・ジョージに誓っていうが、もし、あなたが一〇万フラン支払われるなら、自由の身にして進ぜよう」といった。デュゲクランは、この提示額を受け入れた。

ただし、スペインの年代記者、ロペス・デ・アヤラによると、ブラック・プリンスはデュゲクランのことなど気にしていないことを示すために、その場で額を考え、口にしたのだったが、デュゲクランは、ただちに「一〇万フランを鐚一文下げることはしません」と毅然と返事したと言っている。この額は、今日で言えば一〇〇万フランを下らないであろう。びっくりした王太子が「それで、どこから手に入れるつもりか？」と訊いたところ、このブリトン人は次のように答えたというが、いかにもありそうなことである。「殿下。半分はカスティリヤ王が、残り半分はフランス王が払ってくれます。もし、それで足りなかったとしても、わたしのために糸を紡ぐのを嫌がる女はフランスにはおりません。」

これは、彼の買いかぶり過ぎではけっしてなかった。戦争は切迫していた。パリでは結婚のためにミラノに向かっていたイングランド王の息子をシャルル五世が手厚く迎えている間に、イギリス軍を解雇された《戦争屋》たちがシャンパーニュを荒らし、パリの近くにまで迫っていた。フランスは、各地を荒らされた上に賠償金まで払わされていた。

ブラック・プリンスは水腫（hydropique）にかかっており、彼の軍勢も戦えるような状態ではなかった。ガスコーニュ人たちも、ドン・ペドロの隠し金を当てにしてイギリス人の戦争に加わったのに当てが外れ、素寒貧で装備もひどく、不機嫌になっていた。加えて、彼らはブラック・プリンスに対し、古くからの恨みを抱いていた。彼がフォワ伯に戦争屋たちの領内通過を強引に承知させたこと、必要な槍千本のうち八百本の提供をアルブレ殿に押しつけたことである。しかし、そもそも南仏人たちにしてみると、イギリス人は自分たちの自尊心を踏みにじるから嫌いというだけでなく、イギリス人だから嫌いなのであった。陽気でおしゃべりの南仏人と、ポワティエ戦のことなどをいつも鼻にかけて傲慢で退屈で気むずかしく無口なイギリス人とは、そもそも反りが合わなかったのである。

ブラック・プリンスもガスコーニュ人を軽蔑し、イギリス人らしい如才なさで、この機会を選んで、ガスコーニュの住民に一戸あたり一〇ソルの「戸別賦課税 fouage」をかけることにした。本来なら彼らに支払わなければならないところを反対に支払わせようというのである。しかも、これは、荒れ地（landes）や山地の貧しい山羊飼いたちや、けっして豊かではない貴族たちにも割り当てられた。

さらに彼は、ポワティエやリムーザンの人々を手本にガスコーニュ人を「改良」しようと考え、ニオール〔訳注・ラ・ロシェルの東〕に三部会を召集したが、彼らはそんなことに関心はなかった。もし彼が三部会をアングレーム、ポワティエ、ベルジュラックに移していたとしても、ニオールで開催した場合より税の支払いがよくなりはしなかったであろう。

彼らは税を払わなかっただけでなく、フランス王に会いに行き、南仏人らしい激しさをもって、自分たちが正義を求めていること、もし自分たちの訴えが聞き入れられないなら、もっと別の君主を探しに行くと言った。フランス王はイギリスと戦いたくなかったので、彼らをなんとか抑えようとした。結局、支援を約束するでもなく追い返すでもなく、パリに留まらせ、接待し、滞在費を支弁した。

幸運がこの善良な王に味方した。「イギリス王は、後払いもしてくれなかったのに、フランス王は前払いしてくれた」、「フランス王は貧しい騎士たちにカネを払ってくれただけでなく、王子の建物と土地を提供してくれた」、「フランス王はブリトン人やガスコーニュ人にとって父親であり、自分の臣下を撃った彼らを恨んでいないばかりか、親切に饗応してくれた」と受け止められた。彼は、ヴァンデー人のクリソンを歓迎したばかりであったが、この人物はオレーでのフランス軍の敗北に最も寄与した人であった。またフランス王は隊長ビュッシュにヌムールの公領を与え、アルブレ殿には王女を妻として与えた。これは、ガスコーニュ人たちにすると、仲間の一人がフランスおよびカスティリヤの王の義理の弟になったということで、一つの大きな励みになった。

一三六九年一月二十五日、ブラック・プリンスは、フランス王の命を承けてやってきた一人の法学者と騎士をボルドーに迎えた。彼らは、パリに来て貴族会議に出てほしいと丁重に要請しつつ、書状を手渡した。そこには、おずおずとした調子ではあるが、ブラック・プリンスがフランス王国との境界近くの高位聖職者や貴族、ガスコーニュの辺境地の騎士やコミューンに苦痛を与えたことについて釈明してもらいたい旨が記されていた。病床にあったブラック・プリンスは、その内容を知ると、かつてウィリアム征服王が述べた言葉を真似て、威猛高に「行こう。だが、兜をかぶり、六万の家来を引き連れてだ。……それに対して向こうが支払う代価は、一〇万の人命では済むまい」と述べた。

彼は、ひどく機嫌を悪くし、使者たちが退出したあと、家来に追いかけさせて引き返させ、ある口実のもとに牢獄に放り込んだ。フロワサールによると、その口実とは「彼らがアンジュー公〔訳注・シャルル五世のこと〕にくだらない冗談を思い起こさせ、わたしを館に長居させたなどと言い出す恐れがあるから」であった。

その反対に、フランス王は、このガスコーニュの出来事についてイングランド王は何の関与もしていないと思っている振りをした。同じとき、彼はイングランド王に良質のワイン五十樽をプレゼントしている。だが、これは、ジャン二世の身代金支払いの一つがまだ済んでいなかったからで、イングランド王が欲しがったからではなかった。

シャルル五世は辛抱して待つことを弁えていたが、だからといって、やるべきことをしなかったわけではない。北方では低地諸国の人々を味方にし、ポンティユーとアブヴィルを買収した。南方では、法王を動かして、イギリス軍が支配している全ての州にフランス方の司教を配置させている。ピレネーを越えた彼方については、イギリス人が押しつけた王に対するカスティリヤ人の排斥運動を助けるためにデュゲクランと何人かの《戦争屋たち》を送った。ドン・エンリケは、そのお礼にイギリス艦隊に倍する艦隊をフランスに提供すると約束した。

多くのコミューンがドン・ペドロに味方するようになっていたが、それは彼が貴族たちに厳しい態度をとったからであり、彼にとっては、あまり力にはなっていなかった。彼はまた、ムーア人やユダヤ人も支配下に擁していたが、彼らは補助軍としても彼を守るだけの力のない存在で、むしろ、彼の陣営にとっては厄介者になっていた。こうして彼は、スペインでも最もキリスト教が少ないアンダルーシアに追いつめられていった。これに対して、エンリケとデュゲクランは、小規模ながら堅固な部隊を率いて、敵方にこちらの兵力の規模を把握するゆとりを与えないよう迅速に攻めた。ドン・ペドロ側では、ユダヤ人たちも駆り出されたが、彼らは、武器を執るのは自分たちの慣習に反することだとして、たちまち放り出してしまった。ムーア人たちは弓矢を執ったが、重装備の騎士たちを相手では、なんの足しにもならなかった。デュゲクランは、このような異教徒たちに情けは無用とばかり厳しく攻めたので、ドン・ペドロは辛うじてモンティエルの城に逃げ込んだ。そのペドロに対し、デュゲクランは逃がしてやるからと偽って誘い出し、捕らえた。このため、ペドロとエンリケの兄弟が鉢合わせすることになり、取っ組み合いの喧嘩を始めた。ペドロのほうがエンリケを組み伏せたが、デュゲクランがペドロの脚を摑んでエンリケを助けたので、優勢を取り戻したエンリケは短剣でペドロを刺し殺した。

イスパニアでのモンティエルの戦いは三月十四日のことで、他方、北のピカルディでは、四月末、シャルル五世が突如、ポンティユー〔訳注・駐仏イギリス軍の拠点になっていた〕を襲った。この報せは一人の料理番によってウェストミンスターにいたイングランド王にもたらされた。なぜ料理番がメッセンジャーに選ばれたかは大して重要なことではないが、イギリス人たちは、その遠征した各地で、たとえばスペインでは果物によって、フランスではワインによって病気になったり、暴飲暴食のために激しく衰弱したので、料理番が重視されていたのだという皮肉な見方もできるかもしれない。エドワード三世の息子の一人、ライオネル（クラレンス公）は、ミラノで消化不良で命を落とした。イギリス人たちはこれを毒殺と考えた。

平和を破棄する口実は、有り余るほどあった。イギリス人たちは傘下の《戦争屋ども》をフランスに放すことによって自ら平和を破っていた。シャルル五世は、それについては語らなかったし、ブレティニー条約でのガスコーニュ人たちの要求についても、まして、イギリス人たちによる権利の侵害についても触れず、この条約文書の形式上の誤りを見つけ出そうとした。その点について諮問された三部会は、シャルル五世の権利要求は正当であり、イギリス軍が占領しているアクィテーヌの宗主権と招集権はブレティニー条約に照らしてもフランス王にあると決議(一三六九年五月九日)し、貴族会議に諮ってアクィテーヌの押収を決定させた。

彼は大胆に反転攻勢に出ることができた。全世界が彼の味方であった。《戦争屋》たちは、自分たちはフランス人だと宣言し、アクィテーヌの司教たちは、自分たちの町はフランス王のものであると言った。事実、これらの町は古くからトゥールーズの大司教が管轄してきたのであった。こうして、イギリス人たちを追放した都市、町、城は六十以上に及んだ。イギリス人が司教を努めていたカオールやリモージュでも、同じであった。こうしたことは奇跡のようであったが、フランス王は、そうした奇跡を受けるに値した。彼は、病弱であったが、神を讃えるため、絶えず信仰のために裸足でお練りを行い、民間説教師たちからも敬神ぶりを讃えられていたからである。イングランド王も、国民の支持を得るためにロンドン司教に説教をさせたが、こちらは、同じような成功を収めるにはいたらなかった。

シャルル五世に帰伏したあらゆる都市が以前からの特権を確認され、追加さえされた。この勅許状による征服は、一三七〇年二月にはロデズ、フィジャック、モントーバン、同五月にはルエルグのミヨー、七月にはカオール、サルラと広がった。

彼ほどの冷静で賢明な人が、言われているようにイングランド侵略を本気で考えたとは信じがたい。もし、そう思えるようなことをやったとしても、それは、イギリス人たちの注意を北方に惹きつけることによって南仏の反英の動きを押しつぶさせないためであったに違いない。彼はランカスター公(ジョン・オブ・ゴーント)が統治していたカレーにブルゴーニュ公(フィリップ・ル・アルディ)の指揮でフランス軍を上陸させたが、この軍勢は、イギリス側勢力の五倍という大軍でありながら、戦火を交えることは厳しく禁じられており、しばらく睨み合った末に、イギリス軍から野次る声が飛ぶなか、何ごともなかったかのように退却していった。イギリス軍にとって、時間とカネの浪費になったことは事実であったが、概して北方では状況は良好であった。南仏では、イギリス側は幾つかの都市を取り戻したが、それより遙かに価値あるものを失った。ポワティエ、オレー、ナヘラなど数々の戦いにおいてイギリスに勝利をもたらしたかけがえのない名将、ジョン・チャンドスを失ったのである。

この勇敢な指揮官は、すべてを見通していた。自分の意見に逆らってブラック・プリンスが「戸別賦課税」を課したことからノルマンディーに引っ込んだチャンドスであったが、南フランスで民衆が蜂起すると、事態収拾のために南仏に戻った。しかし、彼は、この戦争から余り期待していなかった。当時の歴史家は、彼を悲しげでメランコリックな人物として描き、自分の死期が迫っていることも、イギリスがフランスにおける統治領を失うことも予見していたことを述べている。結局、彼の死後、イギリス王は、彼の考えを受け入れて《戸別賦課税》を廃止したが、すでに手遅れであった。

不運な状況に陥ると誰でもそうであるように、イギリス人たちはますますへまを重ね、不利な状況になっていった。彼らは、なんとしてもナヴァール王を味方にして、対仏戦に利用すべきであったろう。ナヴァール王はリモージュ従伯領に属している市場を要求したが、ブラック・プリンスはアクィテーヌの自分の王国を傷つけられたくなかった。彼にとっては、このフランスへの入り口を確保しておくことが重要であった。彼は拒絶し、すべてを失った。これに対しフランス王はナヴァール王に兼ねてから約束していたモンペリエを与えることによって味方にしたうえに、そのあと、新しいスコットランド王とも和解するという抜け目なさを発揮した。このスコットランド王がスチュアート家初代〔訳注・ロバート二世（在位1371-1390）〕となる。こうして、シャルル五世は、カスティリヤ、ナヴァール、フランドル、スコットランドを味方にして、ライバルであるイングランドを孤立させることに成功したのであった。

エドワード三世は、このようにしてイギリス人特有の傲慢さから多くの犠牲を生みながらも、フランスに対し二つの遠征を行った。すなわち、息子のランカスター公〔訳注・ジョン・オブ・ゴーント〕を、ボルドーで包囲されているブラック・プリンスの救援に向かわせる一方で、老将ロバート・ノールズ麾下の別軍をピカルディーに侵入させた（一三七〇年七月）のである。フランス側は、デュゲクランとクリソンの進言どおり、戦闘を要衝地の防衛に限定し、田園は放置したので、イギリス側はブラック・プリンス、ノールズ両軍とも全く抵抗に遭遇しなかった。勇敢な「戦争屋の首領」であったデュゲクランらの頭にあったのは術策を用いてでも成功を収めることだけで、王国の面子といったものは眼中になかった。ブルボン公は、自分の母親でありフランス王妃〔訳注・シャルル五世の妃はジャンヌ・ド・ブルボン〕の母がイギリス軍に捕らえられ馬に乗せられて自分の軍勢の前を通っていくのを、手をこまぬいて見ていなければならなかった。イギリス軍は、こうすれば息子のブルボン公を戦闘に引き込むことができると期待してそうしたのである。これに対し、ブルボン公はイギリス方に一騎打ちを申し込んだが、戦闘は断った。

ノワイヨン〔訳注・ボーヴェの北東〕では、スコットランド人のシートンが城壁を乗り越えて侵入し、小一時間、守備兵と斬り合い、無事に出てきている。ランス、シャンパーニュを手当たり次第に焼き払ったイギリス軍は、パリのすぐ手前まで迫っていった。それは、あたかも、どれくらい残虐な仕打ちをすればフランス側が痛みを感じ、名誉心を抑えられなくなるかを測ろうとしているかのようであった。フランス王は、パリを囲むあらゆる田園地帯で村々が焼かれているのをサン＝ポールの館から眺めていたが、動こうとはしなかった。パリにはタンカルヴィル伯やクーシィなどの錚々たる騎士たちがいたが、王は彼らを冷静に引き留めた。もともと敵の挑発に乗らないよう進言していたクリソンは「あのような気違いどもの相手をする必要はありません。奴らは自分で勝手に疲れていくでしょう」と言った。

イギリス軍はパリを眼前にして一日二夜停まったが、去るにあたり、一人のイギリス兵がサン＝

ジャック門に近づいてきて、城壁に槍を突き立てた。それは彼の誓願だったのである。そうして立ち去っていく彼に対し、フランス側の騎士たちは称賛の言葉を送った。古代ローマの人々にとっては城壁は《ポメリウム pomœrium》といって神聖犯すべからざるものであったが、封建時代の人々にとっては、そんなことは関係なかったのである。この去っていくイギリス兵に一人の勇敢なパリの肉屋が立ちふさがり、長い柄のついた斧で打ちかかり肩と頭に重傷を負わせた。しかも、それに別の三人が加わり、地面に倒れたこの兵士を四人がかりで、あたかも鍛冶屋が鉄床で鉄を鍛えるように打った。イギリス人の遺体は、門の近くにいたフランスの騎士たちによって収容され、翌日、教会の聖域に丁重に埋葬された。

このノールズのパリ侮辱においてと同様、ブラック・プリンスのリモージュ攻囲においても、障碍はなかった。デュゲクランはすでに南仏のフランス軍解散を進言していたし、この期に及んで各地を駆け回るのにも、二百人ほどの騎士しか保持していなかった。ブラック・プリンスとしては、この町のイギリス支配からの離脱を先導をしたのが自分の任命した司教であり自身の代父であっただけに、なおさらリモージュに対しては厳しく対処するつもりであった。彼は、父親の魂にかけて、この裏切りについては高い代償を支払わせると誓っていた。市民たちはひどく怯え、降伏しようとしたが、フランス側の守備隊長によって、それは阻まれた。ブラック・プリンスは、城壁の一部を崩させて、生じた隙間から兵を侵入させた。自身は病身のため荷車に乗って入城し、かねて命じてあったとおり、老若男女を問わず虐殺させた。命乞いをする女や子供にも容赦しなかった。彼が見逃したのは、唯一有罪であった司教と、徹頭徹尾抵抗して彼の気に入った三人のフランス人騎士だけであった。

このリモージュ市民の虐殺で、イギリス人の悪評はフランスじゅうに広まり、各都市とも防備を固めた。フランスとイギリスは、敵として別れたのである。ブラック・プリンスは、二度と戻ってくることのない他国としてこの地方を扱った。やがて彼の病はさらに重くなり医師に勧められるまま生まれ故郷の霧を吸いに行くことになり、ロンドンへ向けて船に乗せられた。彼は、弟のランカスター公に対し疑念を抱き始めていた。ブラック・プリンスは、いまさら自分が王位を継ごうとは考えていなかったが、少なくとも息子には王冠を戴かせたかった。〔訳注・この息子が祖父のエドワード三世亡き後、王位を継いでリチャード二世となり、そのあと王権はランカスター家に移る。〕

フランス王は、デュゲクランを軍総司令官（connétable）に任命することによって王国全体を喜ばせた。ブリトン人のしがない騎士が王国第一の栄職に任じられ、国王と食事を共にするようになったのである。クリスティーヌ・ド・ピザンの作品では、フランスの礼式では王の兄弟といえども、王のために給仕しなければならなかったとされている。そこから考えると、これは驚くべき待遇である。

この新しい司令官は、自分がイギリス人たちにしなければならないのが戦争（la guerre）であることを理解していた。戦闘（les batailles）は不可能であった。戦闘で武勲を揚げようなどという妄想はクレシーとポワティエの戦い以後、打ち砕かれていた。奇妙なことに、フランス人たちはデュゲクランのもとに多くの場所でイギリス軍を追い詰めていたが、心配なく打撃を与えることのできる相手とも平地で遭遇することに躊躇している。彼らは、少なくとも敵の二倍の兵力をととのえた。退却するノールズ軍を追跡したデュゲクランは、二百人のイギリス軍を相手にするのに四百の軍勢をそろえて初めて安心して戦ったのだった。

デュゲクランだけでなく、誰よりもシャルル五世にとって有利だったのは、イギリス人たちの狂気であり、彼らに次々失敗を重ねさせた《錯乱vertige》であった。ブルターニュ公〔シャルル・ド・ブロワ〕はイギリス方につくと宣言したが、ブルターニュ自体はイギリスに背いた。イギリス軍は自分たちで苦労して擁立したモンフォールの没落を引き起こしたうえ、いままた擁立したブルターニュ公（シャルル・ド・ブロワ）もブリトン人たちによって追放されたのである。

カスティリヤとの同盟は、これまであまりシャルル五世にとって役に立っていなかったが、これを結果的に強化させ有効なものにさせたのは、イギリス人たちのほうであった。ランカスター公はドン・ペドロの長女と、ケンブリッジ伯は次女と結婚したが、これらはカスティリヤ人たちからすると、常軌を逸した野望であり、前代未聞のうぬぼれであった。イギリス人たちは、フランスの征服に失敗したため、こんどはスペインを征服しようとする企てを見抜かれてしまったのである。

このイギリス側の軽率さが、フランス側に艦隊を一つ与えることとなった。イギリス人の野望に脅威を覚えたカスティリヤ王はシャルル五世に援軍を送り、大砲を装備したスペインの大型艦船は、ラ・ロシェルの沖で弓兵を乗せたイギリス艦隊を打ち負かした。こうしてラ・ロシェルがスペイン艦隊に喝采を贈るなか、イギリス軍は追い払われて、ラ・ロシェルは幾つかの有利な留保条件のもとに、フランス王のもとに一つの共和国として留まることになった。

この出来事はポワトゥー地方全体に大きく影響した。老いたエドワード三世と病身のブラック・プリンスは、救援に向かおうとしたが、海に嫌われて船はイングランドに押し戻され、トゥアール〔訳注・ドゥー＝セーヴル県にある町〕は降伏した。近くのシゼに残っていたイギリス軍の拠点はデュゲクランによって潰滅された。ブルターニュでも、同様にしてイギリス軍は地歩を失った。イギリス側の唯一の守備隊長はガスコーニュ人ビュッシュであった。他方、フランス側の最も優れた隊長の一人はウェールズ人であった。彼は、イギリス王太子の肩書上の称号〔訳注・イングランドの皇太子が「プリンス・オブ・ウェールズ」を名乗る伝統は現在も引き継がれている〕ではなくイングランド人に痛めつけられてきた本物のウェールズ公（プリンス・オブ・ウェールズ）の血を引く男で、先祖の恨みを晴らすためにフランスに協力してイギリス人と戦ったのであった。件のガスコーニュ人ビュッシュはこのウェールズ人によって捕らえられたあと、シャルル五世によりタンプル塔に幽閉された。彼は、いくら身代金を積んでも、重大捕虜として釈放されることはなかった。

エドワード三世の息子のランカスター公（ジョン・オブ・ゴーント）は、十五世紀のイギリスに栄光と不幸をもたらすこととなるランカスター家の始祖であるが、彼はフランスにおけるイギリス軍の総指揮官であるとともに、アクィテーヌではイギリス王代理、スペインではカスティリヤ王の称号ももっていた。このころには、イギリス側はアクィテーヌでは領地のほとんど全てを失っていたので、それを奪還するため大軍が編成された。ランカスター公は、かろうじてイギリス側に残っていた拠点のカレーに上陸すると、フランスの国土を南北に縦断する作戦を採用した。

しかし、都市は全て、戦いを拒否して門を閉ざしており、掠奪しようにもできなかった。イギリス軍が物資を搾取できたのは、幾つかの村々だけだった。それでも、北フランスでは食料も充分にあり、「毎日、豪勢な食事を楽しむことができた」。ところが、オーヴェルニュに入ると、人間の食べる物はおろか馬に食べさせる秣《まぐさ》も手に入らなくなる。兵士たちは飢えと病気に倒れ、馬は、カレーを出たとき三万頭いたのがギュイエンヌに到着したときは一頭もいなくなっていた。騎士も兵士たちも、重い足を引きづって、フランス人の家の前でパンを乞うて歩かなければならない乞食集団になっていた。

しかし、このような軍勢でも、ボルドーに到着したことは、それなりの効果を生んだ。イギリス人ではなくなっていたもののフランス人にもなりきっていなかったガスコーニュ人たちは、フランスの司令官に「自分たちは勝ったほうに従う」と宣言した。対戦は四月十五日にモワサックで行われることで一旦は合意が成立したが、その後、イギリス側から八月十五日に延期したいとの要請があり、さらに、場所についてもカレーの近くにしたいとの要求があった。もっとも、これについては文書が残っていないので、どのような合意がされたかは分かっていない。いずれにせよ、フランス軍は八月十五日にモワサックで戦闘態勢をとって待ったが、敵が姿を現さないので、ガスコーニュ人たちに約束を守るよう言っておけと迫っている。いずれにせよ、一三七四年の時点でフランスにイギリスの拠点として残っていたのはカレーとバイヨンヌ、そしてボルドーだけであった。

空振りで中途半端に終わったこの努力は、イギリス人たちに多くの悪い結果をもたらした。このため、エドワード三世は、それまで何度も拒んできた法王の仲介を受け入れざるをえなくなったうえ、これまで鼻先に餌を嗅がせて操られてきた犬が、ついに怒りの唸り声をあげて主人に飛びかかるように民衆が王を脅かしはじめたのである。イングランドでは民衆を戦いに駆り立てるために信じがたい苦労が払われてきたが、すでに人々はクレシーの戦いでうんざりしていた。このとき、人々の栄誉心を駆り立てようとした宰相が「では、君たちは恒久的な平和を望むのかね？」と訊いたのに対し、人々は「その通りです。それなら、わたしたちも受け入れます」と答えている。その後、政府はカレーを占領すれば全てが終わると説得した。ついでポワティエの勝利がもたらされ、それが彼らをのぼせ上がらせた。彼らは、フランスは国王（ジャン二世）の身代金支払いのために重税を課され、永久に涸渇するだろうと想像した。そのあと、人々の眼はスペインへ、ドン・ペドロの有名な隠し金に向けられた。しかし、そのスペインのカネが来ないので、当局は、スペインそのものを手に入れるのだといって説得した。

一三七六年になって精算してみたところ、実際にはカネもスペインもフランスも、イギリスのものにはなっておらず、得たものは何一つないことが判明した。彼らの不機嫌は頂点に達した。非難は、主要な影響力をもっていた国王とランカスター公に向けられた。病床に臥せていたブラック・プリンスが反対派の寵児になった。一三七六年の議会は、フランスとスコットランドから取ったあれだけの身代金や賠償金がどうなっているのかを糾弾した。国王エドワード三世自身が攻撃と糾弾の的にされ、その家庭や寝室まで槍玉にあげられた。

老いた王は、王妃〔訳注・フィリッパ・ド・エノー〕の小間使いであるアリス・ペラーズという美人だが大胆で厚かましい既婚婦人の云うがままになっていた。哀れな王妃は全てを見ていたが、国王に、せめて死ぬときは自分の傍にいてほしい、死後はウェストミンスター寺院に王と並んで葬ってほしいと頼みながら亡くなった。

王妃の宝飾品はアリスのものになった。この女はすべてを奪ったり盗んだりして自分のものにしたのだった。彼女は領地や裁判権までも売ってカネに換えるべく、王室裁判所にまで出かけ、裁判官たちに耳打ちして自分に（あるいは自分に依頼してきた者に）有利な判決を下させようとした。議会は、王に対し、この婦人やそのほかの性質《たち》の悪い側近を遠ざけるよう命じた。

ブラック・プリンスも死んだ（1376）。遺された息子〔訳注・祖父の跡を継いでリチャード二世となる〕はまだ一〇歳であった。この幼い甥と老いた王との間にあって、ランカスター公が実質的な王として振る舞う。復権した補佐役たちによって、一つの大型税が議会で強引に可決された。ランカスター公は、将来スペインを征服するため資金を確保する必要があり、聖職者の財産に手を着ける準備をしなければならなかった。彼は、すでに有名なウィクリフを起用して司祭たちに対抗させていたが、さらにロンドン司教にも対抗させるために、大領主たちと一緒になって彼を支援した。ランカスター公のロンドン司教に対する無礼な言葉はロンドン市民を激昂させ、彼らの蜂起によって、

アリスは王室裁判所にまで出かけて、裁判官たちに耳打ちして自分に有利な判決を下させようとした

もう少しで倒されるところであった。

老いたエドワード三世は、この騒ぎの間もアリスのなすがままで、ロンドン東南のエルタムで亡くなった（1377）。彼女はベッドの傍らにいて、すぐ元気になれるからといってあの世の救いについて考えさせないようにしながら彼をだまし、彼が口を利けなくなるや、その指から指輪を抜き取り、息絶えた王をそのままにして立ち去った。

こうして息子エドワード（ブラック・プリンス）と父親のエドワード三世は一年の間隔を置いて旅立っていったのだったが、この二人の名前は、数々の出来事と結びついて、イングランドの最も貴重な思い出となっている。息子のほうについていえば、ポワティエとナヘラの勝利はその大きな部分をジョン・チャンドスに負っているとはいえ、また、彼の傲慢さがガスコーニュ人の蜂起を招き、カスティリヤを反英戦争に押しやったとはいえ、彼ほど、祖国からの感謝に値した男は少ない。わたしたちフランス人自身、あれほど痛めつけられたにもかかわらず、いまもカンタベリー寺院に保存されている彼の陣中羽織を敬意なくして見ることはできない。同じこのカンタベリーの教会には数々の豪華な衣装や武具、紋章が飾られているが、そのなかにあって、点々と虫食いの穴があいているこの粗末な皮のボロは、ひときわ輝きを放っている。彼は、その高貴な心臓が止まって五百年経った今も生き続けているのだ。

二人の訃報に接したフランス王は、「エドワード王の治世こそ栄光に満ちた時代であり、ブラック・プリンスこそ語り継がれるにふさわしい勇士である」と語り、多くの高位聖職者と貴族たちを集めてサント＝シャペルで追悼ミサを行わせた。

相次ぐ葬儀に追われるイングランドでは、エドワード三世の死から四日、フランスの軍勢を乗せたカスティリヤの艦隊がイングランド近海を周航しながら、ウィグス、ライ、ヤーマス、ダートマス、プリマス、ウィンチェルシーなどの諸都市を焼き払った。イングランドにとって、これは、エドワードとブラック・プリンスが生きている間は、ありえないような災厄であった。

フランス王はいたるところで外交戦を展開した。フランドルの相続権をもつ娘〔マルグリット〕とエドワードの息子〔訳注・ジョン・オブ・ゴーント〕との結婚に対しては、五年来、二人の近親性から法王の認可がないとして妨害しながら、その一方で自分の弟のブルゴーニュ公〔訳注・フィリップ・ル・アルディ〕とこの若いフランドル女伯との結婚については、親等では同じ条件なのに、簡単に法王の許可を獲得している。この結婚は、亡くなった父のフランドル伯もフランドル諸都市も望んでいなかったが、祖母であるアルトワとフランシュ＝コンテの女伯が、息子のフランドル伯に、この孫娘をフランスの王子と結婚させるよう注文をつけ、もし、そうでないなら、相続権を剝奪すると言っていたのである。イングランドの王子は、この結婚によって膨大な相続財産がフランス王家のものになるのを絶望のうちにただ眺めているほかなかった。この結果、フランスは、西側は切り取られているものの東と北に帯状に延びる広大な国土を形成する。

イギリス側は、この失敗とボルドー近辺で味わった幾つかの挫折から、自分たちがまずしなければならないのは、ナヴァール王を味方につけることだと考え、バイヨンヌとその周辺を彼に与え、アクィテーヌにおけるイギリス国王代理にしようとした。ナヴァール王はイギリス人たちと交渉する一方で、フランス王を巧くだますために息子をパリへ送った。こうして、のちにルイ十一世（在位1461-1483）にペロンヌで起きるのと同じことが起きた。つまり、自分の狡賢さのために自ら罠にはまったのである。シャルル五世はこの息子を人質に取ってナヴァール王からモンペリエを奪い返しただけでなく、エヴルー伯領を奪った。ナヴァール王が代官として置いていたデュテルトルと補佐役のデュ・リュは、フランス王の毒殺を謀った容疑で捕らえられた。

シャルル・ル・モーヴェ（ナヴァール王）は、すでにフランス王妃、ナヴァール王妃そのほか何人かに毒を盛ったとして非難されていたが、長年の不幸な生活のために心の荒んだこの王子が、力によって奪われたものをそのような手段によって取り戻そうとしたこともありえないことではなかった。彼には、敵ばかりでなく身内をも憎む理由があった。彼の妻は、イギリス軍のガスコーニュ人隊長、ビュッシュに心を移して夫を裏切った。デュ・リュは、シャルル・ル・モーヴェがキプロスから来た若い医者を使ってフランス王の毒殺を図ったと白状した。このキプロス人は美しいラテン語を話し、論証法に長けていたことから、王を喜ばせ、近づくことができたのだった。デュテルトルとデュ・リュは処刑され、フランス王はこの事件から、ナヴァール王の悪名を決定的にすることによってフランス王位への彼の野心を砕くという利益を引き出すことができた。

シャルル・ル・モーヴェは北方では、シェルブール以外の全てを失ったうえ、南フランスでは、カスティリヤ人たちに脅かされた。もし、イギリス人たちが助けてくれなかったら、本領地のナヴァールまでも失っていたであろう。このとき、ガスコーニュ人たちもイギリス人たちに加担している。このあとイギリス軍は、サン＝マロを奪取しようと試みたが、シェルブールについては、イギリス人もフランス人もシャルル・ル・モーヴェから奪い取ることはできなかった。この大きな動きも、これという結果は何一つ生まなかった。フランス王は無理に戦う必要はなかったし、領地を返す必要もなかった。気がついてみると、彼の両手はいっぱいになっていた。

シャルル五世の巧みさと、ほかの国々の弱体化のため、少なくとも評価におけるフランスの地位は向上した。キリスト教世界全体が再びフランスに視線を向けた。法王もカスティリヤもスコットランドも、フランス王を庇護者と仰いだ。彼は未来のフランドル伯の兄であり、ヴィスコンティ家の同盟者であり、アラゴン王とハンガリー王も彼との同盟を求めた。彼の宮廷には、はるかキプロスの王やバグダッドのスルタンの使節がやってきて「フランクの最高の君主」と呼んで敬意を表した。ドイツの皇帝さえもパリを訪問して臣従礼を執り、帝国の権利の一つであった「アルル王」の称号を王太子に授与した。〔訳注・当時、アルルは神聖ローマ帝国の一部であった。〕

こうしたフランス王国の急速な回復は一つの奇跡であり、苦難に耐え、戦わずして勝利したこの君主の忍耐と英知は、聖書のヨブとソロモンのそれらに比肩すると称えられた。十四世紀は、騎士道と狂った英雄主義から目を覚まして、シャルル五世を忍耐と英知の英雄として崇めたのである。

貧窮した国で生長したこの王は、締まり屋であったが、建てた建造物の多さで外国の人々を驚かせた。パリ周辺のムラン、ボーテ、サン＝ジェルマンに「喜びの家 maisons de plaisances」と呼ばれる建物を造ったが、これらはすべて、当時は要塞であった。セーヌ川に「新しい橋 Pont-Neuf」〔訳注・パリ最古の橋になった今も「ポン・ヌフ」と呼ばれている〕を架け、城壁と幾つかの門、すばらしい城塞（バスティーユ bastille）〔訳注・フランス革命で破壊された〕を建造した。この城塞の傍らに建設された館は、歴代の王の豪奢趣味と病人の欲求が加わって拡大されて『サン＝ポールの館 hôtel Saint-Paul』になる。〔訳注・この館はシャルル五世により一三五七年から一三六五年にかけて建てられ、その後、シャルル六世により一三九八年と一四一八年に拡張された。〕

この館の壮麗さともてなしのすばらしさは、滞在した外国の王子や貴族たちを眩惑した。その立て役者になったのが、シャルル五世の補佐役であったラ・リヴィエール殿で、彼はこの時代における最も完璧な紳士であり、訪れた外国の公子たちに自分の君主の高貴な住まいと美術館、図書館、豪奢な食堂などを見せ、シャルル五世について「裕福な王」との評判を定着させた。

「王は、毎朝、六時から七時の間に起床した。最も身分の低い召使いたちも、主君の髪を櫛で梳いたり衣服を着せながら、何でも大胆に話すことができた。そして、聖務日課書が持ってこられ、八時に礼拝堂へミサに行く。このときは、あらゆる身分の人が王への要望を言上することができた。そのあと、国務会議に臨席し、出されている要望や嘆願について議事が行われ、十時ごろ食卓についた。食事の終わりごろには、ダヴィデの故事に倣って音楽が演奏された。」

「彼が食事を終え食卓を離れると、あらゆる外国の賓客たちがやってきた。さまざまな国のニュースや戦争における冒険談が語られた。そうしたことが二時間ほど続いたあと、王はしばらく休息をとった。彼が眠っている間、人々は思い思いに会談したり、私的なことで時間を過ごした。晩禱のあと、夏は庭に出た。そこには、商人たちがビロードや金糸の錦織りなどを持ってきていた。冬は、室内で聖書の物語や英雄たちの冒険物語、道徳や哲学そのほかの学問書を読ませて聴いた。夕食のあとは小さな芝居などを楽しんでから床に就いた。王妃の食事の席には、むだなおしゃべりや考えをさせないため、テーブルの端に話の上手な男が同席していて、絶えず誰か故人の勇敢な振舞いや武勲について語った。」

（クリスティーヌ・ド・ピザン『賢王シャルル五世善行の書』）

王は占星術師たちと語り合うのを好んだ。彼が召し抱えた占星術師の一人はイタリア人のトマソ・デ・ピザン〔訳注・前出のクリスティーヌは彼の娘〕で、彼はボローニャから招かれ、月に百リーヴル支給されていた。彼らが未来を予見するために用いた方法はいろいろだったが、いずれも明敏な人々で、それほどひどい間違いは犯さなかった。シャルル五世は、デュゲクランを軍司令官に復位させるとともに、占星術師をひとりあてがっている。

シャルル五世自身についても、彼の行った裁判や言った言葉についても、わたしたちが知っていることはわずかであるが、その内容から、その治世が示しているように、穏やかで冷静な賢人で

シャルル五世は、デュゲクランを軍司令官に復位させるとともに、占星術師をひとりあてがった

あったことが分かる。しかし、そこには、善悪についてのある意味の無関心ぶりも見受けられる。上記の女性年代記者（クリスティーヌ・ド・ピザン）は次のように述べている。

「彼は人間の弱さを知っていたので、妻が過ちを犯したからといって夫が妻を幽閉することを、何度懇願されても許さなかった。……彼は自分の床屋がポケットから盗むのを現行犯で三度も見つけながら、怒ることもしなければ罰しもしなかった。……シャルル五世は、あれほどまでに軽薄であったこの国民のなかにあって、遠い未来のために準備することを知っていたおそらく最初の王であり、書物が遥かな先に、ゆっくりと、しかし、現実に影響を及ぼすことを理解していた最初の王である。」

修道院院長、オノレ・ボノールが『戦いの系譜 L'Arbre des Batailles』というテーマで戦争と平和の法則についての初めての試論を書いたのは彼の命をうけてであった。検事総長（avocat général）のラウル・ド・プレールは、王のために聖書を俗語（つまり当時使われていたフランス語）に訳した。これは、ルターやカルヴァンを先取りした仕事である。また、ニコラ・オレームは「別の時代の聖書」といってよいアリストテレスを翻訳した。当時のあらゆる問題を扱っている百科全書的大著『果樹園の夢想 Songe du Verger』と『老いた巡礼者の夢想 Songe du Vieux Pèrlin』は、おそらくオレームとプレール、フィリップ・ド・メジエールが加わっての共同作業の成果であり、これは、キリスト教会の精神的指導力の低下と教会財産没収を準備する啓蒙書となった。こうした伝統を受けて十六世紀には、ピトゥー、パスラそのほか何人かが共同で、ガリア主義に立った政治的パンフレット『メニペ Ménippée』を出している。〔訳注・このパンフレットはアンリ四世の即位を後押しし、フランス国内における新教と旧教の宗教的対立を超克する原動力となった。〕

出費は増大しているのに民衆の活力は衰えており、カネを出せるのは教会だけだ――十四世紀の指導者たちの考えは、ここから出発している。イングランドでは、ランカスター公が変化を急かしてウィクリフとロラード派を試み、危うく王国の転覆を招くところであった。フランスでは、シャルル五世が巧みに処理したが、事態は切迫していた。王は、フランスの見かけ上の回復には騙されなかった。借金の繰り返しで、裁判官たちの手当も、罰金刑で徴収したカネや高利貸しを見逃してやった礼金、ユダヤ人からの没収金を充てなければならなかった。ユダヤ人は、ジャン二世の身代金支払いのために押しつけられた種々の特権のおかげで、君主による以外はすべての裁判と課税を免れており、いかなる《王政府通達》も彼らに対しては無力であった。彼らは一リーヴルあたり週四ドニエ以上は利息を要求しないことを約束していたが、同時に、債務者たちから憎まれても、庇護者である君主に誓ったことは守らなければならなかった。他方、君主のほうは、彼らの庇護者として、彼らの債権回収を手助けしなければならなかった。つまり、王は、ユダヤ人たちのために財産差押さえの立会人になることによって利益の分配に与ったのである。このようなやり方で強奪されたカネは、民衆に重い苦痛を与えた。

司祭に対しても、王は自分で剝ぎ取ることができないので、ユダヤ人の手を通して収奪した。まだ産業（industrie）による富の生産も、商業（commerce）による流通もなく、カネを持っているのはユダヤ人と司祭だけであった。富とは財宝であり、ユダヤ人たちはこの財宝をひそかに高利で貸すことによって運用し、司祭たちは財宝を教会堂のなかにこれ見よがしに展示し、あるいは土地として保持した。

彼らの富はシャルル五世にとって喉から手が出るほどほしかったが、それを手に入れる困難もまた大きかった。司祭たちは対英戦争で最も熱心な支援者であった。かつてクローヴィスにアクィテーヌを与えたのは司祭たちであったが、いままた、アクィテーヌをフランス王に明け渡したのも彼らであった。

この霊的権力と世俗的権力の争いの種がカネと裁判権であり、裁判権の問題も結局はカネの問題に帰着した。聖職者に対し最初に不満の声をあげた（1205）のは領主たちであって王ではなかった。そもそも、その教会堂を設立したのは領主たちの先祖であり、領主自身、教会の庇護者として、この問題に直接かかわりをもっていた。聖ルイ王の治世、領主たちは反聖職者連合を結成して、教会裁判の判決によって打撃を蒙った仲間に力を貸し、この種の戦いに各人がどれくらい貢献するかを決めた。聖ルイ王は有名な『国本勅諚 pragmatiques』（一二七〇年）のなかで、聖職者の選任は自由であるべきこと、すなわち、王と封地領主の影響力の強さに任せるよう命じている。

フィリップ四世美男王は法王と戦うために、領主たちを味方にした。封建領主たちは新しい連合を作って司教たちを脅かし、フランスの教会を王の意に従わせた。王が法王権まで思い通りにできたのは、フランス教会を掌中に収めたからであった。しかしながら、フィリップ美男王は、その治世の初めと終わりに、対英戦争のための《特別税 maltôte》徴収と聖職騎士であるテンプル騎士団廃止によって、貴族にも聖職者にもブルジョワたちにも打撃を与えた。

くだってフィリップ六世（ド・ヴァロワ）のもと、勝ち誇る王権は、法王を動かして、望むだけのカネをフランス教会から吸い取っただけでなく、十字軍を口実にして、キリスト教世界全体から《十分の一税 décimes》を徴収することまで考えた。教会は教会で、この《十分の一税》と《国王特権》〔訳注・司教の空席が生じた場合、国王がその司教区の徴税権を行使できるという特権〕で失った分を補うために、世俗裁判権を浸食して裁判による収入を増やそうとした。これについては、王も救済策を模索しているように見えた。

一三二九年十二月二十二日、ヴァンセンヌ城で弁護士のピエール・キュニエールとサンスの大司教ピエール・デュ・ロジェが盛大な論戦を繰り広げた。前者は王と領主たちの権利を支持し、後者は「Deum timete; regem honorificate（神を畏れよ、王を敬え）」のテキストを引用して、信仰の規範を①神に献身的に仕える　②神に惜しみなく捧げる　③神に仕える人を然るべく称える　④神のものは神に返す　の四つに集約して聖職者の権利を擁護した。

わたしとしては、この論争は、国王が領主たちを満足させるために実現させたものであったと考えたくなる。王は、締めくくりとして、教会の特権を減らすどころか、かえって増やすつもりであると述べている。しかし、一三三四年には勅令を出して、空席になっている教会禄に対する国王特権を確認している。

この二人の弁士のうち、聖職者〔ピエール・デュ・ロジェ〕のほうは、のちに法王になり〔訳注・クレメンス六世（在位1342-1352）がそうである〕、弁護士〔ピエール・キュニエール〕のほうはみんなから野次られたあげく、彼の名前は質の悪い屁理屈屋の同義語になった。しかも、それだけではない。ノートル＝ダムにある地獄に堕ちて悪魔に引き回されるグロテスクな人物像には「ピエール・デュ・コワニェ殿 sire Pierre du Coignet」の名がつけられ、聖職者も、聖具納室係、教会の用務員、合唱団の子供たちまで、この哀れな像の鼻の穴にろうそくを差し込んだり、ろうそくを消すのにこの像の顔に打ち付けるのを慣習とした。教会関係者たちのこの復讐は、四百年以上にわたって執念深く続けられた。

教会は、法王と王の間で、ちょうど鉄床とハンマーの間に置かれたようであった。空白が一年以上つづき《国王特権料》を払った司教区の場合、新しく司教に選ばれた人は、初年度分の収入を「アナーテ annate」〔訳注・聖職禄取得納金〕として法王に納めなければならなかった。

教会の庇護者である領主や参事会員たちにとって最も不満の種であったのが、彼らの意向とは無関係に法王の裁量で任命できた「レゼルヴ Réserves」〔訳注・法王保留分〕であった。そうした司教区や修道院に対して法王は、たとえばイングランドやドイツの教会なのにイタリア人やフランス人の司牧を配置した。これは、その教会や修道院に影響力を持ちたがった領主などからは嫌われたが、教会にとっては、優秀な人材が、愚かな封建領主などの影響を受けないで高い聖職の位に登っていけるチャンスになった。もし、すべての聖職が封建領主たちの意向で左右されていたら、教会は、およそ資格のない領主の次三男だの従兄弟だのに占められていたであろう。

これまでにも法王は、時として、修道院や大学の埃にまみれた隅から、学識もあり識見も優れた逸材を見つけ出してガリアや神聖ローマ帝国の司教や大司教、首座司教に任命してきた。しかし、アヴィニョン時代の法王たちは、ほとんどがフランス王の哀れな下僕でしかなく、この《レゼルヴ》を、いわゆる「シモニアsimonie」〔訳注・聖職売買〕と呼ばれる換金手段としてしか活用しなかった。ヨハネス二十二世（在位1316-1334）は、自分が登座した最初の一年でキリスト教世界における空席教会禄をすべて手中に収めたのは聖職売買を防ぐためであったと言いながら、カオールの靴職人の息子に生まれた彼が死んだとき遺した財産は二五〇〇万デュカットにのぼった。当時の人々は、彼はきっと「賢者の石pierre philosophale」〔訳注・卑金属を貴金属に変える力をもつとされた想像上の石〕を見つけたに違いないと噂した。

ベネディクトゥス十二世（在位1334-1342）は、自分が眼にしたキリスト教会の実態に怖じ気を震い、横行する術策と腐敗に驚いて、空席の教会禄にはいっさい手を着けず、誰一人任命しなかった。しかし、彼が天に召されると、たちまち再び奔流が起きた。浪費家で社交好きのクレメンス六世（在位1342-1352）が法王に選ばれると、アヴィニョンは教会禄を買うためにやってきた一〇万人以上の聖職者たちで溢れかえった。

こうしたアヴィニョンを中心とするキリスト教会の実情について、ペトラルカは「西方のバビロン Babylone d'Occident」と呼んで嘆きと罵りの言葉を投げかけている。そこには、古代ローマのユウェナリスの痛烈な風刺と同時に、旧約の預言者エレミア〔訳注・前六〇〇年ごろのイスラエルの預言者で、祖国の滅亡を予見して『悲嘆 Lamentations』を遺した〕の悲痛な嘆きがある。彼からするとアヴィニョンは、怪物の棲む迷宮である。そこには、脱出を手助けしてくれるアリアーネもいなければ糸もない。〔訳注・アリアーネは、古代ギリシア神話において英雄テーセウスに糸巻きを持たせて迷宮からの脱出を助けたミノス王の娘。〕彼がそこに見出すのは、ミノス王の残忍さとミノタウロス〔訳注・ミノス王の妃が牡牛と交わって生んだ怪物〕のおぞましさである。彼は「白髪の稚児たち」である教会の君主たちのスキャンダラスな愛を嫌悪感をもって描いている。そうしたゴシップは何千と流布しており、「女法王ヨハンナ」〔訳注・イタリア語風ならジョヴァンナ、フランス語風ならジャンヌ。九世紀、レオ四世の死後二年間、法王座についたとされる〕の馬鹿げた話も、ほんとうらしく思えてくるほどである。

ペトラルカの学識豊かな義憤は、人々にいかほどかの疑念を吹き込むことはできた。しかし、民衆にもっと重要な判断をもたらしたのが、聖女ビルギッタ（スウェーデンの）や聖女カテリーナ（シエナの）が、このアヴィニョンの法王に対して下した判断であろう。前者はイエスの口を借りて「汝はピラトやユダより悪質な魂の殺害者である。ユダはわたしを売っただけであるが、汝はわたしが選んだ人々の魂までも売った」と言わせている。

クレメンス六世のあとの法王たちも、汚辱ぶりでは負けていない。むしろ、よりいっそう野心を逞しくした法王たちのもと、教会は征服者さながらにイタリアを苦しめた。クレメンス（六世）はナポリ王妃ジョヴァンナ〔訳注・ナポリ王妃はプロヴァンス女伯でもあった〕から、夫殺しの罪を帳消しにする代わりにアヴィニョンの土地を安く買い取った。クレメンスの後継法王たちは《戦争屋たち》の助けを借りて「聖ペテロの遺産」（法王領）をすべて取り戻した。この法王と盗賊どもの結託で、イタリア人たちの怒りは頂点にまで高まった。

戦争はますます残虐になり、凌辱と蛮行が横行した。ヴィスコンティ家の人々は破門状を持ってきた法王特使に、勅書を呑み込むか溺死させられるほうがよいかを選択させた。ミラノでは、司祭たちをオーブンに放り込み、フィレンツェでは生き埋めにしている。法王たちは、もし、このままアヴィニョンにいたら、イタリアは自分たちから逃げていってしまうと感じた。

もともと彼らがこのアヴィニョンに移ってきたのは《戦争屋ども》に強制されてのことであったから、おそらくさほどこの地に執着はなかった。法王庁移転を強制したフランスの力が衰えた今は、自分でどこを滞在地に選ぼうと自由であった。ウルバヌス五世（在位1362-1370）はローマ定住を試みたが、ずっと留まることはできなかった。死ぬまでローマに留まるのは、次のグレゴリウス十一世（在位1370-1378）からである。

しかし、このグレゴリウスが亡くなって、後継法王選挙（いわゆる「コンクラーベ」）が行われたとき、選挙人の枢機卿十六人のうち十一人という圧倒的多数がフランス人によって占められ、残りはイタリア人が四人、スペイン人が一人であった。しかし、そのフランス人も二つに分かれていて、上記のウルバヌスもグレゴリウスもリムーザン人で、同郷人を多く枢機卿にしていた。これらのリムーザン人たちは、他のフランス人枢機卿が自分たちを排除しようとしているのを見て、イタリア人たちと結びつき、イタリアのカラブリア人、バルトロメオ・プリニャーニを法王に選出した。それがウルバヌス六世（在位1378-1389）である。

リムーザン人たちは彼を、もう六十歳であるから中庸的で、扱いやすい人物と信じて選出したのであったが、ウルバヌス六世は、就任するや、まず自分を推挙してくれた人々であるにもかかわらず、枢機卿の改革に着手し、食事も一皿に減らすなど、処遇を薄くした。枢機卿たちは、あの選挙は強制されたもので無効だとして、別の人を法王に立てた。選ばれたのはジュネーヴ伯の息子ロベールで、クレメンス七世（在位1378-1394）を名乗った。おそらく、そこには、浪費癖と世俗趣味でキリスト教会を傷つけたクレメンス六世の思い出が付着していた。クレメンス七世とその枢機卿たちは、ウルバヌス六世から非難されていたナポリ王妃ジョヴァンナと連携すると同時に、イタリア各地に跋扈していたブリトン人の《戦争屋》たちを雇った。しかし、このブリトン人たちは、はじめてイタリア人の《戦争屋》を組織した勇敢な傭兵隊長（コンドッティエーリ condottière）のバルビアーノによって撃破され、クレメンス七世はアヴィニョンに逃げ帰ったので、この結果、二人の法王がアヴィニョンとローマに並び立ち、互いに非難し合い破門し合うこととなる。

こうなると、フランスとその影響下にある国々（スコットランド、ナヴァール、カスティリヤ）が法王座の所有権を失うのを待つ以外になかった。シャルル五世は、おそらく、全ヨーロッパがローマのウルバヌス六世に味方したとしても、自分の自由になるフランス人法王を持っていることがより有利だと考えてアヴィニョンのクレメンス七世を支持した。この利己主義的政策は、その後も、あらゆる不幸——息子シャルル六世の狂気、イギリスに対するフランスの劣勢——は神の下し給うた罰であるとして、非難の的になった。

当初、フランス人枢機卿たちはシャルル五世自身を法王にしようとさえ考えたが、彼が自分には片腕に障碍があり、ミサを執行できないからと断ったことが確認されている。

王は、パリ大学に命じてクレメンス七世に有利な決議を行わせようとしたが、これは容易ではなかった。法学部と医学部は、そう難しくなかったが、学芸学部は四つの同郷団（nations）で構成されており、同郷団のうちフランス人とノルマンディー人はクレメンス七世を支持したが、ピカルディー人とイングランド人は中立を宣言するなど、意見は分かれた。そこで、全員一致を得るために時間的猶予を求めてきたパリ大学に対し、王は、ボーテ＝シュル＝マルヌから「法王クレメンスこそ普遍教会の真の司牧である。もし、あなた方が、このことを否認したり、あるいは、決議を遅延するなら、わたしは不快感を禁じ得ない」と書き送っている。

このときのシャルル五世の敏捷さには、予見できないことに対しては躊躇を見せたそれまでの彼からは想像しがたいものがある。彼は、自分が擁立する法王（クレメンス七世）のためにフランドルを手に入れ、このフランドルを足場にイングランドを我がものにしようと考えたのであろう。彼は、フランドル伯の耳に、ローマのウルバヌス六世はイギリス人のことを悪く言っており、法王庁に対する態度次第ではイギリス人どもを異端とすると言っていると吹き込ませた。フランドルもイングランドも、だからといって、ローマの法王を承認していないわけではなかった。ドイツ、ハンガリー、アラゴンも、ローマの法王（ウルバヌス）に味方していた。当時、民衆の間で聖女として慕われていたシエナのカテリーナやスウェーデンのカタリナ、また、聖人として人々から称えられていたアラゴン王家のペドロ四世も、ローマの法王を支持していた。

前代未聞のことであるが、人々は当時、法律家として最も有名であったバルドゥスにウルバヌス六世の法王選出の合法性について見解を求めた。バルドゥスは、ウルバヌス六世を選出した選挙は有効であると結論した。その理由として、もし、その選挙が強制によった可能性があったとしても、枢機卿たちは騒ぎのあと自分で戻ってきて自分たちの自由意志でウルバヌスを就任させたのだからである、と言った。

一つの予期しない事件がきっかけでキリスト教世界のほとんど全体がフランスに敵対することになった。シャルルの《知恵》も《運命》には太刀打ちできなかった。フランス王の従姉妹であり同盟者であるナポリ王妃ジョヴァンナが、ウルバヌスによって排斥されたうえ、養子のドゥラッツォのカルロ三世によって、三十五年前の罪の報いとして絞殺されたのである。〔訳注・ジョヴァンナはカルロ二世（足悪）の娘マルグリートとシャルル・ド・ヴァロワの娘で、アンジュー公アンドレと結婚し

たが、アンドレの従弟ルイを唆してこのアンドレを殺させたと言われている。〕

この時期、原因はさまざまであるが、ヨーロッパ全体のいたるところで騒擾が起きた。イングランドではロラーズの乱によって教会と王権、そして人々の所有権そのものが揺るがされた。フィレンツェでは、《チョンピ Ciompi》〔訳注・毛織物業の下層労働者たち〕による民主的革命が起きた。フランスでも、シャルル五世の統治の緩みに乗じて、最も中心から離れているが、最も活力のある三つの州（ラングドック、フランドル、ブルターニュ）が反抗した。

最初に立ち上がったのは南方のラングドックである。シャルル五世は、イングランドに焦点を当てて北方問題に専念するために、ラングドックのことは弟のアンジュー公ルイに任せきりにしていた。王は、スペインのアラゴンとイタリアのナポリについても、このアンジュー公を介して間接的に関わるようにしていた。他方、北方のフランドルについては、もう一人の弟であるブルゴーニュ公（フィリップ・ル・アルディ）をクッションにしていた。フランス自体、ひどく国力が衰えていたので、こうした遠隔の地に軍隊を派遣することはほとんど不可能であった。税の重荷は王国全体にのしかかっていたが、とくにラングドックで苛酷であった。北フランスでは封地の農業が税収をもたらす主役であったのに対し、南仏では自治都市群の商業が仮借ない搾取の的になった。とくにアンジュー公は封建領主に肩入れして、都市が古くから享受してきた特権にはいっさい配慮しなかった。彼にとって重要だったのは、かつてのシャルル・ダンジューの数々の勝利を再現するために、スペインとイタリアへの遠征費用をできるだけ早く調達することであった。

一三七八年、ニームが蜂起したが、あとに続く都市がなく、これは、すぐ挫折した。アンジュー公〔ルイ。シャルル五世の弟〕は税を加重することにし、一三七九年三月、各家庭ごとに五フラン一〇グロスを課したうえ、十月には金貨で年十二フランまたは月に一フランという新税をかけた。この苛酷な税のため、ラングドックの人口は、一〇万世帯あったのが三十年間で三万世帯に減少した。モンペリエでは、徴税に当たる役人たちまで拒絶し、アンジュー公の家臣が相次いで暗殺された。クレルモン＝ロデーヴでも同様であった。しかし、それ以外の都市では暴動は起きず、孤立したモンペリエは怯えて、アンジュー公を跪いて迎え、自分たちの運命についての公の決定を待った。決定は恐るべきものであった。二百人の市民が生きながら焼かれ、二百人は吊し首、二百人は斬首、千八百人は《名誉刑 infamie》で全財産没収、それ以外の市民も全員、破滅的な罰金を課されるべし、というものであった。

人々はアンジュー公の気持ちを辛うじて和らげたので、この決定どおりの執行は避けられた。シャルル五世は彼をラングドックから排除する必要性を感じたが、とりあえず、行き過ぎを是正するために委員たちを派遣した。しかし、それは、人間的感情から行われたのではなく、専ら土地の収益性を考慮しての措置であったことは明らかである。

「この地方には、耕作地、ぶどう畑、森、水車など、通常なら大きな収益をもたらしてくれるはずの不動産があるにもかかわらず、病気、戦争などの災厄により人口が著しく減少して働く人間も減ってしまったため、今ではすっかり荒れ果て、地代を納めるものもいなくなっている。そこでわたしは、補佐官たちを派遣し、根本的改革を行わせたいと思う。」

派遣された委員たちは、古くからの有力者を罷免したり、領主の家臣や農地管理人、裁判官たちの実態を把握することから始めたが、所詮、狭い視野を出ることができなかったため、この事業は、王の治世でも最も大きな失敗に終わった。

王は、意のままにならない南仏を平定するために何かとブルターニュを使った。彼にとって、最も優れた武人はブリトン人であり、ブルターニュの安定についても、彼らを優遇し、土地を与えることによって図ろうとした。しかし、ブルターニュの外に出ているブリトン人傭兵は別であった。彼らも、もはや王には満足していなかった。王は兵士たちに、これからはほしいものは代金を払うよう命じ、憲兵隊（maréchaussée）を創設して巡回させ、盗賊を働いた者は裁判にかけ、有罪の場合は絞首刑などに処するようになったからである。

デュゲクランなきあと、王はクリソンを司令官にするが、彼は、この人物があまり好きではなく、どちらかといえばクーシィ殿のほうを好んだようである。

同じブリトン人でデュゲクランの従弟のセヴェストル・ビュードは、イタリア戦で勇名を馳せたが、フランス人法王クレメンス七世により、ある嫌疑で捕らえられてマコンの代官に引き渡され、死刑に処された。これはデュゲクランにとって大きなショックであったばかりでなく、彼の無実を訴えた親族たちに放たれた王の冷やかな言葉はもっとショッキングであった。「もし彼が無実の罪で死んだのなら、あなた方が悔しがることはない。あなた方の名誉にとっても、彼の魂にとっても、むしろ、よいことではないか。」

ブリトン人たちは、イングランドに対すると「フランス人」であったが、それ以上に、彼らはブルターニュ人であった。ブリトン人は自分たちをイギリスに引き渡そうとしたブルターニュ公を追放する一方で、フランス王がブリトン人をフランス王国に併合しようとしたときも、これを拒絶している。

一三七八年四月五日、モンフォール（ブルターニュ公ジャン四世）がブレスト城をイギリス軍に明け渡す約束をしたことから、王は六月二十日、高等法院へ出頭するよう命じ、出頭を拒否したので有罪を宣告させている。そもそも、フランドルにいる彼にレンヌやナントに出頭せよといい、しかも通行券も発給しなかったのであるから、これは異常なやり方であった。その裁判には、貴族仲間の多くも出席したがらなかった。国王は自らこの臣下を論難し、財産没収を宣告した。ブルターニュ公国はジャン・ド・モンフォールから取り上げられたら、王が保証していた《ゲランド条約 Traité de Guérande》〔訳注・ブルターニュ継承戦争を終結するためにシャルル五世とジャン・ド・モンフォールの間で一三六五年に結ばれた条約〕に従って、ブロワ家に戻されなければならなかったであろう。

〔訳注・ブルターニュ戦争は、ブルターニュ公ジャン三世が亡くなり、弟、ジャン・ド・モンフォールと、ジャン三世の娘ジャンヌと結婚したシャルル・ド・ブロワの間で一三四一年に始まったもの。デュゲクランはシャルル・ド・ブロワを助けて戦ったが、一三六四年、オーレの戦いでシャルル・ド・ブロワが亡くなり、ジャン・ド・モンフォールがフランス王に服従することを条件にゲランド条約でブルターニュ公と認められた。〕

古いブルターニュ公国に、ブルターニュはもうこれからはフランスに属する一つの州でしかないことを告げることは、きわめて大胆不敵なことであるとともに、イギリス軍を追い返すうえでブリトン人がフランスのために果たした働きの大きさからいうと、重大な忘恩であった。利己的で冷たい王は、自分が世話になったこのブルターニュの民を知らなかったし、知るはずもなかった。そこには、救いがたい無知、とくに心情的無知があった。

ブリトン人たちは、貴族も農民も、とっくに気分を害していた。ブルターニュ戦争において、軍司令官デュゲクランは自分の同郷人たちを大事にしなかったばかりか、一戸あたり二〇ソルの税（fouage）をかけて苦しめ、農奴の解放を禁じ、ブルターニュ公が廃止していた《マンモルト mainmorte》〔訳注・農奴が直系卑属がないまま亡くなった場合、その遺産は領主のものになる制度〕を復活させた。しかも、王政府は《塩税 gabelle》を制定した。これがブルターニュの人々に武装蜂起させる決定打となった。

貴族だけでなくブルジョワたちも武器を執った。レンヌ市民たちは領主たちと連合し、共通の利益のために生死を共にすることを誓い合った。ブルターニュ公（ジャン・ド・モンフォール）はイングランドから帰ってくると、かつて彼を追放した同じ人々によって熱狂的に歓迎された。人々からすると、彼がブロワだろうとモンフォールだろうと、そんなことはどうでもよかった。「ブルターニュ公」でさえあればよかったのである。彼がサン＝マロの近くに上陸したとき、岸辺に待ち受けた貴族や民衆の多くは海水のなかにまで入って跪いた。彼に夫シャルル・ド・ブロワを殺され未亡人になっていたジャンヌ・ド・ブロワまでも、祝意を表するためにディナンにやってきていた。

このブルターニュを鎮圧するために王が差し向けることができた最良の指揮官たちもブリトン人であった。クリソンはナント攻撃のために姿を現したが、ナント城内の人々に「よく考えて、自分たちより強い人間は誰一人ナントには入れないようにせよ」と言わずにはいられなかった。デュゲクランもこのクリソンも、王弟アンジュー公ルイが集めた軍隊に加わった。しかし、アンジュー公が集めた部隊は、ブリトン人の先頭部隊が迫ってきただけでちりぢりに分散してしまい、アンジュー公は退却して停戦を求めなければならなかった。

王は、頼りにしたブリトン人が次々と敵方に寝返っていくのを目にしなければならなかった。王は承認を求めてくる人々は、容易に許可を与えたが、前線では、「裏切り者」として死刑にすることで阻止が行われた。デュゲクラン自身、王から疑惑の眼で見られているのを感じ、自分はカスティリヤの司令官でもあるからスペインへ行くといって司令官の剣を王に返した。デュゲクランがいなくては何もできないことを知っていたシャルル五世はアンジュー公ルイとブルボン公を派遣して慰留させようとした。しかし、この老いた司令官は、ブルターニュのことで一生懸命になるには余りにも思慮に富んでいて、王と不和のままで時間を稼ぐほうが得策であることを見通していた。

明らかに彼は、指揮官の剣を再び執ることを承知しなかった。彼は、友人であるブルボン公を喜ばせるため、ピュイ＝アン＝ヴレ地方を荒らしていた《戦争屋ども》を退治するため、ランドン城の攻囲戦に向かったが、まもなく病に倒れて亡くなった。攻囲されていた砦の隊長は、もし救援が来なかったら十五日以内に降伏するという約束のとおり、亡くなったデュゲクランの枕元に砦の鍵を置きにきたといわれている。デュゲクランは《戦争屋》たちから尊敬されており、兵士たちから父親のように慕われていた。彼は彼らを金持ちにしてくれたし、捕虜になったときは、身を削って身代金を工面してくれた。

ブルターニュ諸州はフランス王と交渉し、ブルターニュ公はイギリス王と交渉した。シャルル五世がいっさい和解に応じようとしなかったので、ブリトン人たちはイギリス人たちが介入してくるのに任せた。リチャード二世（黒太子の息子）の弟、バッキンガム公がブルターニュ侵攻の指揮を執り、ピカルディー、シャンパーニュ、ボース、ブレゾワ、メーヌというようにフランスの国土を蹂躙してまわった。シャルル五世は手をこまぬいていた。ブルゴーニュ公（フィリップ）は自分をイギリス軍と戦わせてほしいと王に申し出たが無駄であった。そうしたなかで一三八〇年七月十三日にデュゲクランが亡くなり、王も九月十六日に亡くなる。

この亡くなる日、王は、三部会の同意のない税をすべて廃止している。これは、彼の治世の最初に戻すことであった。彼はまた、死に際し、ブリトン人たちをなんとしても味方にするよう勧告した。すでにデュゲクランを自分の墓と隣り合わせにサン＝ドニに埋葬するよう命じていたが、これは彼の忠実な顧問であったラ・リヴィエールによって、その通りに執り行われた。

王の死は四十四歳とまだ若く、改革は着手したばかりで何一つ成し遂げていなかった。法王庁の分裂問題は未解決で、ブルターニュ戦争、ラングドックの反乱、さらには激化したフランドルの革命と、跡を継ぐ十一歳という若い年の王〔シャルル六世〕にとっては、まさに手に余るものであった。すでに一三七四年、シャルル五世は、勅令によって、これ以後は王の成人を十五歳とすると宣言していたが、この息子はまだ、その成年に達していなかったし、さらにいえば、彼は、一生、未成年のままであった。

シャルル五世が遺したものが二つある。防備を施した幾つかの城とカネである。彼は、イギリス王と《戦争屋ども》にあれほど支払ってなおかつ、やりくりして一七〇〇万リーヴルのカネを貯めていた。このお宝はヴァンセンヌのある壁のなかに隠されていたが、彼の息子は、これを有効に活かすことができなかった。

王（シャルル五世）が信用したのはブルジョワたちであった。彼はイギリス側から離れてフランスに帰伏してきた都市の特権を再認可し、さらには、その数を増やしていった。弟たちの館といえども、治外法権は認めず、罪人たちの逃避所にすることを禁じて裁判官たちの管轄に従わせた。パリ高等法院の判決は「仮に王が書簡で指示したことに反していても」有効性を認めた。また、パリのブルジョワたちが貴族と同じ資格で土地を手に入れることや、騎士と同じ飾りを身に着けることを承認した。このように王国の中心部に貴族のまねをする平民貴族を創り出したことは、貴族の価値を低下させる結果を招き、イル＝ド＝フランスのすべての土地がブルジョワのものになったことは、この地を王に直接依存させることとなった。

これらは、遠視眼的には利点であったが、当面の不幸とは釣り合わなかった。王は、治世のはじめから貨幣の改鋳を全面的に禁じていたが、財政の不足分は増税に頼ったから、その結果、民衆の苦しみは、もはや我慢できないところまで進んだ。商業が未発達で地代納入は現物が主であった時代には、もし貨幣改鋳に頼っていたら、その打撃が及ぶ範囲は小さかったものの、たとえばユダヤ人やカオール人、ロンバルディア人などの高利貸や、ローマやアヴィニョンの銀行家たちにとって痛手になった可能性がある。その反対に、増税に頼った彼のやり方は、これらの人々には影響が小さかったが、貧しい人々を直撃した。

この窮状にあって、民衆と王を救ってくれる可能性をもっていたのは教会財産だけであった。しかし、人々がそこに思い切って手を伸ばすようになるには、時間が必要であった。

南フランスの諸都市からイギリス人たちを追い出すうえで聖職者の力が大きい寄与をした事実は、聖職者がいかに大きな力を維持しているかを物語っていた。それだけに、王としても、彼らを敵にまわす手法は慎重に考慮しなければならなかった。

法王が複数並立する《教会分裂schisme》のおかげで、アヴィニョンの法王は全面的にフランス王の意のままになり、ガリア教会全体の教会禄の配置も、王の思うままであった。しかし、この出来事はフランスをヨーロッパのなかで、ある種の孤立状態に追いやり、キリスト教的規範の枠外に置くことになった。

これは、フランス王権にとっては、「教会」と「封建制」という中世の二つの力を一手に集中したということであった。これ以後、教会の要職は国王に仕える人たちに与えられるようになり、封建領主の封地も王権に結合されるか、または、男系王子たちの《アパナージュ apanage》〔訳注・「親王領地」と訳される〕になった。地方の自立性の生きた象徴であった封建領主の名家も次々と消滅し、中世がもっていた多様性は統一性のなかに融解していったのであるが、この《統一性》も、このころは、まだまだ脆弱であった。

シャルル五世は、この流れのなかで、自身はたくさんのことはできなかったが、少なくとも、フランスに、かつてなかった近代的な王の一つのタイプを示した。彼はクレシーやポワティエの戦いに表れている「軽率な人々」に、熟考と忍耐・根気強さの大切さを教えた。当然、これに習熟するには、このあとも長い時間と多くの授業が必要であったことはいうまでもないが、少なくとも、目標は彼によって明示された。以後、フランスは、ルイ十一世（在位1461-1483）、アンリ四世（1589-1610）リシュリュー（1585-1642）、コルベール（1619-1683）と、ゆっくりとではあるが、それをめざしていくこととなる。

もう一つ重要なことは、《フランス》が十四世紀の数々の惨めさのなかで、自らをより明確に認識しはじめたことである。まず、自分がイギリスではないし、イギリス人になりたいなどと思ってもいないことに気づいた。それと同時に、《フランス》は、中世全体の間、キリスト教圏の他の部分と自身を融合させていた宗教的・騎士道的な何かを失い、はじめて「散文的な国民国家」として自らを見るようになった。フランスは、フロワサール（1337年頃-1405年頃）において一挙に散文的叙述のいわば完成の域に達した。ジョワンヴィル（1224-1317）からフロワサールにいたるフランス語の進歩は巨大であるが、フロワサールからコミーヌ（1447年頃-1511）までは、進歩はほとんどゼロである。

フロワサールは、根底では散文的だが形の上では振舞いの優美さを重んじた当時のフランスそのものである。「マダム・フィリッパに愛の小唄と美しい物語を届けた」この風雅な礼拝堂付司祭は、ミサを唱えるのと同じ無頓着さをもって歴史について語る。

この語り手は、敵か味方かとか、イギリス人かフランス人かとか、善人か悪人かとかいったことは、ほとんど気にかけない。彼を不公平だと非難する人は、このことをよく認識していないのである。イギリス人のほうを好いているように見えたとしても、それはイギリス人の成功について述べている場合である。彼にとって重要なのは、四頭のグレーハウンドをつれてフォワ伯のもとへ向かったピレネー山地の旅のように、城から城へ、修道院から修道院へ旅しながら、美しい物語を語ったり聞いたりできることなのだ。

知名度は落ちるが、だからこそわたしが推奨したいのは、ジャン・ド・ブリィが王の命令によって編纂した牧羊の概説書、『Le Vrai Régime et Gouvernement des Bergers et Bergères, composé par le rustique Jehan de Brie, le bon berger』略して『牧羊者管理論』（1379）である。愛情と優しさをこめて書かれたこの本には、多くの災厄のあと労働意欲を失った農民に対して、田園生活を宣揚し関心を抱かせようと努力した痕跡が見られる。これは、国王自ら羊飼いとなって民衆のなかに入り、牛やロバと接しながら、優しく説諭し励まし、教育しようとしており、きわめて感動的である。

羊の群の飼育に関して羊飼いと獣医としての心得が挙げられているが、そのなかでジャン・ド・ブリィは当時論議されていた重要な問題についての幾つかの言葉を巧みに引用している。なかでも《牧人pasteur》と《雌羊ouailles》といった名称は、無数の暗示を含んでいる。

この書は、その田園的な素朴さの外見の下で、法曹家たちの司祭に対する敵意と辛辣さが至る所に感じられ、その意味では『パトラン先生L'avocat Patelin』と『サティル・メニペLe Satire Ménipée』〔訳注・十六世紀にピトゥー、パスラなどによって書かれた政治的パンフレット〕などと非常に近い親戚関係にある。

概括していうと、シャルル五世の治世に称賛された表面上の秩序、十四世紀の全般的システムのなかには、脆弱で不自然なものがあった。全ての基礎となる「新しい宗教」であった王制は、それ自体、一つの曖昧さの上に成り立っていた。それが封建的宗主制から出発して、《法律家たち》の主導のもとにめざしていったのは、ローマ的・帝国的君主制であった。「フランスとオルレアンの体制」が「フランスの体制」になっていったのである。

王は封建制を弱体化させ、封建領主の手から武器を奪ったが、実際に戦争になると、それを返却しようとした。そのため、封建制はなおも生き続けるものの、封建的騎士たちの根拠なき思い上がりのために脆さを増した。それはあたかも、中に人の入っていない空の鎧が槍を振り上げてあたりを威嚇していたのが、何かをぶつけられるや忽ち倒れてしまうようであった。それが、まさにクレシーとポワティエの戦いの惨憺たる敗北であった。

そこで王は《傭兵mercenaires》を用いなければならなくなる。いいかえると、戦争はカネの力に頼るしかなくなるのである。しかし、このカネをどこから手に入れるか？　教会から剝ぎ取るまでにはいたっていなかったし、工業などの産業も、まだ生まれていなかった。シャルル五世は、政治的な知恵に恵まれていたものの、何もできなかった。そのため、最後の瞬間に、すべてが一挙に彼を脅かしてきたのだった。

一三八〇年にフランスに侵入し荒らしながら縦断したイギリス軍は、一三七〇年のときを上回るような抵抗には遭遇しなかった。フランス王は、もはやブリトン人を味方にもっておらず、ずっと弱体化していた。

《知恵》が挫折したあと、それに代わって試みられたのが《狂気》であった。フランスは若いシャルル六世のもと、昔の騎士道の常軌を逸した模倣に身を委ねた。だが、その騎士道は、ほんとうの特質ばかりか、形すらもう忘れられてしまっていた。

この偽の騎士道は、およそ騎士的とはいえない人物を英雄として採用した。フランスを《戦争屋ども》から解放したものの、自らも「悪知恵に長けた戦争屋の首領」であったデュゲクランに託したのである。彼の功績と振舞いを称えて作られた叙事詩は、このシャルル五世に仕えた男の本当の天分は誰にも理解されていなかったことをはっきりと示している。

騎士道について最もよく模倣されたのは、武器と紋章の豪華さと騎馬試合の華やかさであった。しかし、シャルル五世が頼らなければならなかった国民は、すっかり落魄していた。この貧しい民に、金持ちたちも払うことのできないほどの経済的重荷が押しつけられたのであるから、どれほどの苦痛をもたらしたか、想像に難くない。

この事情は、フランスだけでなく、ヨーロッパ全体についても同じであった。それによって生じた錯乱ぶりも同じであった。大部分の国は、偶発事から未成年の君主に委ねられ、《王権》という成り上がりの神は、物言いもたどたどしく、いたずらに繰り言を繰り返すばかりである。

シャルル賢王の世紀は、「政治の世紀」の始まりであるが、この世紀の四分の三にまで到達しないうちに精神錯乱を起こし狂気に陥る。あらゆる王座が狂人の世代によって占められる。ブリテン島は輝かしいエドワード三世（1327-1377）のあとは軽率なリチャード二世（在位1377-1399）に引き継がれ、ドイツ神聖ローマ帝国は慎重な皇帝カール四世（在位1347-1378）のあとは呑んだくれのヴェンツェル（在位1378-1400）に、フランスは賢王シャルル五世のあとは狂王シャルル六世に引き継がれる。そのほか、ウルバヌス六世（在位1378-1389）、カスティリヤのドン・ペドロ（在位1334-1369）、ミラノのジョバンニ・ヴィスコンティ（在位1339-1354）といった人々も、悉く精神錯乱の兆候を示している。世界の大変動を中和しようと考えた消極的な小智はすでに行き詰まっていた。神も人間の理性ももはやお手上げ状態だったといってよい。マルティン・ルターが言ったように「神はゲームに飽き、カードをテーブルの下に放り出された」のであった。

狂気になりつつある瞬間は、理性がその最後の微光のなかで、自らが消えゆくのを見ている悲劇的瞬間である。リア王は、こう叫んでいる。

「神よ、私が狂気になるのを放っておかないで、平衡を保たせてください。ああ、気が狂ってしまわないよう、どうか守ってください。気違いになるなんて真っ平です！」

〔訳注・シェイクスピアの『リア王』については、異本がいくつかあり、このセリフがないものもある。〕

■フランス王家（王は在位年をカッコ内に付した）

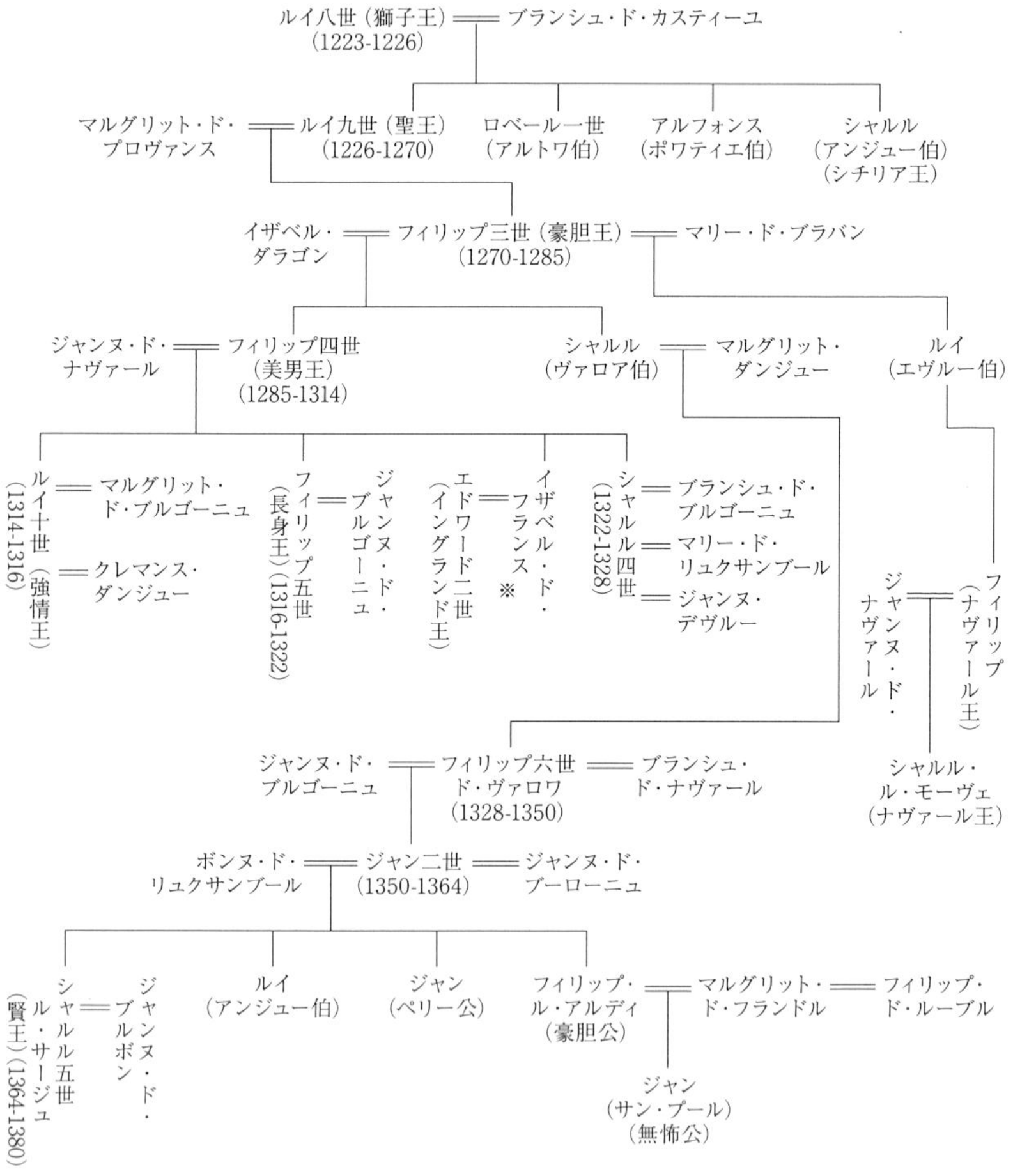

■イングランド王家（王は在位年をカッコ内に付した）

プランタジュネット家

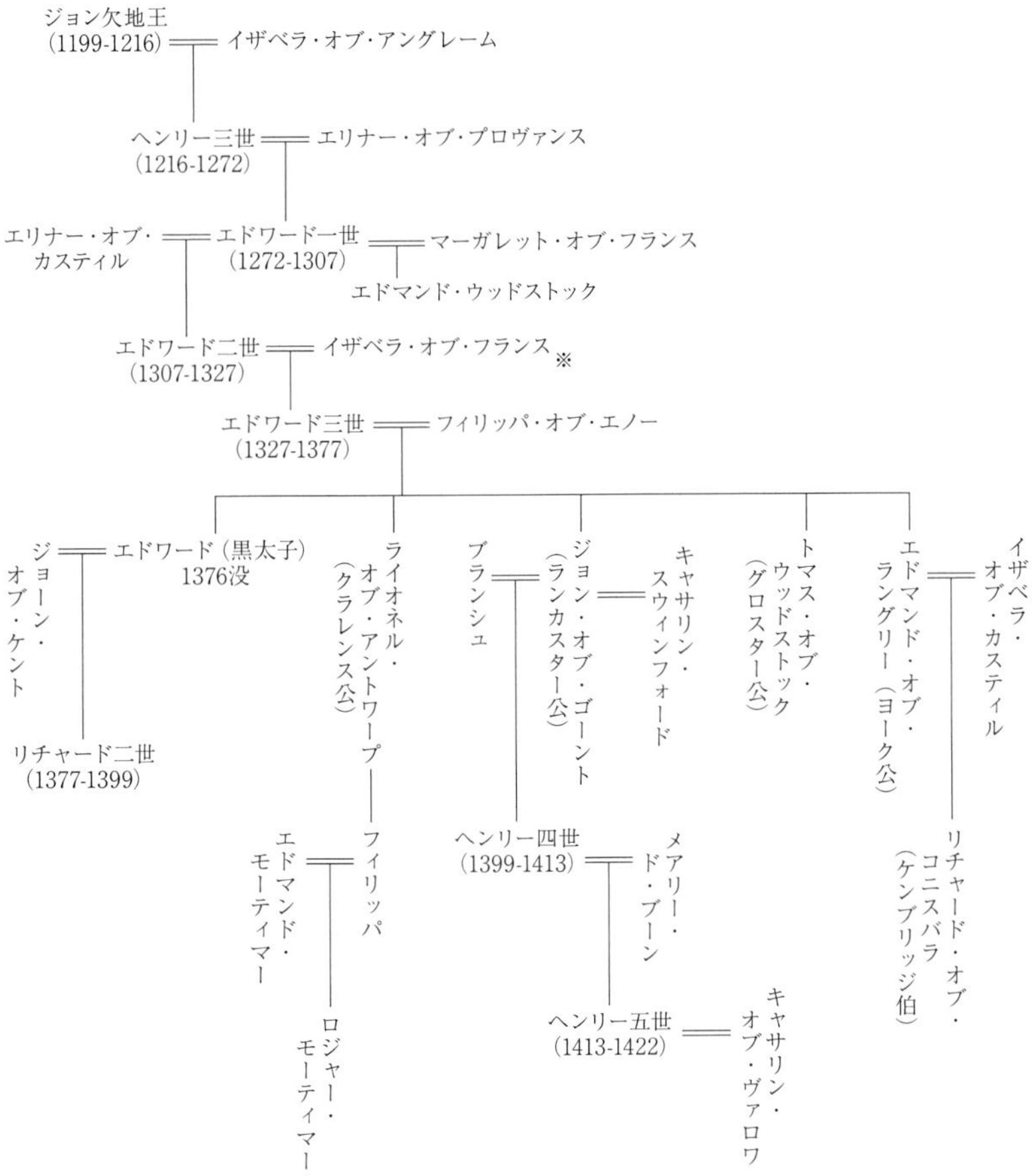

訳者あとがき

ミシュレ『フランス史』第三巻を彩っているのは、第二巻で示された中世盛期のフランスが、いまや、いかに全キリスト教世界の範としての威信を失っていったかという《滅びの美学》である。

ふり返ってみると、西暦一〇〇〇年から聖ルイ王（一二七〇年没）までの二百七十年間に、西欧では、東方世界にむかって十字軍という大規模な征服戦争が展開される一方、ロマネスクの大修道院やゴシックのカテドラルが各地に建設され、パリ大学、オックスフォード大学が創設されて、スコラ哲学が花開き、物心両面にわたって、文化が花開いた。「中世盛期」と呼ばれるゆえんがここにある。

そのすべてにおいて推進役となったのがフランス人であり、主舞台となったのがフランスであった。フランス王聖ルイは、この中世キリスト教文化の精髄を代表した指導者であった。

この建設と創造のドラマが一段落し、キリスト教的・封建的社会から世俗的・王制的世界へ、大きく舳先を転じ始めたのが、この第三巻で扱われている約百年間（一二七〇年から一三八〇年まで）である。この封建的支配体制の凋落を象徴的に表しているのが、聖王ルイの弟で、兄とは対照的に傲慢で乱暴者であったシャルル・ダンジューの南イタリア支配を覆したシチリアの民衆の反乱であった。まさに「天下の秋」を知らせる「桐一葉」の落下の観がある。

これは、西欧社会を支配する権力が封建領主たちから王室へ移行していくのと同時に、フランスの一人勝ちからスペイン人、イギリス人へ主導権が移っていったことの表れでもあった。中世盛期の花形であったテンプル騎士団は、冷徹な法曹家と役人たちを意のままに動かすフィリップ美男王によって壊滅させられ、テンプル騎士たちは、血を分けた兄弟である封建領主たちからの助けもないまま、拷問にかけられ、斬首されていった。フランス騎士たち自身、フランドルの戦いで落とし穴にはまり、もがいているのを職人たちのハンマーでめった打ちされて無残な最期を遂げる。

中世的騎士道を教科書どおり忠実に継承し体現しようとしたフランス王ジャン二世とその騎士軍は、多くが平民から成るイギリス軍の合理的で騎士的作法など無視した野蛮な戦法により無残な敗北を喫する。運よく命永らえてイギリス貴族のもとに人質になったフランス貴族たちは、それでもなお、解放され帰国してから、律儀にも身代金を支払うためにイギリスに出かけている。その身代金自体、貴族たちの領民であるフランス農民の血と汗の結晶であった。このフランスにとって不条理きわまりない悲劇は、賢明なシャルル五世のもとで一時的にやわらぐが、まだまだ終わるにはいたらない。近世的国家へのフランスの産みの苦しみは、なおも続く。

二〇一七年一月

125, 181, 183, 187, 192, 195, 201, 205, 296, 305, 307, 308, 354, 404
ルイ十世 Louis le Hutin　41, 110, 167, 178, 191-193, 196, 198-200, 205, 207, 211-213, 223, 230, 234, 293
ルイ十一世 Louis　201, 397, 422
ルイ十四世 Louis　249, 271, 361
ルイ十六世 Louis　34, 111
ルイスブロック Ruysbrock　280
ルイ二世（ブルボン公）Louis de Bourbon　373
ルイ・ダンジュー Louis d'Anjou　301, 360, 364, 413, 414, 418
ルイ・ド・ヌヴェール Louis de Nevers 178, 230, 238
ルイ・ド・マール Louis de Mâle　47
ルソー（ジャン＝ジャック）Rousseau, Jean-Jacques　57
ルター（マルティン）Luther, Martin 68, 143, 402, 427
ルッジェロ・デイ・ロリア（提督） 24, 27, 29
ルートヴィヒ（敬虔帝）Louis le Débonnaire　206
ルートヴィヒ四世（ヴィッテルスバッハあるいはバイエルンの）Louis 212, 213, 243, 280
ルードルフ（ハプスブルクの） Rodolphe　9
ルドルフス（カルトゥージオ会士） Ludolphe　280
ルノー Renaud　228
レイモン・ド・トゥールーズ Raymond de Toulouse　63
レオン（十二世紀の詩人）Léon　10
レニョー・ダシー Régnault Dacy　323
レノー・ド・プリュアン Raynaud de Pruin　146, 153, 156, 157
レミー（財務官）Remy　196
ロバート二世（スチュアート家） Robert　385
ロバート・オブ・ワットヴィル Robert de Wattville　214
ロバート・ノールズ Robert Knolles 385
ロバート・バーンズ Robert Burns　252
ロバート・ブルース Robert Bruce　213, 251
ロビン・フッド Robin Hood　252
ロペス・デ・アヤラ Lopez de Ayala 372, 377
ロベール・ダルトワ（アルトワ伯ロベール）Robert d'Artois　76, 230, 233-235, 238, 250
ロベール・ド・クレルモン Robert de Clermont　38, 322
ロベール・ド・ブリエンヌ Robert de Brienne　121
ロベール・ル・コック Robert le Coq 313, 339
ロベール・ル・フォール Robert le Fort 254, 358
ロベール三世（フランドル伯）Robert 178
ロベルト（ナポリ王、アンジュー伯） Robert le Sage　247, 289
ローラン Roland　228

178, 213
マルセル・エティエンヌ Marcel Etienne 298
マルティヌス四世 Martin 15, 28
マルトレヴァース（ジョン） Maltravers, John 217
マンフレート Manfred 10, 12, 16
ミノス王 Minos 408
ミノタウロス Minotaure 408
ムンタネール（ラモン）Muntaner, Ramon 13, 24
メディチ家 Médicis, les 10
モーゼ Moïse 54, 132
モーティマー Mortimer 213, 216, 238

【ヤ行】

ヤコブ（旧約聖書の）Jacob 101
ヤコポ（ピサの）Jacques de Pise 88, 89
ヤコポ（コロンナ家の）Jacques de Colonne 105
ヤコポ（アラゴン王家の分枝）Jacques d'Aragon 43, 360
ユウェナリス Juvénal 408
ユーグ・カペー Hugues Capet 31, 32, 64
ユーグ・ド・サド Hugues de Sades 287
ユーグ・ド・セル Hugues de Celles 154
ユスタシュ・ド・サン＝ピエール Eustache de Saint-Pierre 272
ユダ Juda 408
ユピテル Jupiter（ギリシア神話ではゼウス Zeus） 99
ヨハネス二十二世 Jean 164, 167, 237, 289, 407
ヨーハン（ボヘミア王）Jean de Bohême 232, 266, 275, 292
ヨハンナ（女法王）Jeanne 408
ヨブ（旧約聖書）Job 87, 144, 398

【ラ行】

ライオネル・オブ・アントワープ（クラレンス公）Lionel of Antwerp 382
ライムンドゥス・ルルス Raimond Lulle 100
ラウラ（ペトラルカが想いを寄せた女性）Laure de Sades 287, 288
ラウル・ド・ネール Raoul de Nesle 76
ラウル・ド・プレール Raoul de Presles 126, 195, 402
ラブレー Rabelais 98, 294
ラ・ブロス La Brosse 39, 196
ラ・リヴィエール殿 La Rivière, sire de 399, 420
ランカスター公 Lancastre, duc de（ジョン・オブ・ゴーント） 384, 385, 388-393, 396, 403
リア王 Lear 427
リコバルド（フェラーラの）Ricobald de Ferrar 30
リシュリュー Richelieu 327, 422
リチャード（獅子心王）Richard Coeur de Lion 120, 222, 274
リチャード二世 Richard 388, 393, 419, 426
リュウェリン（ウェールズ王）Loelyn 45
ルイ六世（肥満王）Louis le Gros 255
ルイ八世 Louis 11
ルイ九世（聖）Louis 3, 6, 11, 32, 35, 37-39, 41, 60, 61, 64, 68, 114, 121,

130, 169, 409
ペトラルカ Pétrarque　57, 287-292, 408
ペドロ二世（アラゴンのハイメ一世の父）Pedro　12
ベネディクトゥス十一世 Benoît　90-92, 94, 103, 108
ベネディクトゥス十二世 Benoît　237, 407
ペパン・デ・ゼサール Pépin des Essarts 337
ペラン・マルク Perrin Marc　322
ベリアール（ジョン）Baillol, John　45
ベルトラン・ド・ゴット（→クレメンス五世）Bertrand de Gott　104, 161
ベルトラン・ド・サルティジュ Bertrand de Sartiges　153, 155
ベルナール（聖）Bernard　112
ベルナール・デュゲ Bernard Dugué 148
ベルナール・ド・セッセ Bernard de Saisset　63-65
ヘルメス Hermès（ローマ神話ではメルクリウス Mercure）　99
ヘンネキン（フランク）Hennekin, Frank　328
ヘンリー二世（英王）Henri　254
ヘンリー三世（英王）Henri　122
ヘンリー四世（英王）Henri　228, 252
ヘンリー八世（英王）Henri　48, 50
ボエティウス Boèce　181
ボシュエ Bossuet　182
ボッカッチョ Boccace　281-283
ホットスパー Hotspur　252
ボトム Bottom　229
ボードワン二世 Baudoin　53
ボニファティウス八世 Boniface　31, 41, 46, 51, 53-55, 59, 60, 62, 63, 66, 67, 78-88, 90, 91, 105, 108-110, 123, 136-138, 141-145, 149, 150, 159, 160, 166, 171, 173, 180, 181, 186, 217, 237, 292
ホメロス Homère　291
ポワルヴィラン Poilvilain　310
ボンヌ・ド・リュクサンブール（ジャン二世の妃）Bonne de Luxembourg 284

【マ行】

マオー（マティルドとも）Mahaut 234-236
マキアヴェリ Machiavel　142, 237, 284
マクシミリアン Maximilien　48
マクベス Macbeth　100, 254
マシュー（ウェストミンスターの）Mathieu de Westminster　225
マティルダ Mathilde　254
マテオ・ヴィラーニ Matteo Villani 355
マナセ Manassé　356
マリア・デ・パディーラ Maria de Padille　372
マリー・ド・ブラバン（フィリップ三世の妃）Marie de Brabant　39
マルガレータ（ドルチーノの妻）Margareta　162
マルコ・ポーロ Marco Polo　221
マルグリット・ド・ナプル Marguerite de Naples　53
マルグリット・ド・フランドル（ブルゴーニュ公フィリップの妃）Marguerite de Flandre　312
マルグリット・ド・ブルゴーニュ（ルイ十世の妃）Marguerite de Bourgogne

Bel　6, 11, 28, 29, 34, 51, 60, 64, 78, 85, 91, 97, 159, 160, 198, 199, 354, 404
フィリップ五世 Philippe le Long　41, 167, 178, 196, 199, 202, 212, 234, 308
フィリップ六世（→フィリップ・ド・ヴァロワ）Philippe　220, 229, 233, 259, 277, 285, 292, 295, 296, 365, 405
フィリップ・ド・ヴァロワ（→フィリップ六世）Philippe de Valois　42, 217, 230, 233, 234, 237, 238, 240, 243, 248, 250, 251, 261, 262, 267, 276, 284, 286, 297, 308, 313, 355
フィリップ・ド・ボーマノワール Philippe de Beaumanoir　38, 40
フィリップ・ド・マリニー Philippe de Marigni　150, 153, 193
フィリップ・ド・メジエール Philippe de Maizières　402
フィリップ・ド・ルーヴル Philippe de Louvre　312, 359
フィリポス（ラテン皇帝候補）Philippe　8
フェデリーコ（アラゴン家シチリア王）Frédéric　30
フェルナンド二世（トラスタマラ家のカトリック王）Ferdinand le Catholique　97, 125
フォルスタッフ Falstaff　228
ブシコー（元帥）Boucicaut　366
プラジアン（フィリップ美男王の家臣）Plasian　41, 80-82, 88, 91, 139, 140, 143, 147
「ブラック・プリンス」（エドワード）prince noire　260, 266, 299, 300, 303, 348, 367, 374-380, 384-388, 390, 392, 393, 395, 396, 419
ブランシュ・ド・カスティーユ（聖ルイ王の母）Blanche de Castille　11, 307
ブランシュ・ド・ブルゴーニュ（シャルル四世の妃）Blanche de Bourgogne　178, 234
ブランシュ・ド・ナヴァール（フィリップ六世の妃）Blanche de Navarre　284, 295
フランソワ一世 François　50, 360
フリードリヒ一世（プロイセン）Frédéric　273
フリードリヒ二世（シュヴァーベンの）Frédéric　10, 41, 121, 138
フリードリヒ（ハプスブルクの）Frédéric d'Autriche　212, 213
プルートゥス Plutus　99, 103
ブリュニサンド・タレイラン・ド・ペリゴール Brunissende Talleyrand de Périgord　107
ブルゴーニュ公（フィリップ・ル・アルディ）duc de Bourgogne　78, 80, 132, 235, 236, 349, 354, 360, 384, 396, 413, 419
プルタルコス Pultarque　229
ブルボン家 Bourbon, les　38, 358
プロチダ Prochyta（Procida）　10, 13-15, 20
フロワサール Froissart　228, 242, 245-248, 254, 255, 259, 261, 262, 269, 271, 277, 283, 302, 311, 329, 331, 333, 338, 345, 353, 368, 380, 423
ベアトリーチェ Beatrix　288
ペキニー殿 Pequigny, sire de　313, 318
ペーテル・ケニヒ Peter le Roi　74
ペテロ（聖）Pierre　60, 79, 84, 115,

【ナ行】

ナポレオン Napoléon　249, 374
ニコラウス三世 Nicolas　9, 15, 90
ニコラ・オレーム Nicolas Oresme　402
ニコラ・フラメル Nicolas Flamel　100
ノア Noé　159
ノメノエ Noménoé　254

【ハ行】

バイロン Byron　57
ハインリヒ（ルクセンブルク家の）Henri　159, 178
パウロ（聖）Paul　113
パスラ Passerat　403, 424
バッキンガム（公）Buckingham duc de　419
パック（妖精）　229
パッツィ家 Pazzi, les　9-10
ハプスブルク家 Habsbourg, les　9, 59, 83
バユシェ Bahuchet　249
パライオロゴス（帝）Paléologue　14, 15
バラーム Balaam　79, 80
バルテレミ（ネオカストロの）Barthélemi de Néocastro　16
バルドゥス Baldus　412
バルトロ Bartole　174
バルトロメオ・プリニャーニ Bartolomeo Prignani　410
バルバヴァラ Barbavara　249, 265
バルビアーノ（傭兵隊長）Barbiano　410
バルブトルト（アラン）Barbetorte, Allan　254
バルベ（エティエンヌ）（貨幣作り）Barbet　108, 310
パンピネア Pampinea　283
ピエール・キュニエール（弁護士）Pierre Cugnière　405
ピエール・ダイイ Pierre d'Ailly　182
ピエール・デュ・ロジェ（ランス大司教）Pierre du Roger　405, 406
ピエール・ド・フォンテーヌ Pierre de Fontaine　39
ピエール・ド・ブーローニュ Pierre de Boulogne　146, 153, 155-157
ピエール・ド・ラティイ Pierre de Latilly　195
ピエール・フロート Pierre Flotte　41, 66, 68, 69, 72, 79, 80, 82, 171, 364
ピエール・ラ・ブロス Pierre la Brosse　39
ピット（ウィリアム）Pitt, William　374
ピトゥー Pithou　403, 424
ビュッシュ（イギリス軍隊長）Buch, le captal　332, 366, 367, 380, 390, 397
ピラト Pilate　408
ビルギッタ（聖）Brigitte　164, 408,
ファルカンドス Falcando　18, 19
フィリッパ・ド・エノー Philippa de Hainaut　269, 272, 393
フィリップ（高等法院の門番）Philippe　35
フィリップ二世オーギュスト Philippe Auguste　34
フィリップ三世（豪胆王）Philippe le Hardi　6, 7, 11, 12, 27-29, 38, 39, 178, 198
フィリップ四世（美男王）Philippe le

ジョルダン・ド・リール Jordan de Lille 202
ジョワンヴィル Joinville 423
ジル・デスラン（ナルボンヌ大司教） Gilles d'Aiscelin 135, 182
スッピーノ（フェレンティーノの） Suppino 83, 84, 136
スペンサー Spencer 214, 215
セヴェストル・ビュード Sevestre Budes 415
ゼウス Zeus（ローマ神話ではユピテル Jupiter） 99
ゾイゼ Suso（Seuse） 280
ソロモン Salomon 116, 398

【タ行】

タウラー Tauler 280
ダグラス Douglas 252, 253
タレイラン（法王特使） Tallayrand 300
タレイラン伯 Tallyrand, comte de 132
タンカルヴィル（伯） Tancarville, comte de 263, 346, 386
ダンテ Dante 33, 34, 55, 58, 59, 61, 90, 171, 179, 229, 288, 291
ダンピエール Dampierre, Gui 47, 48
チャンドス Chandos, John 367-369, 375, 377, 384, 395
ディヴィオン夫人 Divion 235, 236
デーヴィッド三世（ウェールズ王） David 44
ディオニュシオス（シチリアの僭主） Denys 17, 19
ティターニア（妖精） Titania 229
ティフェーヌ Tiphaine 365
テオクリトス Théocrite 19
テーセウス Thésée 229, 408
デュゲクラン Duguesclin 254, 365-369, 373, 376, 377, 381, 382, 385-390, 400, 415, 417-420, 426
デュテルトル Dutertre 397
デュピュイ（歴史家） Dupuy 88, 133
デュ・リュ Du Rue 397
ドニ・ド・モルベック Denys de Morbecque 302-303
ド・バヴィル（弁護士） De Bâville 313
トマス・アクィナス Thomas d'Aquin 32
トマス（シュトラースブルクのアウグスティヌス会士） Thomas de Strasbourg 280
トマソ・デ・ピザン Thomas de Pisan 400
ドミニクス（聖） Dominique 124, 181
トラッセル（ウィリアム） Trussel, Guillaume 215, 216
トラヤヌス Trajan 291
ドルーエ Drouet 20
ドルチーノ Dulcino 162, 164
ドン・ハイメ（アラゴン王） Don Jayme 12
ドン・ペドロ（アラゴン王ペドロ三世） Don Pedro 12, 13, 23, 27-30
ドン・ペドロ（ポルトガルの『審判王』） Don Pedro 371
ドン・ペドロ（カスティリヤの『残虐王』） Don Pedro 371-376, 378, 381, 382, 389, 392, 426
ドン・ペドロ（アラゴンの『儀式王』。ペドロ四世） Don Pedro 371, 376, 412

6-7, 9, 10, 13-15, 22-24, 26-28, 30, 32, 110, 159, 413
シャルル・ド・ヴァロワ Charles de Valois 28, 32, 33, 53, 62, 94, 104, 106, 110, 135, 136, 188, 193, 194, 196, 198, 200, 230, 233, 234, 248, 412
シャルル・ド・ブロワ Charles de Blois 255-257, 269, 367-369, 389, 417, 418
シャルル・ル・ボワトゥー Charles le Boiteux 27
シャルル・ル・モーヴェ（ナヴァール王）Charles le Mauvais 294, 318, 319, 324, 331, 335, 336, 339, 363, 371, 397, 398
ジャン（高等法院の門番）Jean 35
ジャン一世（フランス王）Jean 41, 167, 200
ジャン二世（フランス王）Jean le Bon 284, 287, 292-297, 300, 301, 310, 347, 352, 359-361, 381, 392, 403
ジャン三世（ブルターニュ公）Jean 255, 416, 417
ジャン四世・ド・モンフォール（ブルターニュ公）Jean de Montfort 416, 417
ジャン・ジェルソン Jean Gerson 182
ジャン・ダルトワ Jean d'Artois 357
ジャン・ド・エノー Jean de Hainaut 267
ジャン・ド・シャルニー Jean de Charny 337
ジャン・ド・シャロン Jean de Châlon 322
ジャン・ド・タンヴィル Jehan de Teinville 156
ジャン・ド・ブリィ Jean de Brie 423, 424
ジャン・ド・ベリー（ベリー公ジャン）Jean de Berri 301, 360
ジャン・トリスタン Jean Tristan 6
ジャン・バイエ Jean Baillet 322
ジャン・バール Jean Bart 271
ジャン・ピク＝アン Jean Pique-Ane 181
ジャン・ベルトー Jean Bertaud 153
ジャン・マイヤール Jean Maillart 337, 338
ジャンヌ・ド・ヴァロワ（フィリップ・ド・ヴァロワの妹）Jeanne de Valois 234-236
ジャンヌ・ド・ナヴァール（フィリップ四世美男王の妃）Jeanne de Navarre 175, 182, 187
ジャンヌ・ド・ブルゴーニュ（フィリップ五世の妃）Jeanne de Bourgogne 178, 235
ジャンヌ・ド・ブルボン（シャルル五世の妃）Jeanne de Bourbon 372, 386
ジャンヌ・ド・ブーローニュ（ジャン二世の妃）Jeanne de Boulogne 312, 359
ジャンヌ・ド・ブロワ（ブルターニュ公ジャン三世の姪）Jeanne de Blois 255, 418
ジャンヌ・ド・モンフォール Jeanne de Montfort 255
ジョヴァンナ（ナポリ王妃）Jeanne de Naples 359, 360, 409, 410, 412
ジョヴァンニ・ガレアッツォ Jean-Galéas de Visconti 355
ジョヴァンニ・ダンドロ（ヴェネツィア総督）Jean Dandolo 14

クレメンス四世 Clement　7
クレメンス五世 Clement　106-110, 133-136, 141, 143, 150, 159, 161, 164, 166, 179, 182, 193
クレメンス六世 Clement　406, 407, 409, 410
クレメンス七世 Clement　410, 411, 415
クレメンス十四世 Clement　166
ケレスティヌス五世 Célestin　79, 88, 109, 142
クローヴィス Clovis　404
ゲロン Gélons　17
ゴーティエ・ド・モニー Gautier de Mauny　257
ゴドフロワ・ド・ブイヨン Godefroi de Bouillon　28, 274
コーブルク家 Cobourg, les　47
コミーヌ Comines　423
コラ・ディ・リエンツィ（リエンツォとも）Cola di Rienzi　59, 261, 290
コルベール Colbert　422
コロンナ家 Colonna, les　62, 87, 91, 105, 109, 181, 290
コロンブス（クリストファー）Colomb, Christophe　97, 221
コンスタンツァ（ドン・ペドロの妃）Constance　13
コンスタンティヌス（帝）Constantin　84
コンラディン（コラディーノ）Conradin　30, 32

【サ行】

サウロ Saul　113
サカンヴィル Saquenville　367
サヌード（老）Sanuto（Marino il Vecchio Sanudo）　221
ザネキン（フランドルの商人頭）Zanekin　232
サラディン Saladin　141
サンチョ四世（勇士）Sanche le Brave　12
シアラ・コロンナ Sciarra Colonna　83-85, 87, 171
シェイクスピア Shakespeare　102, 226, 228, 229, 427
ジェフリー・オブ・ハーコート Godefroi d'Harcourt　261
ジェラール・ゲクト Gérard Guecte　196
シートン Seyton　386
シャイロック Shylock　101
ジャック・ド・ブルボン Jacques de Bourbon　358, 359
ジャック・ド・ロール Jacques de Lor　194
ジャック・（ド・）モレー Jacques de Molay　125, 127, 139, 141, 145, 167-169, 179
シャティヨン Châtillon　73, 74, 76
シャルル二世（プロヴァンス伯）Charles　110, 132
シャルル四世（美男王）Charles le Bel　159, 178, 196, 212-214, 230, 234
シャルル五世（賢王）Charles le Sage　298-299, 301, 304, 308, 312, 363-426
シャルル六世（狂王）Charles le Fol　77, 177, 201, 309, 399, 411, 420, 425, 426
シャルル七世（勝利王）Charles　177, 250
シャルル・ダンジュー Charles d'Anjou

オードリー Audley　328
オノレ・ボノール Honoré Bonnor　402
オーブレシクール Aubrécicourt　328
オベロン（妖精の王）Obéron　229
オリアーティ家 Olgiati, les　10
オルシーニ家 Orsini, les　9, 15, 87, 90

【カ行】

ガヴェストン Gaveston　213-214
ガストン Gaston　236
カタリナ（スウェーデンの聖女）Catherine　412
カテリーナ（シエナの聖女）Catherine　164, 408, 412
カール四世 Charles　232, 263, 290, 312, 426
カルヴァン Calvin　136, 143, 402
ガルガンチュワ Gargantua　98
カルロ（シャルル・ダンジュー）Charles d'Anjou　32
カルロ（シャルル・ド・ヴァロワ）Charles de Valois　32, 33
カルロ二世 Charles　412
カルロ三世（ドゥラッツォの）Charles de Duras　412
ガレアッツォ・ディ・ヴィスコンティ Galéas de Visconti　354, 355
カーロイ一世（ハンガリー王）Charles　110
ギィ・ド・リュジニャン Gui de Lusignan　120
ギシャール（トロワ司教）Guichard　175, 177
ギボン（エドワード）Gibbon, Edward　19, 59
キュクロプス Cyclope　98
ギヨーム・オ・ザルーエット Guillaume aux Allouettes　341, 342
ギヨーム・カレ Guillaume Callet　331
ギヨーム・ステーズ Guillaume Staise　322
ギヨーム・ド・シャンポー Guillaume de Champeau　307
ギヨーム・（ド・）ジュリエ Guillaume de Juliers　93
ギヨーム・（ド・）ノガレ Guillaume de Nogaret　41, 66, 68, 79-85, 88, 91, 96, 109, 132, 136, 137, 140-141, 143-145, 147, 159, 160, 171, 182, 186, 195
ギヨーム・ド・シャンボネ Guillaume de Chambonnet　153, 155
ギヨーム・ド・ナンジ Guillaume de Nangis　159-160, 164, 167, 202, 212, 277-278, 284, 333, 336-337, 340, 351, 352
ギヨーム・ド・マルシアック Guillaume de Marcillac　154
キルデベルト Childebert　308
グスタフ＝アドルフ Gustave-Adolphe　273
グラン・フェレ Grand Ferré　341, 342
クリスティーヌ・ド・ピザン Christine de Pisan　388, 400, 402
クリストフォロス Christophe　344
クリソン Clisson　255, 259, 380, 385, 386, 415, 418
クリソン（ジャンヌ）Clisson, Jeanne　255
グリフィス Griffith　328
グレゴリウス七世 Grégoire　69
グレゴリウス十世 Grégoire　7-9
グレゴリウス十一世 Grégoire　409

264
イサベル（アラゴンの）Isabelle d'Aragon　39
イザベル（ジャン二世の娘）Isabelle　355
イザベル・ド・ジュリエ Isabelle de Juliers　328
イネシュ・デ・カストロ Inès de Castro　371
インノケンティウス三世 Innocent　62, 115
ウー（軍司令官）Eu　293, 294
ウィクリフ Wicleff　393, 403
ヴィスコンティ家 Visconti, les　354, 358, 398, 409
ヴィラーニ（ジョヴァンニ）Villani, Jean　58, 84, 104, 105, 287, 355
ウィリアム（征服王）Guillaume le Conquéreur　252, 254, 262, 348, 380
ウェゲティウス Végèce　181
ウェルギリウス Virgile　277, 289, 291
ヴェンツェル（カール四世の子）Wenceslas　426
ウォリック伯 Warwick, comte de　267
ウォルシンガム Walsingham　85
ウォルター・スコット Walter Scot　228, 252
ヴォルテール Voltaire　136
ウォーレス（スコットランドの英雄的騎士）Wallace　45, 72, 251
ウゴリーノ・ゲラルデスカ Ugolin Della Gherardesca　7
ウベルティーノ（カサーレの）Ubertin de Casale　161
ウルバヌス五世 Urbain　409, 410
ウルバヌス六世 Urbain　410-412, 426
ウンベール・デュピュイ Humbert Dupuy　148
エイレナイオス（聖）Irénée　61
エジディオ Egidio　181
エティエンヌ・バルベ Etienne Barbet　108
エティエンヌ・ボワロー Etienne Boileau　308
エティエンヌ・マルセル Etienne Marcel　2, 305, 310, 313, 317, 318, 320-323, 326, 332, 333, 337, 340, 345, 346
エドワード一世 Edouard　27, 44-49, 62, 72, 213, 220, 251
エドワード二世 Edouard　159, 213-217, 220, 253, 309
エドワード三世 Edouard　214, 220, 228, 229, 238-251, 259-262, 264-265, 267-273, 292, 293, 348, 351, 354, 357, 361, 382, 385, 388, 390, 392, 393, 395, 396, 426
エドワード四世 Edouard　293
エペルノン Epernon　41
エームリ・ド・ヴィラール＝ル＝デュック Aimeri de Villars-le-Duc　154
エレミア Jérémie　408
エロイーズ Héloïse　181, 288
エンケラドス Encelade　18
エン・コルターダ En Cortada　25, 26
エンリケ・デ・トラスタマラ Enrique de Trastamare　371, 372
オタカル二世 Otakar　9
オットー四世（ブルゴーニュ伯）Othon　234
オットー・フォン・ブラウンシュヴァイク Othon de Brunswick　48
オーディベール Audibert　287

人名索引

※欧文表記は原著に従った。

【ア行】

アウグスティヌス（聖）Augustin　144
アウグストゥス Auguste　291
アゴバルト Agobart　206
アドルフ・フォン・ナッサウ Adolphe von Nassau　46, 48
アフォンソ四世（ポルトガル王）Alphonse　371
アベラール Abailard　181, 307
アランソン伯 Alençon, comte d'　265, 266
アリアーネ Ariane　408
アリストテレス Aristote　402
アリストファネス Aristophane　99, 103
アリス・ペラーズ Alice Perrers　393
アルクール伯 Harcourt, comte d'　259, 298, 299
アルテフェルデ（ヤコブ・ファン）Artevelde, Jacquemart　228, 240, 242, 248, 250, 260
アルノー・ド・セルヴォル Arnaud de Cervoles　328
アルフォンス・ド・ポワティエ Alphonse de Poitiers　6
アルフォンソ一世（アラゴン王。好戦王）Alphonse　120
アルフォンソ十世（カスティリヤ王）Alphonse　11, 12, 41
アルブレ（伯）Albret, comte d'　353, 378, 380
アルブレヒト Albert d'Autriche　54, 59, 62, 78, 83, 135
アルブレヒト Albrecht　328
アレクサンデル三世 Alexandre　69
アレクサンドロス（大王）Alexandre　99
アレティーノ Aretin　142
アーロン Aaron　132
アンゲラン・ド・マリニー Enguerrand de Marigni　40, 41, 150, 193-196, 198, 236
アンドレ（アンジュー伯）André d'Anjou　412, 413
アンリ二世（シャンパーニュ伯、エルサレム王）Henri　11, 121
アンリ四世（フランス王）Henri　168, 403, 422
アンリ・ド・フランドル Henri de Flandre　250
イヴォ（聖）Yves　256
イエス・キリスト Jésus Christ　22, 37, 51, 60, 79, 84, 88, 89, 103, 112, 113, 115, 116, 128, 130, 131, 142, 144, 155, 161, 165, 169, 170, 174, 208, 260, 278, 280, 352, 373, 408
イザベル（エドワード二世の妃）Isabelle　159, 213, 214, 216, 230, 238,

ジュール・ミシュレ（Jules Michelet）
フランス革命末期の1798年８月にパリで生まれ、父親の印刷業を手伝いながら、まだ中世の面影を色濃く残すパリで育ち勉学に励んだ。1827年、高等師範の歴史学教授。1831年、国立古文書館の部長、1838年からコレージュ・ド・フランス教授。復古的王制やナポレオン三世の帝政下、抑圧を受けながら人民を主役とする立場を貫いた。1874年２月没。

桐村泰次（きりむら・やすじ）
1938年、京都府福知山市生まれ。1960年、東京大学文学部卒（社会学科）。欧米知識人らとの対話をまとめた『西欧との対話』のほか、『仏法と人間の生き方』等の著書、訳書にジャック・ル・ゴフ『中世西欧文明』、ピエール・グリマル『ローマ文明』、フランソワ・シャムー『ギリシア文明』『ヘレニズム文明』、ジャン・ドリュモー『ルネサンス文明』、ヴァディム＆ダニエル・エリセーエフ『日本文明』、ジャック・ル・ゴフ他『フランス文化史』、アンドレ・モロワ『ドイツ史』、ロベール・ドロール『中世ヨーロッパ生活誌』、フェルナン・ブローデル『フランスのアイデンティティⅠ・Ⅱ』、ミシェル・ソ他『中世フランスの文化』、ジュール・ミシュレ『フランス史［中世］Ⅰ』『フランス史［中世］Ⅱ』（以上、論創社）がある。

フランス史［中世］Ⅲ
HISTOIRE DE FRANCE: LE MOYEN AGE

2017年３月20日　初版第１刷印刷
2017年３月30日　初版第１刷発行

著　者　ジュール・ミシュレ
訳　者　桐村泰次
発行者　森下紀夫
発行所　論 創 社
東京都千代田区神田神保町 2-23　北井ビル
tel. 03（3264）5254　fax. 03（3264）5232
振替口座 00160-1-155266
http://www.ronso.co.jp/
装　幀　野村　浩
印刷・製本　中央精版印刷

ISBN978-4-8460-1599-2